WISO: Aktien, Anleihen und Fonds

Michael Jungblut ist freier Journalist und Autor zahlreicher erfolgreicher Wirtschaftsbücher. Er war langjähriger Leiter der ZDF-Wirtschaftsredaktion und WISO-Moderator.

Claudia Krafczyk ist WISO-Redakteurin in der ZDF-Wirtschaftsredaktion.

Rudolf Rauschenberger ist Leiter des ZDF-Landesstudios in Baden-Württemberg und war viele Jahre Mitglied der WISO-Redaktion.

Michael Jungblut
Claudia Krafczyk
Rudolf Rauschenberger

ZDF WISO

Aktien, Anleihen und Fonds

Campus Verlag
Frankfurt/New York

Bibliografische Information der Deutschen Bibliothek
Die Deutsche Bibliothek verzeichnet diese Publikation in der Deutschen Nationalbibliografie.
Detaillierte bibliografische Daten sind im Internet über http://dnb.ddb.de abrufbar.
ISBN-13: 978-3-593-38150-3
ISBN-10: 3-593-38150-8

Umschlaggestaltung: grimm.design, Düsseldorf
Umschlagmotiv: Mauritius Images, Frankfurt
Satz: Publikations Atelier, Dreieich
Druck und Bindung: Finidr, s.r.o.
Gedruckt auf säurefreiem und chlorfrei gebleichtem Papier.
Printed in the Czech Republic

Besuchen Sie uns im Internet: www.campus.de

Inhalt

Ein wenig Risiko gehört dazu

Die deutschen Sparer haben 2004 und 2005 eine einmalige Gelegenheit ungenutzt verstreichen lassen: Private Anleger hätten die Chance gehabt, am Aktienmarkt innerhalb kurzer Zeit einen Gewinn von über 100 Prozent einzustreichen. Allein die Dax-Unternehmen haben in dieser Zeit ihren Börsenwert verdoppelt. Bei den kleinen und mittleren Unternehmen war der Kursanstieg sogar noch stärker ausgeprägt, und auch die Dividenden sprudelten wie schon lange nicht mehr.

Die Kurse stiegen ab 2004 wie seit vier Jahren nicht mehr, doch bei den Banken blieben Orders von deutschen Kunden weitgehend aus. Aktienfonds verzeichneten ebenfalls nur verhältnismäßig geringe Mittelzuflüsse. Erst Anfang 2006 wachten die deutschen Anleger auf. Allein in den ersten zwei Monaten floss deutschen Fondsanbietern mit 2,4 Milliarden Euro so viel Geld zu wie im gesamten Vorjahr. Doch da war der Zug bereits in voller Fahrt. Deshalb machten vor allem Ausländer das Geschäft. Sie erkannten rechtzeitig, dass eine Beteiligung am Kapital deutscher Aktiengesellschaften kräftige Gewinne versprach. Denn während im öffentlichen Bereich Reformen nur schleppend vorankamen, die staatliche Verschuldung weiter dramatisch stieg und die sozialen Systeme von Krise zu Krise taumelten, hielten es die Unternehmer mit dem Motto: Packen wir's an.

Der großen Mehrzahl der deutschen Sparer fiel nicht auf, dass es den Unternehmen viel besser ging als dem Land. Die Zurückhaltung hatte aber auch noch andere Gründe: Die Deutschen sind traditionell »Aktienmuffel«. In keinem vergleichbaren Land sind so wenig Bürger bereit, sich an der Finanzierung ihrer Wirtschaft zu beteiligen. Nirgendwo ist die Risikoscheu so ausgeprägt wie in der Bundesrepublik und wird das Lebensgefühl so stark von Angst und Pessimismus bestimmt. Deshalb steckt deutschen Anlegern der Börsencrash vom Anfang des Jahrzehnts wohl auch noch viel tiefer in den Knochen als ihren Nachbarn in Europa oder den Amerikanern.

Zwar war im Jahr 2000, auf dem Höhepunkt des Aktienbooms, die Zahl der Aktionäre in Deutschland so hoch wie noch nie zuvor. Der Traum, über Nacht reich werden zu können – fast egal, welche Aktien man kaufte –, lockte auch Sparer an die Börse, die sich vorher noch nie mit Aktien und anderen Wertpapieren beschäftigt hatten – geschweige denn, dass sie schon einmal Risikopapiere besessen hätten. Besaßen 1997 erst 5,6 Millionen Deutsche Aktien oder Anteile an Aktienfonds, so waren es 2001 plötzlich über 13 Millionen. Doch mit den Kursen sank auch die Zahl der Besitzer von Unternehmensanteilen wieder, und zwar fast so schnell, wie sie zuvor gestiegen war. Mitte 2004 waren nach einer Untersuchung des Deutschen Aktieninstituts nur noch 10,6 Millionen Bundesbürger an Aktiengesellschaften beteiligt. Bei vielen war das eher unfreiwillig, weil sie nicht wussten, wie sie die Papiere ohne Verlust wieder loswerden sollten. Auch wenn dies immerhin noch fast doppelt so viele Aktionäre waren wie sieben Jahre zuvor, waren es deutlich weniger als in anderen hoch entwickelten Ländern. Daran hatte sich auch bis 2006 trotz des Aktienbooms kaum etwas geändert.

Diese Risikoscheu der Deutschen, die auch eine Folge des geringen Wissens über Wirtschaft, Unternehmen, Börse und Aktien ist, hat auch wirtschaftliche und soziale Auswirkungen. Weil Deutsche ihre Ersparnisse lieber in »Rentenwerte« als in Unternehmensbeteiligungen investieren, sind die meisten großen Aktiengesellschaften in Deutschland heute mehrheitlich im Besitz von ausländischen Anlegern. Zu den Investoren zählen insbesondere die großen britischen und amerikanischen Pensionsfonds. Kein Wunder also, dass sich die Vorstände der Dax-Unternehmen immer stärker an deren Interessen orientieren (müssen): Sie stellen die Mehrheit unter den Eigentümern. Die Manager der Pensionsfonds verlangen hohe Renditen, damit sie die Versprechungen erfüllen können, die sie ihren Kunden gegeben haben – den Millionen Arbeitnehmern in Großbritannien und den USA, deren Alterssicherung in hohem Maße von der Profitabilität der Fonds abhängt.

Die Deutschen, die immer noch einen großen Teil ihres Geldes auf das sichere, aber wenig rentable Sparbuch einzahlen, bringen sich selbst um die Chance, am Erfolg der Unternehmen teilzuhaben. Doch Ängstlichkeit, Skepsis und Unwissenheit der anderen müssen Sie nicht daran hindern, die Möglichkeiten zu nutzen, die sich durch eine Beteiligung am Risikokapital von Unternehmen bieten. Ob Sie sich dabei für die direkte (Aktien) oder indirekte Beteiligung (Fonds) entscheiden, ob Sie sich bei deutschen oder ausländischen Kapitalgesellschaften engagieren oder wie Sie Ihre Ersparnisse auf die verschiedenen Risikoklassen verteilen, ist allein Ihre Entscheidung. Sie sollten sich aber die Chancen, die damit verbunden sind, nicht entgehen lassen. Sie sind umso höher, je mehr Sie über Aktien und die Märkte wissen, an denen Sie gehandelt werden. Dann geraten Sie auch nicht gleich in Panik, wenn die Kurse mal wieder fallen. Dieses Auf und Ab gehört dazu, seit es Börsen gibt. Man kann es leichter ertragen, wenn man weiß, dass der Trend am Aktienmarkt langfristig immer nach oben zeigt – und wenn man weiß, dass man sogar an fallenden Kursen verdienen kann. Zum Beispiel, indem man einen Rückschlag wie im Mai 2006 nutzt, um doch noch zu relativ günstigen Bedingungen einzusteigen, wenn man es versäumt hatte, schon 2004 auf den fahrenden Zug aufzuspringen.

Das Auf und Ab des Dax

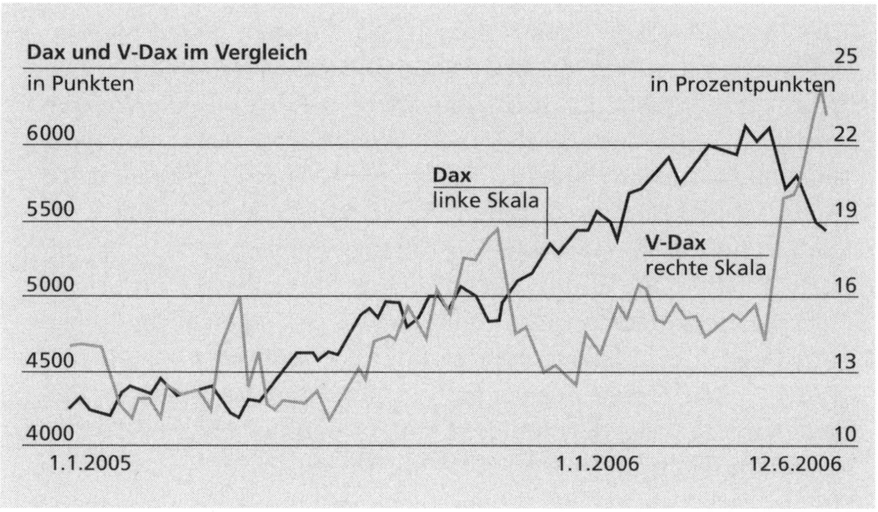

Ein wenig Risiko gehört zwar immer dazu. Aber wer jedes Risiko scheut, bringt sich auch um jede Chance.

Michael Jungblut

Aktionär kann jeder werden

Die Mehrzahl der Bundesbürger scheut den Kauf von Aktien wie der Teufel das Weihwasser. Zugegeben: Auf den ersten Blick erscheint das Geschäft mit Aktien und anderen Wertpapieren kompliziert und schwer durchschaubar. Doch im Prinzip ist die Wertpapierbörse nichts anderes als ein gut organisierter Markt, der vieles mit einem Wochenmarkt gemeinsam hat. Während auf dem einen mit Obst und Gemüse, Kräutern, Eiern und Käse gehandelt wird, sind es an der Wertpapierbörse Aktien, Anleihen, Fonds, Zertifikate, Devisen und andere Geldprodukte. In beiden Fällen richten sich die Preise nach Angebot und Nachfrage, und auch das Prinzip von Gewinn und Verlust ist dasselbe: Wer günstig einkauft und teuer verkauft, geht abends mit einem Profit nach Hause. In diesem Kapitel finden Sie zunächst einen Überblick über die Funktionsweise und grundlegenden Verhaltensregeln an der Börse. Außerdem erfahren Sie, welche verschiedenen Formen der Geldanlage es gibt, wie und wo Sie Aktien, Fonds oder Anleihen erwerben, wie Sie den passenden Partner für Börsengeschäfte finden und wie Sie herausfinden, welcher Risikotyp Sie überhaupt sind.

Trotz mancher Gemeinsamkeiten zwischen Gemüsemarkt und Börse gibt natürlich auch deutliche Unterschiede: Während auf dem Wochenmarkt keine Gurke genau der anderen gleicht und der eine Händler reifere Tomaten als der andere anbietet, sind alle Aktien von Siemens absolut identisch. Jeder Anteilschein von E.ON oder BASF hat zu einem bestimmten Zeitpunkt exakt den gleichen Kurs wie alle anderen Aktien dieses Unternehmens und verbrieft seinem jeweiligen Besitzer identische Rechte. Es spielt also keine Rolle, bei welchem Händler eine Aktie erworben wird. Anders als bei Kartoffeln oder Karotten kann man die an der Börse gehandelten Waren weder anfassen noch daran riechen. Ihre Qualität muss auf andere Art geprüft werden.

Bei Wertpapieren geht es um den Handel mit »verbrieften« Rechten. Bei Aktien garantieren sie dem Besitzer unter anderem einen bestimmten Anteil am Kapital eines Unternehmens und eine Beteiligung am Gewinn; bei Anleihen geht es um das Recht auf Zinszahlung und später auf Rückzahlung des ausgeliehenen Betrages. Viele dieser Wert»papiere« existieren gar nicht körperlich: Es gibt sie nur virtuell. Selbst wenn es sie noch in gedruckter Form gibt, kommen sie niemals auch nur in die Nähe des Marktplatzes Börse. Sie liegen sicher verwahrt bei den Banken und Sparkassen. Auch da werden sie bei Kauf und Verkauf schon lange nicht mehr zwischen den Depots hin und her transportiert. Der Besitzwechsel wird nur noch von der Datenverarbeitung registriert.

Parallel dazu verliert auch der Handel »auf dem Parkett« immer mehr an Bedeutung. Zwar sind in den Börsensälen von Frankfurt oder New York noch Händler zu sehen, die mehr oder weniger aufgeregt mit den Armen fuchteln und in einer für Zuschauer kaum verständlichen Sprache miteinander kommunizieren. Doch die weitaus meisten Umsätze werden mithilfe elektronischer Handelsplattformen abgewickelt.

Es gibt auch Börsen, an denen tatsächlich Güter aller Art gehandelt werden: Rohöl, Weizen, Tabak, Schweinebäuche und viele andere Rohstoffe oder Naturprodukte. Doch auch an diesen so genannten Warenterminbörsen sind die gehandelten Güter nie zu sehen, sie existieren meist noch gar nicht. Es geht ausschließlich um Termingeschäfte, die den Beteiligten das Recht geben, eine bestimmte Ware zu einem bestimmten Zeitpunkt zu einem vorher festgelegten Preis zu kaufen oder zu verkaufen. Es sind reine Spekulationsgeschäfte. Sie sind dennoch für die reale Wirtschaft von großer Bedeutung, da nur so für die Produzenten wie für die Weiterverarbeiter dieser Rohstoffe und Erzeugnisse die Sicherheit besteht, dass sie die gewünschten Mengen zu vorher bekannten Preisen kaufen oder verkaufen können.

In diesem WISO-Buch geht es jedoch vor allem um die Märkte für Wertpapiere – also um den Handel mit Aktien, Fondsanteilen, Anleihen, Zertifikaten und anderen Wertpapieren, die für private Sparer und Anleger von Bedeutung sind.

Achtung!

Ohne Führerschein darf sich niemand an das Steuer eines Autos setzen. Ohne die notwendigen theoretischen Kenntnisse und ausreichende Fahrpraxis wäre das im Straßenverkehr viel zu gefährlich.

Beim Börsenverkehr ist es nicht anders: Nur wer die Regeln kennt, sollte sich daran beteiligen. Sonst kann die Sache böse enden.

Aber wie Sie in diesem Kapitel sehen werden, ist es gar nicht weiter schwer, sich für die Börse fit zu machen. Ähnlich wie ein Wochenmarkt ist der große Marktplatz Börse in unterschiedliche Teilmärkte aufgeteilt: den Rentenmarkt, auf dem festverzinsliche Anleihen gehandelt werden, den Aktienmarkt für Unternehmensanteile, die Devisenbörse für den Handel mit Währungen oder die Terminbörse für Wertpapiergeschäfte, die erst später abgewickelt werden. Über den Preis der Wertpapiere kann bis zu einem gewissen Grad verhandelt werden. Die Nachfrager machen sich Gedanken darüber, zu welchem Kurs sie kaufen wollen, die Besitzer von Wertpapieren überlegen, wie viel sie mindestens dafür haben wollen. Der Preis (Kurs) bildet sich dann nach Angebot und Nachfrage. Ist die Ware (egal ob Kartoffeln oder Wertpapiere) zu teuer, wird sich kein Käufer dafür finden. Der Preis muss dann so lange sinken, bis sich genügend Abnehmer finden, die zu diesen Bedingungen zugreifen wollen. Wenn etwas faul ist (an einer Tomate oder an einer Aktie), ist es kaum noch möglich, sie loszuwerden. Schlechte Unternehmensnachrichten drücken den Kurs nach unten. Mutige Anleger können bei Aktien ebenso zugreifen wie die Hausfrau auf dem Wochenmarkt, wenn der Anbieter mit lauter Stimme verkündet: »Die letzten Kirschen – jetzt nur noch 2,50 das Kilo.«

Anleger sind mittlerweile an der Börse ebenso nah am Geschehen wie auf dem Wochenmarkt: Wenn plötzlich die Preise purzeln, können sie zugreifen. Durch Fernsehen, Videotext, Datenübermittlung per Handy und Internet sind sie fast ebenso dicht am Markt wie professionelle Händler. Ohne dafür zu zahlen, erhalten Interessenten das aktuelle Börsengeschehen zwar meist mit ein paar Minuten Verzögerung, doch für private Anleger ist das in der Regel völlig ausreichend. Gegen Gebühr kann aber heute jeder die Kurse in Echtzeit bekommen. Anleger haben dadurch zumindest theoretisch die Möglichkeit, sofort zu agieren, wenn sie glauben, der richtige Zeitpunkt sei gekommen, um zu kaufen oder zu verkaufen. Sie müssen nicht mehr wie früher zu einer Bank gehen, um den Aushang mit den Kursen der wichtigsten Aktien im Schaufenster zu studieren, den Berater anrufen oder bis zum nächsten Tag warten, bis sie endlich in der Zeitung die Tabellen mit den Kursen von gestern finden.

Aktien: Nur eine von vielen Formen der Geldanlage

In diesem Buch geht es zwar in erster Linie um die Geldanlage in Aktien. Dennoch sollten Sie weder bei einzelnen Wertpapieren noch bei den speziellen Anlageformen alles auf eine Karte setzen. Eine insgesamt gut gemischte Vermögensanlage ist ebenso wichtig wie eine sinnvolle Streuung der Aktienpositionen. Deshalb werden in diesem Kapitel ebenso wie in anderen Teilen des Buches nicht nur die Grundlagen des Aktien- oder Anleihesparens erläutert. Wo es sinnvoll ist, wird auch immer wieder der Blick auf andere Formen des Sparens gelenkt. Das ist nicht nur wegen der Risikostreuung wichtig, sondern auch im Hinblick auf steuerliche Überlegungen (siehe dazu das Kapitel *Wie man Steuervorteile richtig nutzt* auf Seite 230). Da außerdem neben dem Kauf einzelner Aktien auch der Erwerb von Anteilen an »Körben« sinnvoll sein kann, ist dem Thema Fondssparen ein eigenes Kapitel gewidmet (siehe dazu das Kapitel *Geldanlage in Fonds* auf Seite 163). Für alle, die entweder noch zu wenig Erfahrung oder nicht genügend Zeit haben, sich intensiv mit einzelnen Wertpapieren und deren Chancen zu beschäftigen, sind Fonds ohnehin eine gute Alternative zum direkten Erwerb von Aktien oder Anleihen.

Nur wer größere Aktienpakete besitzt, kann durch Käufe und Verkäufe den Kurs beeinflussen, der sich immer aus dem Verhältnis von Angebot und Nachfrage ergibt. Kleinaktionäre müssen entweder den Kurs akzeptieren, der sich zum Zeitpunkt ihres Kaufs oder Verkaufs am Markt ergibt, oder auf einen Kauf oder Verkauf zu diesem Zeitpunkt verzichten. Bei Aktien, die in großer Zahl gehandelt werden, wie beispielsweise die Papiere großer Unternehmen wie Siemens, BASF, Deutsche Bank oder IBM, findet eine fortlaufende Preisfeststellung statt. Hier kann sich deshalb der Preis von Minute zu Minute ändern. Bei kleineren Unternehmen oder bei Gesellschaften, von denen nur wenige Aktien umlaufen und an der Börse gehandelt werden, weil die Mehrheit »in festen Händen« ist, wird der Kurs nur in größeren Abständen festgestellt. Bei sehr »engen Märkten« kann es sogar vorkommen, dass man mehrere Tage warten muss, bis sich ein Käufer oder Verkäufer findet. Doch das sind Aktien, mit denen Sie als Kleinanleger in der Regel nichts zu tun haben.

Anders als früher können Sie heute bei Ihrer Bank während der Geschäftszeiten beziehungsweise der Handelszeiten an der Börse anrufen und Ihrem Berater den Auftrag geben, bestimmte Wertpapiere zu kaufen oder zu verkaufen. Oft kann er Ihnen schon nach wenigen Minuten sagen, ob die Transaktion stattgefunden hat. Andernfalls sehen Sie das Ergebnis am folgenden Tag auf Ihrem Kontoauszug oder finden die Abrechnung in Ihrem Briefkasten. Es ist also an sich ganz einfach und unkompliziert, sich mit eigenem Geld am Kapital der großen Unternehmen zu beteiligen und – mit einigem Glück – neben der jährlichen Dividende beim Wiederverkauf der Aktien auch noch einen Kursgewinn einzustreichen.

Sie sollten jedoch wissen, dass die Geldanlage an der Börse nicht ohne Risiken ist. Es gibt keine Garantie, dass sich ein Wertpapier so entwickelt, wie es vorhergesagt oder erhofft wurde. Der Börsenkurs ändert sich bei vielen Papieren oft von Minute zu Minute – abhängig von Angebot und Nachfrage. Eine gute Nachricht über die allgemeine Wirtschaftslage oder die Geschäfte eines speziellen Unternehmens kann ihn innerhalb kürzester Zeit um 3, 4 oder auch 7 Prozent nach oben steigen, eine schlechte Nachricht dagegen abstürzen lassen. Ein Anleger weiß also nie ganz genau, wie viel Vermögen er morgen besitzt. Selbst wenn die Kurse über einige Wochen oder Monate regelmäßig steigen, weiß niemand, welchen Preis man an einem späteren Verkaufstag wirklich dafür erhalten wird.

Achtung!

Aktien eignen sich nicht als Parkplatz für Geld, das Sie zu einem bestimmten Termin brauchen – beispielsweise, um damit einen Kredit zu tilgen, ein Auto zu bezahlen oder die Urlaubsreise zu finanzieren. Denn genau dann könnte es gerade mal an der Börse abwärts gehen und ein Verkauf nur mit Verlust möglich sein.

Auch wenn die Erfahrung lehrt, dass es an der Börse langfristig immer aufwärts geht, und auch wenn mit einzelnen Aktien oder Fondsanteilen selbst kurzfristig oft erfreulich hohe Gewinne möglich sind, muss sich jeder Anleger bewusst sein, dass es an der Börse auch immer wieder Kurseinbrüche gibt. Wer mit diesem Risiko nicht leben will oder kann, muss auf die Gewinnchancen, die diese Form der Geldanlage bietet, verzichten.

Dass auf lange Sicht die Wahrscheinlichkeit steigt, dass Sie Gewinne machen, hat sich in der Vergangenheit immer wieder gezeigt. Aber eine Durststrecke kann sich, wie nicht nur das Beispiel der einstigen »Wunder-Börse« Tokio zeigt, auch schon mal über ein Jahrzehnt hinziehen. Keinesfalls sollte daher der Notgroschen für Börsenspekulationen verwendet werden. Noch gefährlicher ist es, auf Kredit zu spekulieren – selbst wenn Sie einen »todsicheren Tipp« erhalten haben!

WISO rät

Wenn Sie Geld an der Börse investieren wollen, sollten Sie einen Betrag wählen, den Sie für einige Zeit entbehren können. Denn grundsätzlich gilt: Je länger der Anlagezeitraum ist, desto wahrscheinlicher wird es, dass Sie einen Gewinn einfahren.

Anleihen: Sicher, aber meist weniger ergiebig

Trotz der stärkeren Kursschwankungen am Aktienmarkt bestätigen alle längerfristigen Untersuchungen den Satz: Aktie schlägt Anleihe. Allerdings können die Besitzer von Anleihen in der Regel ruhiger schlafen. Anleihen – auch Obligationen oder Renten genannt – sind festverzinsliche Wertpapiere und bei den Bundesbürgern sehr beliebt. Gründe dafür sind die hohe Sicherheit und Zinsen, die deutlich über denen von Spareinlagen liegen. Anleihen werden ebenso wie Aktien an der Börse gehandelt. Sie können also täglich gekauft und verkauft werden. Sie verbriefen dem Käufer am Ende der Laufzeit einen Anspruch auf Rückzahlung des vollen Nennbetrages und einen festen Zinssatz.

Doch auch ihre Kurse schwanken in der Zeit zwischen Ausgabe und Rückzahlung. Daher können bei vorzeitigem Verkauf auch Verluste entstehen. Denn sobald am Markt die Zinsen steigen, sinken die Kurse von älteren Anleihen, die mit einem geringeren Zins ausgestattet sind. Wer dann sein Geld braucht und vor dem Ende der Laufzeit verkaufen muss, kann dies dann nur mit Verlust tun. Der Grund: Man findet nur dann einen Abnehmer für das Papier, wenn die Anleihe den zu diesem Zeitpunkt marktüblichen Zins bringt. Da die Zinsen einer Anleihe in der Regel feststehen, muss ihr Kurs (Preis) so lange sinken, bis sie die gleiche Rendite bringt wie die neue Anleihe. Deshalb sollten Sparer ihre Anleihen in einer solchen Situation möglichst bis zum Fälligkeitstermin halten. Umgekehrt gilt, dass die Kurse von Anleihen, die mit einem hohen Zinssatz ausgestattet sind, immer dann steigen, wenn der Marktzins sinkt. In solchen Fällen kann es sich lohnen, die Papiere nicht bis zum Tag der Rückzahlung zu behalten. Denn auch dann erhält der Sparer nur den Betrag zurück, zu dem die Anleihe ursprünglich ausgegeben wurde.

Zwischen den einzelnen Formen festverzinslicher Wertpapiere gibt es deutliche Unterschiede. Auf den ersten Blick erscheinen Erträge von Anleihen und Bundeswertpapieren wenig verlockend. Doch der Eindruck täuscht: Vergleiche mit Geldmarkt- und Rentenfonds zeigen, dass Bundesobligationen über eine Laufzeit von fünf Jahren regelmäßig höhere Erträge gebracht haben als durchschnittliche Euro-Rentenfonds. Das jedenfalls ermittelten die Verbraucherzentralen. Selbst Finanzierungsschätze schneiden im Vergleich mit Geldmarktfonds oft besser ab. Der Grund: Bei Fonds fallen Verwaltungsgebühren, Ausgabeaufschläge und Depotgebühren an. Das drückt auf die Rendite. Bei den Bundespapieren kann man sich diese Kosten hingegen sparen, wenn man sie nicht bei einer Bank, sondern bei der Bundeswertpapierverwaltung aufbewahren lässt.

Besonders dann, wenn es an der Aktienbörse zu deutlichen Rückschlägen kommt, besinnen sich viele Anleger wieder auf die relative Sicherheit, die Anleihen bieten. Nach dem Aktienboom der 90er Jahre und dem tiefen Kurssturz zu Beginn des neuen Jahrtausends feierten die Rentenpapiere ein Comeback. Sicherheit und kalkulierbare Renditen sprechen für dieses Investment. Aber das muss mit geringeren Erträgen erkauft werden. Das bekamen die Anleger in den Jahren vor und nach der Jahrtausendwende besonders deutlich zu spüren. Die lang anhaltende Niedrigzinsphase war zwar für Schuldner – und insbesondere für die Häuslebauer – ein Segen, für den Sparer aber ein Grauen.

Dies gilt besonders dann, wenn Vater Staat von den Zinsen auch noch immer mehr haben will. Er verlangt selbst dann Steuern vom Ertrag, wenn der kaum über der Inflationsrate liegt, und hat zudem die Sparerfreibeträge immer weiter gesenkt. Die Folgen lassen sich zwar im Rahmen der Zinsabschlagsteuer bis zu einer bestimmten Höhe mildern (siehe dazu das Kapitel *Wie man Steuervorteile richtig nutzt* auf Seite 230). Aber das ändert nichts daran, dass das Geld bei dieser Anlageform unter dem Strich nur wenig einbringt. Zinserträge sind steuerpflichtig, und der Fiskus kontrolliert immer schärfer, ob die Sparer ihm auch nichts verschweigen.

Nicht nur der Staat, auch internationale Institutionen wie die Weltbank und Unternehmen geben Anleihen heraus. Die Zinsen liegen dann oft höher als bei Bundesanleihen. Der Grund: Die Verleihung des Geldes an einzelne Betriebe gilt als weniger sicher als ein Kredit an einen sicheren Schuldner wie die Bundesrepublik Deutschland, die USA oder Kanada. Sie zahlen die fälligen Zinsen pünktlich und lösen die fälligen Anleihen vertragsgemäß ein. Das gilt jedoch nicht für alle Staaten. Vor allem südamerikanische Staaten – wie beispielsweise Argentinien – haben als Schuldner einen sehr schlechten Ruf. Um überhaupt ihre Anleihen loszuwerden, müssen sie deshalb wesentlich höhere Zinsen zahlen – eine Art »Zitterprämie«.

Auch bei Unternehmen hängt die Höhe der Zinsen, die sie zahlen (müssen), davon ab, wie ihre Bonität eingeschätzt wird. So genannte »Rating-Agenturen« erteilen ihnen so etwas wie Schulnoten. Diese Ratings geben an, wie solide ein Unternehmen finanziert ist.

WISO rät

Achten Sie beim Anleihenkauf auf die Zinslage. Als Faustformel gilt: In Hochzinsphasen »Langläufer« und in Niedrigzinsphasen »Kurzläufer« kaufen. Wenn sich bei den Zinsen keine genaue Richtung ausmachen lässt – sich der Markt also in einer Art Niemandsland befindet –, sollten Sie sich vorsichtshalber nicht zu lange festlegen, um bei Richtungswechseln reagieren zu können.

Tipps für den Anleihenkauf

Beim Anleihenkauf werden Anleger, die hohe Sicherheit suchen, Bundesanleihen bevorzugen. Der Bund beschafft sich auf den Kapitalmärkten Geld, um Ausgaben zu finanzieren, für die die Steuereinnahmen nicht ausreichen. Damit möglichst viele Sparer ihr Geld in öffentlichen Anleihen anlegen, macht der Bund ihnen ein besonders lukratives Angebot: die kostenfreie Verwahrung und Verwaltung von Bundespapieren bei der Bundeswertpapierverwaltung.

WISO rät

Bei der Bundeswertpapierverwaltung können Sie auch Bundesanleihen verwahren lassen, die Sie bisher bei einer Bank im Depot hatten. Ein entsprechendes Antragsformular zur Umschichtung Ihrer Bundespapiere können Sie dort anfordern (Bahnhofstraße 16–18, 61352 Bad Homburg v. d. Höhe) oder direkt von Ihrer Bank erhalten.

Auch wenn die Banken und Sparkassen nicht gerne auf diesen Service hinweisen (da sie das Geschäft lieber selber machen und weiter am Kunden verdienen), dürfen sie die Übertragung nicht verweigern. Die Übertragung in ein anderes Depot darf für Sie als Anleger keine Kosten verursachen. Lassen Sie sich von Ihrem Banksachbearbeiter nicht abschrecken, wenn er behauptet, dass bei der Bundeswertpapierverwaltung alles komplizierter sei. Der Service ist zwar etwas schlichter, aber genauso gut und vor allem kostenlos. Am besten ist es, wenn Sie gleich beim Kauf von Bundesanleihen die Einrichtung des Depots bei der Bundeswertpapierverwaltung in Bad Homburg beantragen.

Die aktuellen Konditionen für alle Wertpapiere des Bundes können Sie beim Informationsdienst für Bundeswertpapiere erfahren. Der automatische Ansagedienst steht Ihnen rund um die Uhr zum ortsüblichen Gebührentarif zur Verfügung: Telefon: 069/19718 oder per Fax-Abruf: 069/2570200 19. Prospektmaterial können Sie unter der Telefonnummer 069/747711 anfordern. Kontakt: Postfach 1245, 61342 Bad Homburg. Informationen gibt es auch im Internet unter www.bwpv.de. Telefon-Computer: 06172/108222. Auf Wunsch verbindet Sie der Computer während der Kern-Bürozeiten auch mit einem Sachbearbeiter.

WISO rät

Die Übertragung von Wertpapieren in ein anderes Depot darf keine Kosten verursachen. Die Bank ist gesetzlich verpflichtet, die Wertpapiere herauszugeben, wenn der Kunde es will und zwar unentgeltlich. Mit dem BGH-Urteil vom 30. November 2004 (Az. XI ZR 200/03 und XI ZR 49/04) wurde ein Schlusspunkt hinter einen jahrelangen Streit zwischen Anlegern und Banken gesetzt.

Es gibt eine Reihe von Anlageprodukten, die den Begriff »Anleihe« in ihrem Produktnamen verwenden, wie zum Beispiel die Aktienanleihe. Hier handelt es sich im Prinzip um ein Termingeschäft mit der betreffenden Aktie. Da es sich deshalb um ein riskantes Geschäft handelt, müssen die Banken vor dem Kauf die Termingeschäftsfähigkeit des Kunden prüfen. Außerdem gibt es Angebote, die überhaupt nicht vermuten lassen, dass man damit zum Aktionär wird. Das sind in der Regel Festgeldangebote oder Sparprodukte mit überdurchschnittlich hohen Zinssätzen. Die bekommt man aber nur dann, wenn die Hälfte des Anlagekapitals in einen bestimmten Aktienfonds eingezahlt wird. Dafür wird in der Regel ein hoher Ausgabeaufschlag verlangt, der einen großen Teil der Zinsen wieder auffrisst. Bei einigen Angeboten wird wenigstens die Rückzahlung des eingezahlten Kapitals garantiert. Vor Verlusten ist man ansonsten auch bei dieser Form der Geldanlage nicht geschützt.

Achtung!

Kombiprodukte aus Aktie und Anleihe sind mit Vorsicht zu genießen. Sie blenden mit hohen Zinssätzen und versprechen mehr als sie halten können. Lassen Sie sich in der Bank auf jeden Fall die anfängliche Rendite ausrechnen. Ansonsten gilt: Wer sparen will, wählt besser ein reines Sparprodukt, und wer an der Börse einsteigen will, entscheidet selbst, welche Aktien oder Fonds er kauft.

Beim Kauf von festverzinslichen Wertpapieren sollten Sie auf folgende Punkte immer besonders achten:

Sicherheit

Bundesanleihen und Anleihen anderer erstklassiger Schuldner (wie Staatsanleihen der alten EU-Länder, Japans oder der USA, der Weltbank oder der Europäischen Investitionsbank) bieten Ihnen die höchste Sicherheit. Andere sollten nur gewählt werden, wenn sie Ihnen nach Abzug der Kosten deutlich höhere Renditen bringen, ohne dass Sie bei der Sicherheit zu hohe Abstriche machen müssen.

Risiko

Das gibt es auch bei Anleihen. Selbst bei den sichersten Papieren steigen oder fallen die Kurse, wenn sich die Zinsen am Markt ändern. Wer vor der Endfälligkeit (Rückzahlung der Anleihe zum vollen Betrag) verkaufen will oder muss, kann beim Verkauf über die Börse Einbußen erleiden. Ein Verlustrisiko ist nämlich nur dann ausgeschlossen, wenn man die Papiere bis zum Ende der Laufzeit halten kann. Nur bei Bundesschatzbriefen und Finanzierungsschätzen haben Sie keinerlei Kursrisiko. Sie können sie jederzeit zum Nennwert zurückgeben, allerdings immer nur bis zu einem bestimmten Höchstbetrag.

Steuern

Beim Bundesschatzbrief Typ B werden die gesamten Zinsen erst am Ende der Laufzeit gezahlt. Er bringt dafür mehr Rendite als Typ A. Das kann für Sparer aber trotzdem ungünstig sein, weil die Zinseinnahmen im Jahr der Rückzahlung den Sparerfreibetrag überschreiten können. Was darüber liegt, muss versteuert werden. Bedenken Sie, dass der Sparerfreibetrag von derzeit 1 370 Euro ab 2007 auf 750 Euro pro Jahr und Person gesenkt wird.

Zinsen

Ihre tatsächliche Höhe hängt immer von dem Zeitpunkt ab, zu dem Sie eine Anleihe kaufen. Wenn eine Anleihe mit einem Nennwert von 100 Euro mit einem Zinssatz von 3 Prozent ausgestattet ist, der Kurs zum Zeitpunkt des Erwerbs aber bei nur 50 Euro liegt, dann beträgt die tatsächliche Verzinsung des eingesetzten Kapitals 6 Prozent. Umgekehrt bringt ein festverzinsliches Wertpapier mit einer nominalen Verzinsung von 8 Prozent, das zum Zeitpunkt des Kaufs an der Börse 120 Euro kostet, real nur 6,66 Prozent. Außerdem müssen Sie bedenken, dass Sie im ersten wie im zweiten Fall bei Fälligkeit der Anleihe jeweils 100 Euro ausgezahlt bekommen. Bei dem 3-Prozenter wäre das ein Riesengeschäft und würde insgesamt die Rendite deutlich erhöhen. Beim 8-Prozenter würde der Verlust bei der Rückzahlung das Gesamtergebnis negativ beeinflussen. Die insgesamt erzielte Rendite hängt aber auch noch von der Restlaufzeit ab.

Auch wenn es bei einem flüchtigen Blick auf die Listen mit den Anleihenkursen so aussieht, als ob man zwischen Papieren mit Zinsen zwischen 4 und 8 Prozent wählen könnte, täuscht dieser Eindruck. Wenn zum Zeitpunkt der Betrachtung der Marktzins allgemein bei 6 Prozent liegt, sinkt der Kurs von Anleihen, die nur mit 4 Prozent verzinst werden, so lange, bis sie tatsächlich auch 6 Prozent bringen. Andernfalls würde sie niemand kaufen. Umgekehrt steigt der Kurs von Rentenpapieren, die nominal einen Zins von 7 oder 8 Prozent haben, bis zu dem Punkt, an dem ein Erwerber auch nur noch real 6 Prozent erzielt. Andernfalls würde keiner eine so gut verzinste Anleihe verkaufen. Es ist sogar noch ein wenig komplizierter: Da es bei den verschiedenen Anleihen mehr oder weniger lange dauert, bis sie zum Nennbetrag eingelöst werden und der jeweilige Kursgewinn oder -verlust realisiert wird, geht auch dies in die Berechnung der aktuellen Börsenkurse ein.

Wenn Sie vor einer Anlageentscheidung wissen wollen, wie hoch der tatsächlich erzielbare Zins derzeit ist, können Sie diese Informationen im Wirtschaftsteil der Tageszeitungen oder auf den Internetseiten von Finanzdienstleistern nachschauen. Die Stiftung Warentest bietet in ihrer Zeitschrift *Finanztest* ebenfalls regelmäßig einen Überblick über die aktuellen Renditen. Es gibt nämlich nicht nur einen Marktzins, sondern der Zins ist auch davon abhängig, wie lang die Laufzeit der Anleihen ist und zu welcher Risikoklasse sie gehören. Abhängig von der Restlaufzeit kann daher selbst bei Bundesschatzbriefen die Zinsspanne zwischen 2,25 und 3,21 Prozent liegen. Im ersten Fall sind es Papiere mit einer Restlaufzeit von einem Jahr, im zweiten Fall müssen sich Anleger noch sieben Jahre gedulden. Entsprechend höher ist der Lohn für das Warten.

WISO rät

Achten Sie beim Kauf von Anleihen immer auf die Restlaufzeit. Überlegen Sie, ob Sie so lange auf Ihr Geld warten können. Andernfalls besteht die Gefahr, dass Sie in Zeiten steigender Zinsen (und damit sinkender Anleihenkurse) weniger Geld zurückbekommen, als Sie investiert haben.

Zinsänderungen und damit Änderungen der Kurse bei Anleihen bedeuten natürlich auch, dass Sie mit Geschick oder Glück Kursgewinne erzielen können.

Beispiel

Wenn Sie beispielsweise eine Anleihe für 100 Euro erwerben, die bei der Ausgabe mit einem Zins von 6 Prozent angeboten wird, und wenn danach der Marktzins bis auf 3 Prozent sinkt, können Sie das Papier vielleicht an der Börse für 121 Euro verkaufen. Dieser Gewinn ist sogar steuerfrei, wenn in der Zwischenzeit mehr als ein Jahr vergangen ist (mehr zu den steuerlichen Fragen im Kapitel *Wie man Steuervorteile richtig nutzt* auf Seite 230).

Es kann sich durchaus lohnen, Anleihen mit niedrigem Zins zu kaufen, wenn ihr Kurs deutlich unter 100 Prozent liegt. Wenn sie beispielsweise für 80 Euro zu haben sind und später zu 100 Prozent zurückgezahlt werden, beträgt Ihr Kursgewinn 20 Euro. Er ist im Gegensatz zu Zinseinnahmen steuerfrei, wenn zwischen Erwerb und Einlösung mehr als zwölf Monate liegen. Das ist auch der Grund dafür, warum Anleger, deren Einkommen mit einem hohen Steuersatz belastet ist, gern niedrig verzinste Anleihen kaufen.

WISO rät

Prüfen Sie, ob es in Ihrer Situation sinnvoller ist, auf möglichst hohe regelmäßige Zinszahlungen zu achten, oder ob es unter steuerlichen Gesichtspunkten besser ist, zu warten und einen steuerfreien Kursgewinn zu kassieren.

Beispiel

Für eine 85-jährige Rentnerin ist eine möglichst hohe Zinszahlung sicherlich wichtiger als ein Kursgewinn, der bei Rückzahlung einer niedrig verzinsten Anleihe in zehn Jahren zu erwarten ist. Bei einem gut verdienenden Manager dagegen, dessen Einkommen mit dem Spitzensteuersatz von 42 Prozent belastet wird, sieht die Rechnung anders aus: Von 6 Euro, die er als Zinszahlung erhält, fließen nur 3,48 Euro auf sein Konto. Für ihn ist ein späterer steuerfreier Kursgewinn viel interessanter.

Schutz vor der Inflation

Es ist zwar nicht wirklich neu, aber für Deutschland ist es eine Innovation: Anfang 2006 kündigte der Bundesfinanzminister an, dass der Bund erstmals Anleihen mit Inflationsschutz ausgeben werde. Das bedeutet, dass Zins und Tilgung der Anleihe an den Verbraucherpreisindex der EU gekoppelt sind. Steigt der Index um 1,5 oder 2 Prozent, steigen auch der Zinssatz und der spätere Rückzahlungsbetrag um den gleichen Prozentsatz. Dieser Schutz gegen die Geldentwertung hat natürlich seinen Preis. Der Nominalzinssatz der Bundesanleihe ist niedriger als bei herkömmlichen Anleihen. Bei diesen ist die erwartete Geldentwertung bereits im Zins enthalten. Aber es kann natürlich sein, dass die tatsächliche Inflationsrate höher ausfällt. Dagegen können Sparer sich jetzt durch den Kauf der neuen Bundesanleihe schützen. Allerdings profitieren Sie dann auch nicht von höheren Renditen, wenn die Geldentwertung während der Laufzeit der Anleihe geringer ausfällt als ursprünglich erwartet.

Da die Bundesanleihe mit einer Stückelung von 1 Cent auf den Markt kommt, können Anleger jeden beliebigen Betrag investieren oder wieder zurückgeben. Falls dies vor Ablauf des regulären Rückzahlungstermins geschieht und der Börsenkurs der Anleihe inzwischen gestiegen ist, kann das einen Gewinn einbringen. Dann zeigt sich allerdings ein weiterer Nachteil dieser Anleihe gegenüber herkömmlichen Bundesanleihen deutlich: Da sie als Finanzinnovation gilt, sind alle Erträge steuerpflichtig. Das gilt auch für Kursgewinne.

Aktien bieten beides: Dividende und Kurspotenzial

Nach dem »Salamicrash« ab 2000 – wie die Börsianer den Kursrückgang in Scheiben bezeichneten, der sich über drei Jahre hinzog – sind viele Anleger skeptisch geworden und haben deshalb den kräftigen Aufschwung und den Zeitpunkt zum günstigen Wiedereinstieg in den Jahren ab 2003 verpasst. Zu viel Negatives ist vorgefallen: überhöhte Aktienbewertungen, falsche Analystenaussagen, veruntreute Gelder von Managern oder Bilanzmanipulationen. Kein Zweifel, die Aktie ist im Vergleich zur Anleihe ein Risikopapier. Sie hat aber auch mehr zu bieten. Zum Beispiel verbrieft die Aktie dem Inhaber, also dem Aktionär, einen Anteil am Grundkapital des Unternehmens. Der Aktionär profitiert von Kursgewinnen, Dividendenzahlungen und vom Unternehmenswachstum. An der Entwicklung des Unternehmens nimmt er aber nicht nur in guten, sondern auch in schlechten Zeiten teil. Im Extremfall heißt das, dass seine Aktie sogar völlig wertlos werden kann, etwa wenn das Unternehmen in Konkurs gerät. Normalerweise werden Aktien jedoch zu einem Vielfachen des aufgedruckten (Nenn-)Werts gehandelt.

Achtung!

Auch bei Anleihen können Sie einen Totalverlust erleiden, wenn der Schuldner zahlungsunfähig wird. Das gilt für Unternehmen wie für Länder – wie beispielsweise Argentinien.

Allerdings werden Dividenden nicht ebenso zuverlässig und regelmäßig gezahlt wie (in der Regel) die Zinsen einer Anleihe. Nicht einmal alle im wichtigsten deutschen Börsensegment Dax gelisteten Unternehmen schütten regelmäßig Gewinnanteile in Form von Dividenden aus. Ob sie etwas ausschütten und wie hoch die Dividende ist, hängt nämlich in erster Linie von ihrer Ertragslage ab. Eine schlechte Auftragslage, eine allgemein schwache Konjunktur und entsprechend sinkende Gewinne oder auch Managementfehler können dazu führen, dass die jährliche Dividende gekürzt oder ganz gestrichen wird. In anderen Fällen kann es aber auch zu hohen Sonderausschüttungen kommen.

Deshalb lohnt es sich, die Dividende einmal genauer unter die Lupe zu nehmen. Der Begriff Dividende kommt aus dem Lateinischen. Übersetzt bedeutet dieses Wort »das zu Verteilende«. Die Frage ist dabei, was zu verteilen ist. In der Regel ist die Dividende der Anteil eines Aktionärs am Gewinn des Unternehmens, an dem er über seine Aktien beteiligt ist. Gelegentlich zahlt ein Unternehmen auch dann eine Dividende, wenn es keine entsprechenden Gewinne gemacht hat – zum Beispiel, um die Aktionäre trotz schlechter Ertragslage bei Laune zu halten. Es greift dann seine Reserven an und schwächt so tendenziell seine Finanzkraft. Ob und in welcher Höhe eine Dividende gezahlt wird, schlägt der Aufsichtsrat den Aktionären bei der jährlichen Hauptversammlung vor. Diese entscheiden dann mit Mehrheit darüber. So steht es zumindest im Gesetz. In der Praxis weicht die Hauptversammlung jedoch so gut wie nie von den Vorschlägen des Aufsichtsrates und der Geschäftsleitung ab.

Im Verhältnis zum Börsenkurs, also dem Preis, den der Aktionär pro Aktie gezahlt hat, bringt die Dividende oft nur eine sehr schmale Rendite, die deutlich unter dem Zins für festverzinsliche Anleihen liegt. Das gilt insbesondere für Aktien, die einen starken Kursanstieg erlebt haben. Sinken dagegen die Kurse, steigt die Dividendenrendite relativ zum Kurs wieder an. Es kann für manche Anleger durchaus interessant sein, nur Aktien mit einer hohen Dividendenrendite zu kaufen. Das rechnet sich zum Beispiel dann, wenn die Rendite höher ist als bei einer Spareinlage. Oft lassen sich sogar deutlich höhere Renditen als bei Anleihen erzielen. Bei Kursrückschlägen erhalten diese Anleger dann wenigstens eine angemessene Verzinsung für ihr investiertes Kapital. Unter diesem Gesichtspunkt spielt die Kennziffer Dividendenrendite eine wichtige Rolle. Das darf aber bei der Bewertung nicht das alleinige Kriterium sein! Denn es gibt keine Garantie dafür, dass auch im nächsten Jahr wieder eine so hohe Ausschüttung vorgenommen wird. Hat das Unternehmen zumindest in der Vergangenheit immer eine gute Dividende gezahlt, stehen die Vorzeichen aber nicht schlecht.

WISO rät

Lassen Sie sich nicht durch die absolute Höhe der Ausschüttung täuschen. Ob es sich unter dem Gesichtspunkt der Dividendenrendite lohnt, eine Aktie zu erwerben, hängt vom Verhältnis zwischen Kurs und Dividende ab. Erst mithilfe der Prozentrechnung werden die Ausschüttungen verschiedener Unternehmen vergleichbar.

Beispiel

Eine Automobilaktie kostet am Kauftag 180 Euro. Das Unternehmen zahlte in den vergangenen Jahren immer eine Dividende von 4 Euro pro Aktie. Mithilfe der einfachen Rechenformel

$$\frac{\text{Dividende x 100}}{\text{Erwerbspreis}}$$

ergibt sich eine Dividendenrendite von 2,2 Prozent. Ein bestimmter Automobilzulieferer dagegen zahlt zwar nur 25 Cent als Dividende, aber bei einem Kurs von 5 Euro bringt das eine Rendite von 5 Prozent. Wer einen möglichst hohen jährlichen Ertrag wünscht, sollte deshalb die Aktie des Zulieferers und nicht die des Autoherstellers kaufen.

»Nur Bares ist Wahres« – an diese Volksweisheit haben sich viele Anleger im Zuge fallender Kurse an den Aktienbörsen wieder erinnert. Die dahinter stehende Überlegung: Wenn schon mit den Anteilscheinen keine Kursgewinne zu erzielen sind, sondern im Gegenteil enorme Werte verloren gehen, muss sich die Investition auf andere Weise lohnen. So ist als Folge des Kurseinbruchs in den Jahren 2000 bis 2002 die Dividende wieder stärker in den Blick geraten. Wer auf diese Art eine gute Rendite erzielt, kann mit größerer Ruhe warten, bis der Kurs seiner Aktien wieder zumindest das alte Niveau erreicht (zur Dividendenrendite siehe auch das Kapitel *Nützliche und »handliche« Analyseinstrumente* auf Seite 129).

Sie dürfen die Dividendenrendite aber nicht mit dem Kurs-Gewinn-Verhältnis (KGV) verwechseln – obwohl es zwischen beiden Größen einen engen Zusammenhang gibt. Der Gewinn ist der Gesamtertrag, den ein Unternehmen erzielt, die Dividende der Teil davon, den es an die Aktionäre ausschüttet. Der Rest wird dazu verwendet, neue Investitionen zu finanzieren, Schulden abzubauen oder Rücklagen zu bilden. Wer sich darüber informieren möchte, ob der Kurs für eine Aktie angemessen ist, muss deshalb seine gesamte Ertragskraft betrachten, und die wird durch das Kurs-Gewinn-Verhältnis ausgedrückt. Die eine Aktie ist nämlich nicht deswegen billig, weil sie nur 50 Euro kostet, und eine andere teuer, weil ihr Kurs bei 100 Euro liegt. Profis messen die Bewertung am Verhältnis zwischen Kurs und Gewinn. Um das KGV zu ermitteln, teilt man den Kurs einer Aktie durch den erwarteten Gewinn je Aktie. Das KGV gibt also an, ob die Aktie beispielsweise mit dem Vier- oder Zehnfachen des Gewinns bezahlt werden muss. Je höher das KGV, desto teurer sind also die Aktien (zum KGV siehe auch das Kapitel *Nützliche und »handliche« Analyseinstrumente* auf Seite 129).

Beispiel

Die Aktie eines Unternehmens, die an der Börse 50 Euro kostet und deren KGV bei 20 liegt (weil der Gewinn je Aktie nur 2,50 Euro beträgt), ist deshalb teurer als das Papier einer Aktiengesellschaft, das 100 Euro kostet, aber ein KGV von 8 hat, weil der Gewinn je Aktie 12,50 Euro beträgt.

Ob das ein Kaufsignal ist und was das für den Aktionär bedeutet, lässt sich aber nur bei genauerer Betrachtung der jeweiligen Gesellschaft beurteilen:

- Unternehmen mit einem stetigen und hohen Gewinnwachstum weisen in der Regel ein höheres KGV auf als Gesellschaften mit nahezu konstanten Erträgen, und zwar wegen ihrer Zukunftsperspektiven.
- Ein niedriges KGV (zum Beispiel unter 10) kann aber auch ein Kaufsignal sein, weil die Aktie von der Börse zeitweise vernachlässigt wurde und der Kurs noch »Nachholbedarf« hat.
- Ein hohes KGV kann darauf hinweisen, dass der Kurs bereits spekulativ in die Höhe getrieben wurde und bald mit Rückschlägen zu rechnen ist, weil immer mehr Anleger dieses Papier verkaufen wollen, um »Gewinne mitzunehmen«.

Hier zeigt sich bereits, dass man an der Börse oft »um die Ecke« denken muss, um Kursbewegungen zu verstehen. So kann beispielsweise die Nachricht, dass im letzten Monat viele zusätzliche Arbeitsplätze geschaffen wurden oder dass die Verbrauchernachfrage kräftig steigt, zu Kursrückschlägen führen. Viele Anleger sehen dann nämlich die Gefahr, dass dies Zinserhöhungen auslöst – und die erhöhen für Unternehmen die Kosten, und das führt zu sinkenden Gewinnen.

Optionsscheine: Mit Hebel und Risiko

Optionsscheine, auch *Warrants* genannt, sind so genannte Derivate, also von Aktien und anderen Werten »abgeleitete« Papiere. Je nach Ausgestaltung berechtigen sie den Besitzer innerhalb einer bestimmten Zeitspanne zum Bezug von Aktien, Devisen, Edelmetallen und anderen Werten zu einem vorher festgelegten Preis.

Interessant ist die Spekulation mit Optionsscheinen für den Anleger, weil sich die Kursentwicklung des Basiswertes, der dem Optionsrecht zugrunde liegt, beispielsweise einer Aktie, im Allgemeinen überproportional auf die Kursentwicklung des Optionsscheins auswirkt. Man spricht in diesem Zusammenhang auch von der »Hebelwirkung« von Optionsscheinen.

Beispiel

Statt die X-Aktie direkt zu kaufen, erwirbt ein Anleger beispielsweise für 10 Euro einen Optionsschein und damit das Recht, die X-Aktie zu einem festgelegten Bezugspreis von 90 Euro während der Laufzeit des Scheins zu beziehen. Das ist uninteressant, solange der Aktienkurs niedriger als der Bezugspreis ist, beispielsweise 80 Euro. Erst wenn der Kurs höher ist, bekommt der Optionsschein einen Wert.

Dieser wird umso höher, je stärker der Kurs der X-Aktie steigt. Wenn der Kurs zum Beispiel auf 160 Euro klettert, könnte der Anleger die Aktie beziehen und mit einem Gewinn von 60 Euro sofort wieder verkaufen. Der von ihm für 10 Euro erworbene Optionsschein hat daher einen Wert von 60 Euro. Sein eingesetztes Kapital hat sich versechsfacht, während der Wert der Aktie sich von 80 auf 160 Euro »nur« verdoppelt hat.

Mit einem viel kleineren kleinen Kapitaleinsatz lässt sich so ein weit höherer Gewinn erzielen – das ist die so genannte Hebelwirkung von Optionsscheinen. Der Preis für diese Chance: Wenn der Aktienkurs nicht über 90 Euro steigt, wird der Schein wertlos, und der Einsatz ist komplett verloren. Optionsscheine können daher zu überproportionalen Gewinnen, aber auch überproportionalen Verlusten führen!

Aktien, Fonds und Anleihen: Wie und wo man kauft

Für viele Anleger beginnt der Einstieg in das Wertpapiersparen zwar mit dem Kaufen von Fonds – entweder aus Mangel an eigener Erfahrung in puncto Geldanlage, aus Mangel an Zeit oder weil sie eine Möglichkeit suchen, »mäßig, aber regelmäßig« zu sparen. Dennoch beginnt dieses Buch mit dem Thema Aktienkauf, weil man auch Fonds besser versteht, wenn man die Zusammenhänge an der Börse durchschaut. Denn Sie können es zwar erfahrenen Fondsmanagern überlassen, nach den besten Anlagemöglichkeiten für Ihr Geld zu suchen. Aber nicht jedes Management ist gleich gut. Selbst kleine Unterschiede bei der für Sie erwirtschafteten Rendite können im Laufe der Jahre zu großen Unterschieden im Vermögenszuwachs führen. Das ist besonders wichtig, wenn man nicht nur kurzfristig spekuliert, sondern an die finanzielle Absicherung des dritten Lebensabschnitts denkt.

Zu beachten ist auch, dass nicht nur die Rendite, sondern auch das Risiko bei den verschiedenen Investmentfonds ebenso wie bei Aktien sehr unterschiedlich sein kann. Ein weiterer wichtiger Punkt sind die oft höchst unterschiedlichen Gebühren, die die einzelnen Fondsverwalter für ihre Dienste verlangen. Denn die zehren an der Rendite und müssen durch eine entsprechend gute Leistung gerechtfertigt werden. Die Antwort auf die Frage, welche Fonds für Sie persönlich die richtigen sind, hängt nicht zuletzt von Ihren Anlagezielen ab. Wichtig ist aber auch, wann oder wie schnell Sie das Geld im Bedarfsfall wieder »flüssig« machen möchten. Wir sagen Ihnen deshalb, auf welche Punkte Sie beim Fondssparen achten müssen (siehe das Kapitel *Geldanlage in Fonds* auf Seite 163).

Es ist übrigens ein Gerücht, dass Sie nur mit größeren Summen an der Börse einsteigen können. Sie können auch kleine Stückzahlen ordern – zum Beispiel zehn Aktien von BASF oder 25 Anteile an der Deutschen Telekom. Sie können dem Berater aber auch sagen, dass sie rund 500 oder 800 Euro anlegen wollen. Wenn diese Summe durch den aktuellen Kurs geteilt wird, ergibt sich daraus die Stückzahl, die die Bank für sie beschafft. Der so genannte Nennwert, der immer noch auf vielen Aktien aufgedruckt ist (zum Beispiel 5 Euro), spielt dabei keine Rolle. Entscheidend ist der aktuelle Preis (Kurs) an der Börse. Der kann unter oder über dem Nennwert liegen. Zudem haben die meisten Aktiengesellschaften nach der Einführung des Euro ihre Nennwertaktien auf Stückaktien beziehungsweise Quotenaktien umgestellt, die entsprechend den internationalen Geflogenheiten gar keinen Nennwert mehr haben.

Unabhängig vom Nennwert bescheinigt (verbrieft) jeder Anteilschein dem Inhaber, dass er oder sie einen bestimmten Anteil am Gesamtkapital der Gesellschaft besitzt. Die meisten Aktiengesellschaften achten darauf, dass immer genügend Papiere im Umlauf sind, damit der Preis pro Aktie nicht zu hoch wird. Dadurch können sich auch Kleinanleger mit Beträgen an der Börse engagieren, die ihren finanziellen Möglichkeiten entsprechen. Anders als früher spielt es dabei keine Rolle, ob sie 50 oder 100 Stück von einer bestimmten Aktie ordern oder sich für eine »krumme Zahl« entscheiden. Nur bei den Kosten kann es einen deutlichen Unterschied machen, welchen Umfang ihre jeweiligen Orders haben. Deswegen müssen Sie sich nicht nur mit der Frage beschäftigen, welche Wertpapiere Sie kaufen wollen, sondern auch, wo und bei wem. Dazu mehr in den folgenden Abschnitten.

WISO rät

Der wichtigste Ratschlag, den wir Ihnen geben können, ist: Erst informieren, dann kaufen. Denn wenn Sie sich ohne die erforderlichen Kenntnisse auf Wertpapiergeschäfte einlassen, machen Sie unweigerlich eine Bruchlandung.

Der moderne Anleger muss aber auch wissen, welche Möglichkeiten der Information und Aktion ihm heute das Internet bietet – Möglichkeiten, die bis vor wenigen Jahren nur Profis zur Verfügung standen. Allerdings: Wo viel Licht ist, ist auch viel Schatten. Auch die Ganoven haben das Internet längst entdeckt. Deshalb sollten Sie vor den ersten Schritten an die Börse sachkundige Beratung suchen. Ein Depot, in dem Ihre Wertpapiere verwahrt werden, brauchen Sie in jedem Fall. Da bietet es sich an, beides miteinander zu verbinden.

Bank, Sparkasse oder Direktbank?

Auch wenn die Börse in mancher Hinsicht viele Ähnlichkeiten mit einem Wochenmarkt hat, so gibt es doch auch deutliche Unterschiede. Zum Beispiel können Sie als privater Anleger nicht einfach über die Börse bummeln und sich das Angebot anschauen. Als Sparer können Sie Wertpapiere nicht direkt an der Börse kaufen oder verkaufen. Sie brauchen immer einen Vermittler. Das ist in der Regel Ihre Bank oder Sparkasse. Beim ersten Mal gehen Sie dazu an den Bankschalter und sprechen mit einem Berater.

Neben einem so genannten Verrechnungskonto (das kann zum Beispiel Ihr Girokonto oder auch ein neues Konto sein) brauchen Sie zunächst einmal ein Depot zur Verwahrung der Wertpapiere, das Sie neu eröffnen müssen. Denn es empfiehlt sich nicht, Wertpapiere selber zu verwahren und zu verwalten. Die meisten Papiere bestehen heute auch nicht mehr als gedruckte Urkunde (effektive Stücke), sondern nur noch virtuell, also als Datei.

Wenn der »Papierkram« erledigt ist, können Sie später Aufträge auch schriftlich oder telefonisch geben. Wenn Sie bei der Bank oder Sparkasse bereits bekannt sind, können Sie Ihre Wertpapiergeschäfte von zu Hause oder dem Büro aus erledigen. Es reicht, wenn Sie bei der Wertpapierabteilung der Bank anrufen und Ihrem Berater sagen, welche Aktien oder Fondsanteile Sie kaufen oder verkaufen wollen. Er führt dann den Auftrag so schnell wie möglich für Sie aus. Dafür berechnet die Bank Ihnen Gebühren.

Fortgeschrittene können auch über eine Direktbank ordern und die Möglichkeiten des Online-Brokerage nutzen. Sie können nämlich Geld sparen, wenn Sie Ihre Wertpapiere bei einer Direktbank oder bei einem Discount-Broker kaufen. Das geht aber nur per Telefon oder über das Internet. Sie erhalten dann in der Regel allerdings keine Beratung. Eine prompte Abwicklung zu niedrigeren Kosten als bei einem herkömmlichen Kreditinstitut wird jedoch garantiert. Beim Fondskauf fällt bei einer Direktbank das teure Aufgeld – bis zu 5 Prozent – ganz oder teilweise weg. Auch bei Aktien oder Optionsscheinen liegen die Preise für die Dienstleistung des Kreditinstituts deutlich niedriger. Einige Direktbanken werben damit, dass sie für ein Börsengeschäft nur etwa ein Viertel der Gebühren verlangen, die eine normale Bank berechnet. Bei einem Auftragsvolumen von beispielsweise 10 000 Euro sind das 25 Euro statt der sonst fälligen 100 Euro. Auch die Depotkosten sind bei den Direktbanken deutlich niedriger. Und es kann in Zukunft noch billiger für Sie werden, denn unter den Discountern herrscht scharfer Wettbewerb.

Bei fast allen Discount-Brokern kostet die Order am Telefon mehr, als wenn Sie Ihre Geschäfte online abwickeln. Abgesehen davon richten sich die Kosten für den Wertpapierkauf meist nach der Anlagesumme. Festpreise sind Mangelware. Wer seine Wertpapiere selten »umschichtet«, also nicht so oft kauft und verkauft, muss sich weniger um die Orderpreise als vielmehr um die Kosten rund um das Depot kümmern. Banken und Sparkassen sind da manchmal sehr einfallsreich. Je nach Institut können Kosten oder Gebühren nicht nur für die Lagerung von Wertpapieren, sondern auch für Steuerbescheinigungen oder das Führen des Wertpapierabrechnungskontos anfallen.

Achtung!

Vorsicht, wenn Ihnen die Bank Kosten für die Erstellung von Steuerbescheinigungen berechnet! Die brauchen Sie nicht zu zahlen: Die Jahreszinsbescheinigung muss nach Paragraf 24c des Einkommensteuergesetzes (EStG) kostenlos sein.

Fordern Sie darüber hinaus Aufstellungen über Kapitalerträge und Veräußerungsgeschäfte aus Finanzanlagen, kann die Bank dafür ein Entgelt in Rechnung stellen. Wenn Sie die Bank wechseln wollen, weil eine andere Ihnen günstigere Konditionen bietet, drohen außerdem Kosten für die Schließung des Kontos und die Übertragung der Wertpapiere auf das neue Depot. Das allerdings müssen Sie sich nicht gefallen lassen: Der BGH entschied, dass Depotübertragungen kostenlos sein müssen.

WISO rät

Vor der Entscheidung für ein bestimmtes Kreditinstitut oder dem Wechsel zu einer anderen Sparkasse oder Bank sollten Sie immer zuerst nach den Kosten fragen! Nicht jede Direktbank ist für Sie als Anleger günstig, sondern nur diejenigen, die sich auf das Wertpapiergeschäft spezialisiert haben.

Außerdem sollten Sie nicht nur auf die Gebühren achten, sondern auch die Kosten für Ferngespräche oder das Homebanking, also Telefon- und Internetkosten berücksichtigen. Oft handelt es sich bei den Billiganbietern um Call-Center mit schlichter oder fehlender Beratung und zum Teil teuren Telefonnummern. Als Neueinsteiger sollten Sie sich mindestens drei Vergleichsangebote zukommen lassen. Analysieren Sie Ihr Orderverhalten und wählen Sie danach den passenden Anbieter aus. Wer es mit Altmeister Kostolany hält und seine Aktien nach dem Kauf erst einmal vergessen will, für den spielen die Spesen beim Kauf und Verkauf keine so wichtige Rolle. Wer sich dagegen ständig bemüht, sein Depot zu optimieren, für den können die Entgelte eine ganz entscheidende Rolle spielen.

Wichtig ist auch, dass Sie prüfen, in welcher Form Ihre Depotbank abrechnet. Es gibt nämlich sehr unterschiedliche Abrechnungssysteme:

- Bei einem Festpreis wird für jede Order ein Einheitspreis berechnet, unabhängig vom Volumen.
- Bei einer Festpreisstaffel gilt für jede Orderkategorie ein Festpreis.
- Bei einer Provisionsstaffel gilt: Je größer die Order, desto stärker sinkt die prozentuale Gebühr. Wer viel kauft, zahlt also relativ gesehen weniger.

Weit verbreitet ist die prozentuale Provision. Das bedeutet, dass immer vom Anlagebetrag ein bestimmter prozentualer Betrag als Provision berechnet wird. Meist gibt es jedoch eine Mindestgebühr. Das fällt dann besonders ins Gewicht, wenn Sie regelmäßig kleinere Beträge anlegen. Viele Banken berechnen aber auch einen Grundpreis plus einer prozentualen Provision. Das bedeutet, dass auf einen festen Grundpreis noch eine Provision erhoben wird, die von der Ordergröße abhängt. Bei welcher Direktbank Sie am besten aufgehoben sind, richtet sich daher ganz nach Ihren persönlichen Bedürfnissen und nach Ihrem Typ:

- Als »Sparplan-Typ« sollten Sie darauf achten, dass von Ihrer Sparrate möglichst viel in den Fonds fließt und möglichst wenig für Ausgabeaufschläge und Depotgebühren draufgeht. Prüfen Sie außerdem, ob Ihr Wunschfonds beim günstigen Anbieter zu haben ist und wie viel Rabatt es auf den Ausgabeaufschlag gibt.
- »Wenig-Nutzer« sollten keine Mindestumsätze im Monat tätigen müssen, um an billige Depotkosten zu kommen. Aber auch ein Depot zum Nulltarif, dafür aber keine Rabatte beim Fondskauf (also auf den Ausgabeaufschlag), kann für Sie der richtige Weg sein, wenn Sie ein einmal erworbenes Depot lange behalten wollen.
- »Viel-Nutzer« können logischerweise am meisten herausholen. Denn sie sind überall ein gefragter Kunde. In diesem Fall sollten Sie der Bank mit den niedrigsten Transaktionskosten den Zuschlag geben. Dabei sollten Sie vorher festlegen, ob Sie überwiegend am Telefon oder online ordern wollen. Das kann bei den Kosten im Laufe des Jahres viel ausmachen.
- »Online-Nutzer« müssen wissen, dass sie alle Bankgeschäfte nur noch elektronisch erledigen können. Das gilt sowohl für die Auftragserteilung, die Abwicklung als auch für die Depotauszüge. Da kommt nichts mehr mit der Post an. Dafür sind diese Angebote aber auch besonders preiswert, und Guthaben auf dem Geldkonto werden zum Teil mit hohen Zinsen belohnt.

WISO rät

Der Handel mit Wertpapieren über Online-Broker ist in den letzten Jahren immer billiger geworden. Das zeigt auch der so genannte Transaktionskostenindex für den Handel über das Internet. Beim Start im Juli 2000 begann der Index mit 100, im März 2006 lag er bei unter 78 Punkten. Neue Online-Broker wie Flatex drücken die Preise weiter nach unten. Im Internet können Sie feststellen, welche Anbieter jeweils am günstigsten sind. Die Leistungsvergleiche finden Sie im Netz unter www.broker-test.de zusammen mit Porträts der verschiedenen Firmen.

Die Angebote der Direktbanken hören sich zwar gut an, aber Neulinge an der Börse oder weniger erfahrene Anleger sollten auch überlegen, ob die Beratung bei der Bank für sie nicht wichtiger ist als diese Ersparnis. Ein guter Berater kann Sie nämlich auf eine attraktive Möglichkeit hinweisen oder Sie vor einem teuren Fehlgriff warnen und Ihnen damit entweder zu einem hübschen Gewinn verhelfen oder Sie vor vermeidbaren Verlusten bewahren. Die in Deutschland weit verbreitete Scheu, für Dienstleistungen einen angemessenen Preis zu bezahlen, hat schon manchen Anleger viel Geld gekostet.

Berater: Wem man vertrauen kann

In vielen Fällen wird wie gesagt die Bank oder Sparkasse, bei der Sie auch jetzt schon Ihr Konto führen, für Sie der erste Ansprechpartner sein. Sie können aber auch zu jeder anderen Bank gehen, wenn Sie meinen, in Fragen der richtigen Geldanlage dort besser beraten zu werden, und dort einen Termin für ein erstes Gespräch vereinbaren. In vielen Fällen melden sich aber auch Anlageberater bei Ihnen, die selbstständig oder im Auftrag eines Finanzdienstleisters auf Sie zukommen, um Ihnen Vorschläge für die Geldanlage zu machen. Das sind möglicherweise Berater, mit denen schon Freunde und Bekannte gute Erfahrungen gemacht haben. Trotzdem sollten Sie sich immer informieren, um was für eine Firma es sich dabei jeweils handelt und welchen Ruf sie genießt. Das gilt natürlich erst recht, wenn Sie vorher noch nie von diesem Finanzdienstleister gehört haben. In dieser Branche gibt es sehr viele schwarze Schafe. Ganz unabhängig davon, von wem Sie sich nun tatsächlich beraten lassen, ist es wichtig, sich vorher Gedanken darüber zu machen, was man selber eigentlich will und welche Ziele und Möglichkeiten man hat. Denn dann ist die Gefahr geringer, dass Sie »über den Tisch gezogen werden«.

WISO rät

Setzen Sie Ihre eigenen Grenzen, ehe Sie zum Börsenexperten Ihrer Bank oder Sparkasse gehen oder bei einer Direktbank ein Depot anlegen.

Wichtige Grundfragen, auf die Sie sich zunächst selber eine Antwort geben müssen, haben wir in der Checkliste »Eigene Grenzen« zusammengestellt.

Checkliste: Die eigenen Grenzen

- ○ Wie viel Geld wollen Sie investieren – und wie lange?
- ○ Wie hoch darf das Risiko sein?
- ○ Was ist Ihnen wichtiger: eine hohe Dividende oder die Aussicht auf Kursgewinne?
- ○ Wollen Sie einen langfristigen Sparplan verfolgen oder eine günstige Börsensituation für rasche Spekulationsgewinne nutzen?
- ○ Welchen Anteil Ihrer Ersparnisse wollen Sie an der Börse investieren und wie soll er auf Anleihen, Aktien, Fondsanteile und eventuell hoch spekulative Titel (wie Derivate und Termingeschäfte, siehe weiter unten) aufgeteilt werden?

Wenn Sie sich statt in den Räumen einer Bank lieber zu Hause oder in den Büroräumen eines selbstständigen Beraters dessen Vorschläge anhören wollen, dann sollten Sie ihn zunächst selber »auf den Zahn fühlen«. Ein seriöser Berater wird dafür volles Verständnis haben, denn er weiß, wie viele Anleger schon ihre gesamten Ersparnisse verloren haben, weil sie sich auf zweifelhafte Angebote eingelassen haben.

Schauen Sie sich genau an, wer da vor Ihnen sitzt. Einiges sagt Ihnen schon der gesunde Menschenverstand. Zum Beispiel nimmt sich ein guter Berater Zeit für Sie und geht auf Ihre Fragen ein. Er kann sich verständlich ausdrücken, erklärt Ihnen Fachbegriffe und vermeidet Fremdwörter. Lassen Sie sich nicht von wohlklingenden Titeln und pompösen Visitenkarten blenden. Jeder kann sich Finanzberater, Anlageberater oder Finanzmakler nennen. Es handelt sich dabei nicht um geschützte Berufsbezeichnungen, die man tragen darf, nachdem man eine Fachprüfung abgelegt hat. Das gilt nur für vereidigte Sachverständige für Vermögensfragen, aber davon gibt es bisher nur sehr wenige. Immer mehr Finanzberater werben auch mit dem Titel eines zertifizierten Finanzplaners (CFP) für sich. Diese international anerkannte Bezeichnung dürfen sie nur führen, wenn sie einen Studiengang Finanzökonomie abgeschlossen und eine Prüfung beim Deutschen Verband Financial Planners abgelegt haben.

Als Hilfe bei der Auswahl des richtigen Beraters können Sie auch eine von ihm unterschriebene Selbstauskunft fordern. Darin sollte der Berater unter anderem angeben, für welche Unternehmen er arbeitet, ob er angestellt oder selbstständig tätig ist, welche Ausbildung er hat und auf welchen Informationen seine Anlageempfehlungen basieren. Ein seriöser Berater ist auf eine solche Bitte vorbereitet und wird bereitwillig Auskunft geben. Prüfen Sie seine Unabhängigkeit! Einige Finanzberater haben sich in eigenen Verbänden zusammengeschlossen und »Fairplay«-Regeln aufgestellt. Diese sollten Sie sich vorlegen lassen. Unabhängige Finanzberater sind meist nicht ganz billig. Zwischen 100 und 200 Euro kann eine Stunde Beratung durchaus kosten. Der Aufwand hat sich aber gelohnt, wenn dadurch teure Fehler vermieden und gemeinsam mit dem Berater rentablere Finanzprodukte zu günstigeren Konditionen als bei der Hausbank gefunden werden können.

WISO rät

Berater auf Honorarbasis sind zwar in Deutschland noch selten, Sie finden sie aber unter anderem bei den Verbraucherzentralen. Auch bei Mitgliedern des Bundesverbandes Finanz-Planer (www.bundesverband-finanz-planer.de), in dem rund 100 unabhängige Finanzberater zusammengeschlossen sind, können Sie davon ausgehen, dass Sie neutral und ohne Verkaufsinteresse beraten werden.

Ein guter Berater dokumentiert das Anlagegespräch in einem Beratungsprotokoll. Das gilt übrigens auch für Beratungsgespräche bei Banken (siehe weiter unten).

Wichtig ist, dass der Berater eine Haftpflichtversicherung vorweisen kann, die nach Falschberatung Vermögensschäden abdeckt.

Auskünfte über unabhängige Versicherungsfachleute können Sie auch bei der Arbeitsgemeinschaft Deutscher Versicherungsberater, beim Bundesverband Finanz-Planer e.V. (www.bundesverband-finanz-planer.de) oder beim Deutschen Verband Financial Planners (www.devfp.de) einholen.

Muster: Selbstauskunft eines freien Beraters, Vermittlers oder Maklers

Name, Vorname ________________________________
Anschrift dienstlich ____________________________
Anschrift privat ______________________________

Ich arbeite als:

- O Angestellter für (Kreditinstitut, Versicherung, Bausparkasse, Kapitalanlagegesellschaft)
- O Mehrfachvermittler
- O Versicherungsmakler
- O Finanzmakler
- O Strukturvertrieb
- O Vermittler auf Honorarbasis

Ich habe in dem Bereich, zu dem ich vermittle:

- O allgemeine Kenntnisse
- O gute Kenntnisse
- O besondere Kenntnisse

Ich habe eine staatlich anerkannte Ausbildung in einem Finanzberuf mit folgendem Abschluss:

- O Bankkaufmann
- O Versicherungskaufmann
- O abgeschlossenes Studium
- O sonstiges

Ich habe an den folgenden Weiterbildungsmaßnahmen teilgenommen:

- O Schulungen ______________________________
- O Kurse ______________________________
- O Seminare ______________________________
- O sonstiges ______________________________

Meine Anlageempfehlungen basieren auf:

- O Angaben, die mir meine Geschäftspartner machen, mit denen ich eine Provisionsvereinbarung habe
- O Informationen von ______________________________

Ich kann das jeweils günstigste und beste Angebot für den Kunden auswählen:

- O ja
- O nein

Ich habe:

- O keine Vermögensschadenshaftpflichtversicherung
- O eine Vermögensschadenshaftpflichtversicherung, die bei einer falschen Beratung Ansprüche bis zu .... Euro je Schadensfall abdeckt

Schlusserklärung: Ich erkläre hiermit, dass ich alle Angaben wahrheitsgemäß vorgenommen habe. Mir ist bekannt, dass sich aus falschen Angaben Haftungsansprüche gegen mich ergeben können.

____

Ort, Datum, Unterschrift

Berater ist nicht gleich Berater. Seine Kompetenz, seine Unabhängigkeit und die Haftungsfrage hängen im Wesentlichen von seinem Beschäftigungsverhältnis ab. Ist der Berater zum Beispiel Angestellter einer Bank, steht das Unternehmen für die Fehler der Mitarbeiter gerade. Als geschädigter Anleger können Sie Ihre Ansprüche auf Schadensersatz dann direkt an die Bank richten. Auch für Vertreter, die im Auftrag eines oder mehrerer Kreditinstitute Geschäfte vermitteln (selbst dann, wenn Sie das nur nebenberuflich tun), müssen die jeweiligen Banken haften. Haben Sie dagegen einen selbstständigen Vermögensberater oder einen Finanzmakler mit Ihrer Geldanlage beauftragt, müssen Sie sich mit Schadensersatzansprüchen zuerst an ihn wenden.

WISO rät

Wenn Sie den Eindruck haben, dass ein Anlageberater seine Pflichten nicht ernst nimmt und Ihnen ständig von hohen Gewinnen vorschwärmt, sollten Sie das Gespräch abbrechen und sich nach einem wirklichen Experten umsehen. Das gilt insbesondere dann, wenn ein Ihnen bisher unbekannter »Finanzexperte« versucht, Anlagegeschäfte per Telefon oder an der Haustür anzubahnen.

Hohe Gewinnversprechen sind immer ein Anlass, besonders sorgfältig zu prüfen, mit wem Sie es zu tun haben. Dubiose Anlageberater, die sich auf dem so genannten »Grauen Kapitalmarkt« tummeln, sind skrupellos.

Achtung!

Ein mieser Trick ist zum Beispiel, dass die versprochenen Gewinne zunächst tatsächlich fließen, um Sie zu beeindrucken und Ihnen noch mehr Geld abzuschwatzen. Doch dann kommt plötzlich nichts mehr. Nicht selten ist dann die gesamte Firma mit dem eingezahlten Kapital verschwunden.

Risiko Falschberatung

Wie groß ist die Chance, Ihr Geld wiederzusehen, wenn etwas schief läuft? Das hängt davon ab, ob Sie die Falschberatung beweisen können. Dabei muss Ihnen klar sein, dass der Berater nicht alles bis ins kleinste Detail erläutern muss. Nach der Rechtsprechung haben auch Sie Pflichten. Zum Beispiel müssen Sie Ihren Beratungsbedarf offen legen und nachhaken, wenn Sie etwas nicht verstanden haben. Tun Sie das nicht, kann Ihnen eine Mitschuld zugesprochen werden. Die Richter stehen auf dem Standpunkt, dass Nachfragen zumutbar ist.

Das Beratungsgespräch wird auch für die Mitarbeiter in einer Bank immer wichtiger. Stichwort: Bankenhaftung bei falscher Anlageberatung. Wer nachweisen kann, dass er von seiner Bank in Sachen Geldanlage mangelhaft und nicht »typgerecht« beraten wurde und dadurch finanzielle Verluste erlitten hat, hat Chancen auf Schadensersatz. Wesentliches dazu wurde im Finanzmarktförderungsgesetz festgeschrieben. Im Zuge der Schuldrechtsreform wurden darin auch die Verjährungsfristen geändert: Bei fehlerhafter Anlageberatung kann der Berater nicht mehr 30 Jahre, sondern nur noch drei Jahre rückwirkend haftbar gemacht werden.

Wenn es um hohe Summen geht, die vielleicht der Altersvorsorge dienen sollen, wird es umso wichtiger, sich vor Vertragsabschluss unabhängig und umfassend beraten zu lassen. Da im Streitfall auch immer Beweise vorgelegt werden müssen, sollten Sie bei wichtigen Gesprächen immer zu zweit sein, auch wenn es um Anlageberatung geht. Machen Sie sich während des Gesprächs Notizen. Nehmen Sie alles mit, was der Berater aufgeschrieben hat, auch wenn es zunächst nur nach einer Kritzelei aussieht. Im Ernstfall sind diese Vorsichtsmaßnahmen notwendig, um der Bank den Beratungsfehler vor Gericht nachzuweisen. Die Kreditinstitute können sich dann nicht mehr damit herausreden, sie hätten selbst nichts vom Risiko der Anlageempfehlung gewusst. Die Banken müssen sich sachkundig machen, die Risikowünsche des Kunden, seinen Wissensstand und – bei langjährigen Geschäftsbeziehungen – auch sein bisheriges Anlageverhalten bei der Anlageempfehlung berücksichtigen. Natürlich gibt es keine Haftung für Kursverluste. Es sei denn, der Kunde wollte eine absolut sichere Geldanlage und es wurden ihm dennoch Aktien oder gar Optionsscheine verkauft. In diesem Fall wäre die Beratung nicht typ- oder anlegergerecht gewesen, und der Kunde hätte ein Recht auf Schadensersatz.

WISO rät

Etwa zwei Drittel aller Streitigkeiten um Beraterhaftung werden außergerichtlich verglichen. Je überzeugender und dichter Ihre Beweiskette ist, desto eher wird die Bank dazu bereit sein, einen Kompromiss zu schließen. Banken fürchten nichts mehr als lange, öffentlichkeitswirksame Prozesse, die mit kundenfreundlichen Urteilen enden. Das ist Ihre Chance!

Haben Sie eine Rechtsschutzversicherung, fällt es finanziell leichter, sich auf einen Rechtsstreit einzulassen. Denn wer etwa 50 000 Euro einklagen will, muss nach drei verlorenen Instanzen mit Kosten von 30 000 Euro rechnen.

Doch nicht jede Rechtsschutzversicherung zahlt auch, zumal viele nach dem letzten Crash alle Börsengeschäfte aus ihrem Leistungskatalog gestrichen haben. Achten Sie bei einer Rechtsschutzversicherung daher immer auf die Ausschlussklauseln! Bevor Sie einen Rechtsanwalt beauftragen, sollten Sie bei Ihrer Versicherung erst die Deckungszusage einholen.

Das Beratungsprotokoll

Ein Beratungsprotokoll gilt als Garant, dass eine Aufklärung des Kunden stattgefunden hat und dass beide Seiten wissen, wovon sie reden und auf welche Anlageformen man sich geeinigt hat. Viele Institute arbeiten bereits mit einem entsprechenden Formular. Das ist auch gut so, denn werden nur mündliche Vereinbarungen getroffen, ist ein Streit im Schadensfall programmiert. Vor Gericht zählen nur Beweise, und die muss meist der Kunde bringen, nicht die Bank.

Nach einem Urteil des Bundesgerichtshofes (Az.: XI ZR 320/04) ist eine Bank nicht dazu verpflichtet, ihre Beratung gegenüber dem Kunden schriftlich zu dokumentieren. Die Richter gaben diesbezüglich der Dresdner Bank Recht, die von einer Kundin wegen eines vermeintlichen Beratungsfehlers verklagt worden war. Die Umschichtung des Wertpapierdepots auf hoch spekulative Fonds führte zu erheblichen Kursverlusten. Der BGH sieht in einer Beratung vorrangig das mündliche Gespräch, eine Schriftform ist nicht erforderlich.

Das BGH-Urteil verstärkt den Trend zur Beweispflicht beim Anleger, der eine Falsch- oder Fehlberatung in letzter Konsequenz nachweisen muss. Dabei ist konkret vorzutragen, worin die schlechte oder unvollständige Beratung lag. Der pauschale Vorwurf der Falschberatung reicht nicht aus.

Umso wichtiger wird es also, die Dokumentation der Beratung zur zwingenden Grundlage für Anlagegespräche zu machen. Nur dann können Sie sich erfolgreich zur Wehr setzen. Im Schadensfall steht meist Aussage gegen Aussage, dann ist es gut, wenn Sie zusätzlich einen Zeugen dabei hatten. Die wichtigsten Inhalte sollten aber auf jeden Fall in einem Beratungsprotokoll festgehalten werden. Dafür können Sie auch unsere WISO-Vorlage verwenden. Dieses Muster soll Ihnen zur Orientierung und als Ausfüllhilfe dienen. Das Protokoll kann auch formlos erstellt werden. Hier sind nur die wichtigsten Positionen aufgelistet. Es kann daher sinnvoll sein, das Protokoll um weitere Positionen zu ergänzen.

Muster: Beratungsprotokoll

Gesprächsteilnehmer Name/Funktion:
1. ....
2. ....
3. ....

Ort des Gesprächs: ____________________

Datum des Gesprächs und Dauer: ____________________

Grund des Gesprächs: ____________________

Persönliche und wirtschaftliche Situation des Kunden: __________

Bisheriges Anlageverhalten: ____________________

Wünsche des Kunden: ____________________

Risikobereitschaft des Kunden/Risikoklassen: __________

Empfehlung des Beraters: ____________________

Risikoaufklärung durch den Berater: ____________________

Angaben zu Transaktionskosten und den laufenden Kosten der Anlage: ____________________

Ausgehändigte Unterlagen: ____________________

____

Ort, Datum, Unterschrift der Gesprächsteilnehmer

Achten Sie vor allem darauf, dass Ihre Angaben zur Risikobereitschaft richtig eingetragen werden. Die Stufen reichen von »1« für eine sichere bis »5« für eine hoch spekulative Anlage. Hier einige typische Beispiele, welche Anlageformen den verschiedenen Risikostufen entsprechen:

Stufe 1 Euro-Geldmarktfonds, kurz laufende Euro-Fonds, Euro-Anleihen sehr guter Bonität, offene Immobilienfonds.

Stufe 2 Euro-Anleihen guter Bonität, Investmentfonds deutscher Renten, kurz laufende Fonds in Hartwährungen, Anleihen sehr guter Bonität in Hartwährungen, international gestreute Rentenfonds, überwiegend in Hartwährungen.

Stufe 3 Wandel- und Optionsanleihen, deutsche Aktienfonds, deutsche Standardaktien, international gestreute Aktienfonds, Länderfonds in europäischen Hartwährungen.

Stufe 4 Deutsche Aktien-Nebenwerte, stark risikobehaftete Anleihen, Optionsscheine aller Art, Optionen und Futures.

Stufe 5 Ausländische Aktien-Nebenwerte, stark risikobehaftete Anleihen, Optionsscheine aller Art, Optionen und Futures.

WISO rät

Machen Sie im Beratungsgespräch Angaben zu Ihrem bisherigen Anlageverhalten, und lassen Sie sich für die neue Anlageempfehlung die Kosten auflisten.

Unterschreiben Sie das Beratungsprotokoll nur, wenn Sie alles verstanden haben. Es dient dem Berater als Nachweis, dass er seine Aufklärungspflicht erfüllt hat. Wenn Sie den Empfang ausgehändigter Unterlagen bestätigen sollen, tun Sie das mit dem Vermerk »erhalten, aber noch nicht gelesen«. Dann kann im Nachhinein niemand behaupten, Sie hätten gleich reklamieren müssen. Heben Sie in jedem Fall alle Unterlagen auf, denn im Schadensfall zählen wie gesagt nur Beweise.

Legen Sie bei einem Beratungsgespräch Ihre Karten offen auf den Tisch. Lassen Sie über Ihr Anlageziel, die Anlagesumme und Ihre Risikobereitschaft keinen Zweifel aufkommen. Machen Sie deutlich, wo Ihre Prioritäten liegen und was Ihnen wichtig ist. Wenn die wesentlichen Punkte im Beratungsprotokoll schriftlich festgelegt wurden, verlangen Sie vom Berater eine Unterschrift.

WISO rät

Scheuen Sie sich nicht, für gute, unabhängige Beratung einen angemessenen Preis zu zahlen. Das kann möglicherweise der Teil Ihrer Geldanlage sein, der sich am besten rentiert.

Wie Stichproben von WISO, aber auch Untersuchungen von Verbraucherschützern immer wieder zeigen, werden bei der Beratung von Kunden häufig gravierende Fehler gemacht. Zu den Gründen gehören mangelnde Qualifikation der Berater, die Vorgaben der Bank oder Sparkasse, möglichst bestimmte Produkte zu verkaufen, oder einfach nur Mangel an Zeit für eine ausführliche Beratung. Besonders gravierende Beispiele für Fehlberatung sind der Verkauf von geschlossenen Immobilienfonds an 70-jährige Kunden mit einer Laufzeit bis 2026 oder der Abschluss einer Lebensversicherung, die erst mit 75 Jahren fällig wird. Auch jüngere Menschen müssen darauf achten, dass der Berater ihnen keine Geldanlagen aufschwatzt, durch die ein zu großer Teil ihrer Ersparnisse zu lange gebunden ist, sodass sie auch in einem Notfall nicht zur Verfügung stehen.

WISO rät

Achten Sie auch später immer darauf, dass Ihre Aufträge ausreichend dokumentiert werden. Heben Sie Abrechnungen von Wertpapiergeschäften sorgfältig auf.

Andernfalls kann es später sehr schwierig sein, eine fehlerhafte Abwicklung zu beweisen. Es könnte auch sein, dass Sie diese Nachweise für das Finanzamt brauchen. Das gilt nicht nur für vereinnahmte Zinsen und Dividenden, sondern auch für Gebühren und Spesen, die Sie als Werbungskosten geltend machen können. Sie müssen dem Finanzamt vielleicht auch einmal beweisen, dass Gewinne tatsächlich außerhalb der Spekulationsfrist von zwölf Monaten erzielt wurden und daher nicht als Einkommen versteuert werden müssen.

Wenn Sie als Kunde bereits registriert und bekannt sind, können Sie Ihre Aufträge mündlich, telefonisch und schriftlich per Fax oder E-Mail geben. Bei Direktbanken oder entsprechender Freischaltung Ihres Wertpapierkontos ist auch die »Selbstbedienung« per Internet möglich.

Der gute alte Brief kann natürlich immer noch für einen Auftrag verwendet werden. In vielen Fällen ist es aber wichtig, dass Ihre Orders möglichst schnell ausgeführt werden. Denn die Kurse ändern sich nicht nur täglich, sondern oft von Minute zu Minute. Papiere, die am Morgen noch einen kleinen Gewinn hatten, können bei Börsenschluss im Minus stehen, und die gleiche Aktie, die zu Handelsbeginn noch preiswert erschien, kann aufgrund von Übernahmegerüchten am Abend zu teuer geworden sein. Deshalb sollten Sie für Ihre Aufträge immer ein schnelles Medium wählen. Der Brief gehört heute nicht mehr dazu. Er kann aber ausreichen, wenn Sie auf diesem Weg Aufträge geben, die ohnehin zu einem späteren Termin abgewickelt werden – wie etwa der regelmäßige Kauf von Fondsanteilen am Monatsende zu einem vorher festgelegten Betrag. Brieflich erteilt werden können auch Aufträge zur Ausübung von Bezugsrechten oder zur Zeichnung von Aktien anlässlich einer »Initial Public Offer« (IPO), wie der erstmalige Börsengang eines Unternehmens genannt wird. In diesen Fällen bieten schriftliche Orders den Vorteil, dass Ihr Auftrag eindeutig dokumentiert ist.

Checkliste: Beratungsgespräche zur Geldanlage

- ○ Lassen Sie sich nicht gleich in eine Schublade stecken, geben Sie selbst den Ton an. Sie sind der Kunde.
- ○ Benennen Sie Ihr Anlageziel.
- ○ Erläutern Sie beim Anlagegespräch vorab Ihre Einkommens- und Familiensituation.
- ○ Notieren Sie sich auf einem Beratungsprotokoll den Namen des Beraters, Datum, Uhrzeit und Dauer des Gesprächs.
- ○ Lassen Sie sich alle Fachbegriffe erklären, die Sie nicht kennen, und fragen Sie nach, wenn Sie etwas nicht verstanden haben.
- ○ Erkundigen Sie sich nach dem Risiko der Geldanlage.
- ○ Fragen Sie nach steuerlich relevanten Auswirkungen.
- ○ Lassen Sie sich Anlagekosten, Gebühren und beim Wertpapierkauf auch die Kosten für das Depot auflisten.
- ○ Verlangen Sie das Angebot schriftlich.
- ○ Nehmen Sie alles mit nach Hause, auch wenn der Berater scheinbar nur Kritzeleien aufgeschrieben hat.
- ○ Unterschreiben Sie Verträge niemals sofort, sondern erst, wenn Sie zu Hause noch einmal alles genau durchgelesen haben.
- ○ Bei hoher Anlagesumme sollten Sie immer mehrere Angebote einholen.
- ○ Fragen Sie nach dem Kundenservice. Zum Beispiel, ob Sie bei starken Kursverlusten außerplanmäßig informiert werden oder ob Ihnen regelmäßig kostenfrei Anlageempfehlungen unterbreitet werden.

Selbsteinschätzung: Erkennen Sie Ihren Anlagetyp

Unabhängig von der Frage, für welchen Berater, für welche Bank und für welche Konditionen Sie sich entscheiden: Sie müssen immer auch selbst wissen, was Sie wollen. Sie müssen sich selber kennen – nämlich wissen, welcher Typ von Anleger Sie sind und zu welchen Fehlern Sie möglicherweise neigen. Viele Anleger bringen sich selbst um einen möglichen Erfolg oder handeln sich unnötige Verluste ein, weil ihnen die eigene Psyche im Weg steht. Emotionen bestimmen das Entscheidungsverhalten vieler Sparer weit stärker, als ihnen selber bewusst ist. Diese Zusammenhänge werden im Rahmen der »Behavioral Finance« untersucht, einer Wissenschaft, die sich mit dem Einfluss psychologischer Faktoren auf die Entwicklung der Finanzmärkte beschäftigt. Aufgrund verschiedener Untersuchungen lassen sich »gefährdete Anlegertypen« erkennen, die jeweils zu ganz charakteristischen Fehlern neigen.

Einer dieser Typen ist der »Vorschnelle«. Er verfügt nur über wenige Informationen, entscheidet hastig und ist leicht durch allgemeine Ausführungen, die er in Zeitungen und Magazinen findet oder von Bekannten und angeblichen Experten hört, über den zu erwartenden Börsentrend zu beeinflussen. Das Ergebnis ist, dass er oft einen viel zu hohen Einstandspreis zahlt. Später verkauft er dann ebenso hastig und oft zum falschen Zeitpunkt und macht damit wieder den gleichen teuren Fehler wie beim Einstieg.

Ein weiterer Typus kann als »einstandsorientiert« bezeichnet werden. Er hat von allen seinen Aktien den Einstiegspreis im Kopf und will in jedem Einzelfall mit Gewinn abschließen. Er steigt deshalb oft auch dann nicht rechtzeitig aus einem Engagement aus, wenn schon Verluste eingetreten sind und weitere Einbußen drohen.

Der dritte Typus, der seinem Erfolg als Anleger selbst im Weg steht, gehört zur Gruppe der »Rechthaber«. Er will nicht zugeben, dass er einen Fehler gemacht hat. Er ignoriert alle Nachrichten, die nicht in seine Vorstellungswelt passen. Damit verbaut er sich den rechtzeitigen Ausstieg. Die wichtige Regel »der erste Verlust ist immer der kleinste Verlust« wird von ihm systematisch missachtet.

Wer nicht in seine eigene Psychofalle laufen will, sollte daher sein Verhalten immer wieder kritisch hinterfragen. Das gilt für Anfänger ebenso wie für alte Börsen-Hasen, die meinen, sie hätten bereits genügend Erfahrung gesammelt. Wichtige Hinweise auf das eigene (Fehl-)Verhalten können spezielle Tests geben, wie sie zum Beispiel Professor Rüdiger von Nitzsch an der Technischen Hochschule Aachen entwickelt hat. Zusammen mit dem Beratungsinstitut Aixigo bietet er im Internet einen kostenlosen Test für Anleger an, mit dem jeder sein eigenes Verhalten, seine Risikobereitschaft und seinen Kenntnisstand prüfen kann:

WISO rät

Unter www.boersen.coach.com können Sie sich anhand von 34 Fragen und einiger zusätzlicher Angaben innerhalb von wenigen Minuten selber prüfen.

Auf der Startseite begrüßt Aixigo die Besucher mit dem Satz: »Auf dem Weg zur erfolgreichen Geldanlage sind viele Hürden zu nehmen. Neben der Auswahl geeigneter Wertpapiere müssen Sie auch darauf achten, dass Sie sich nicht durch Emotionen leiten lassen oder sich in anderer Weise unvernünftig entscheiden.«

Die »Behavioral Finance« hat typische Fehler erforscht und festgestellt, dass sehr viele Anleger diese Fehler begehen. Mit dem Aixigo Börsencoach können Sie erfahren, für welche Fehler Sie anfällig sind. Durch viele Tipps und Informationen lernen Sie zugleich, wie Sie Ihre zukünftigen Anlageentscheidungen verbessern können. Wer die Fragen (ehrlich!) beantwortet, erhält eine persönliche Analyse mit Hinweisen auf bestehende Verbesserungsmöglichkeiten.

Sie können auch mithilfe des folgenden Fragebogens schon einen ersten Hinweis darauf erhalten, was für ein Anlagetyp Sie sind.

Schnelltest: Welcher Anlagetyp sind Sie?

Wenn Sie die unten stehenden Fragen nach »bestem Wissen und Gewissen« beantworten, bekommen Sie Hinweise darauf, welche Formen der Geldanlage am ehesten zu Ihnen passen. Notieren Sie sich dazu die Punktzahlen, die zu den Antworten gehören, die am ehesten Ihrer Meinung, Ihrem bisherigen Verhalten oder den bisher bevorzugten Anlageformen passen. Aus der Gesamtzahl der Punkte ergibt sich dann, welcher Risikotyp Sie sind (siehe Auflösung am Ende des Kapitels).

Test: Welcher Risikotyp sind Sie?

Welche Kapitalanlagen haben Sie in der Vergangenheit bevorzugt (maximal zwei Nennungen)?

- O Keine (0 Punkte)
- O Spar- und / oder Festgeldanlagen (0 Punkte)
- O Festverzinsliche Wertpapiere / Rentenfonds (5 Punkte)
- O Aktien / Aktienfonds (11 Punkte)
- O Geschlossene Immobilienfonds / Immobilien (11 Punkte)

Zwischensumme ________

Was waren bisher die wichtigsten Motive für die oben genannten Kapitalanlagen (maximal zwei Nennungen)?

- O Keine Zeit, lange über meine Geldanlage nachzudenken (5)
- O Keine Erfahrung mit anderen Formen der Geldanlage (0)
- O Möglichst große Sicherheit, beständiger Wertzuwachs (0)
- O Schnelle Verfügbarkeit des Geldes war mir wichtig (0)
- O Hohe Renditechancen bei überschaubarem Risiko (0)
- O Bin bereit, für höhere Gewinnchancen höhere Risiken zu akzeptieren (10)

Zwischensumme ________

Was ist in Zukunft bei Kapitalanlagen für Sie besonders wichtig (nur eine Antwort möglich)?

- O Konstanter Wertzuwachs, aber Sicherheit steht im Vordergrund (0)
- O Hohe Erträge bei angemessenem Risiko (5)
- O Bei höheren Gewinnchancen akzeptiere ich auch höhere Risiken (10)

Zwischensumme ________

Wie lange können oder möchten Sie Ihr Kapital anlegen (nur eine Antwort möglich)?

- O Kurzfristig, für ein bis drei Jahre (0)
- O Mittelfristig, für drei bis fünf Jahre (5)
- O Langfristig, für mehr als zehn Jahre (10)

Zwischensumme ________

Wie viel Prozent Ihres Vermögens steht für die von Ihnen beabsichtigte Geldanlage zur Verfügung (nur eine Antwort möglich)?

- O Bis zu 30 Prozent (5)
- O Bis zu 50 Prozent (5)
- O Mehr als 50 Prozent (0)

Zwischensumme ________

Wie werden sich Ihre künftigen Einnahmen (Gehalt, Kapitaleinkünfte, Mieten usw.) entwickeln (nur eine Antwort möglich)?

- O Einnahmen werden eher wachsen (5)
- O Einnahmen werden eher gleich bleiben (5)
- O Einnahmen werden eher abnehmen (0)

Zwischensumme ________

Quelle: Commerzbank Journal / WISO

Auswertung

Addieren Sie nun die sechs Zwischensummen und prüfen Sie anhand des Ergebnisses, welchem Risikotyp Sie eher angehören beziehungsweise welche grundsätzliche Haltung in Vermögensfragen am besten zu Ihrer Lebenssituation passt:

Bis zu 30 Punkte

Sie sind ein »Ertragstyp« oder leben in einer Situation, die es nicht sinnvoll erscheinen lässt, Sicherheit oder Verfügbarkeit des Geldes infrage zu stellen. Der Ertragstyp bevorzugt eine sicherheitsbetonte Geldanlage. Die Erträge sollen planbar sein, das Vermögen soll lieber langsam, dafür aber stetig wachsen und keinen Verlustrisiken ausgesetzt sein.

31 bis 50 Punkte

Sie gehören eher zu den »Wachstumstypen«. Sie wünschen sich ein Sowohl-als-auch, indem Sie ein ausgewogenes Verhältnis von Chancen und Erträgen anstreben. Sie sind aber bereit, kurzfristige Kursschwankungen zu akzeptieren.

51 Punkte und mehr

Sie sind ein »Chancentyp« oder können es sich aufgrund Ihrer Einkommens- und Vermögensverhältnisse beziehungsweise Ihrer familiären Situation leisten, einen Teil Ihres Kapitals mit höherem Risiko zu investieren. Sie vertreten die Ansicht, dass man auch mal etwas wagen muss, um zu gewinnen. Sie wollen Kursgewinne erzielen, nehmen größere Kursschwankungen dafür in Kauf und wissen, dass eine Spekulation auch mal schief gehen kann.

Wie die Börse funktioniert

Bei einem Investment in Aktien kommt es den meisten Anlegern weniger auf die Dividende als vielmehr auf das Kurspotenzial ihres Papiers an. Bei der Kursentwicklung spielen viele Faktoren eine Rolle. Nicht immer sind sie rational nachvollziehbar, denn Emotionen und Erwartungen spielen an der Börse für das Verhalten der Anleger eine mindestens genau so wichtige Rolle wie konkrete Daten und Fakten. Dieses Kapitel erklärt Ihnen die Entstehung und das Funktionieren der Börse und stellt Ihnen die wichtigsten Indizes und Märkte vor – sowohl in Deutschland als auch im Ausland.

Die Börse und damit die Kurse der Aktien folgen ihren eigenen Gesetzmäßigkeiten, die auch bei Insidern häufig Überraschung auslösen. Deshalb wurden und werden auch Börsenprofis immer wieder auf dem falschen Fuß erwischt und müssen herbe Verluste hinnehmen. Das heißt: Absolut zuverlässige Prognosen über die Kursentwicklung gibt es nicht. Oft finden Sie im Anlageteil von Tageszeitungen sogar am gleichen Tag auf verschiedenen Seiten einander widersprechende Einschätzungen verschiedener Anlageexperten – auch Analysten genannt – über die zu erwartende Entwicklung der Märkte, einzelner Branchen oder bestimmter Aktien.

Nicht zu unterschätzen ist auch die Politik. So kann zum Beispiel eine Diskussion über die Abschaffung von Subventionen für Häuslebauer wie etwa die Eigenheimzulage die Baubranche verunsichern und den Kurs der betreffenden Aktien nach unten in Bewegung setzen. Die Veröffentlichung aktueller Meldungen über die Entwicklung der Konjunktur, über Investitionsneigung und Verbraucherverhalten zeigt meist schon nach wenigen Minuten Wirkung an der Börse. Je nachdem, ob sie positiv oder negativ ausfallen, können sie die Kursentwicklung entweder stimulieren oder bremsen. Fällt zum Beispiel der Ifo-Geschäftsklima-Index, der als wichtiger Indikator für die wirtschaftliche Stimmung in Deutschland gilt, dreimal hintereinander, kann daraus das Signal für einen drohenden Abschwung abgeleitet werden. Steigt er dagegen mehrfach in Folge, sind die Unternehmer – und mit ihnen die Anleger – wieder optimistischer. Denn das lässt auf steigende Umsätze und Gewinne hoffen und damit auch auf steigende Aktienkurse.

Bis die Wirtschaft tatsächlich in Schwung kommt, kann es zwar noch ein paar Monate dauern. Die Reaktion der Börse dagegen erfolgt sofort: Die Anleger kaufen nämlich in Erwartung besserer Zeiten. Wenn dann nach einigen Monaten tatsächlich festgestellt werden kann, dass neue Arbeitsplätze geschaffen worden sind, dass die Produktion steigt, die Umsätze wachsen und die Gewinne kräftig sprudeln, ist das in der Regel in den Kursen bereits vorweggenommen. Es kann daher sein, dass die Aktienkurse bereits wieder fallen, weil beispielsweise die Anleger zu diesem Zeitpunkt bereits wieder fürchten, dass der Aufschwung in naher Zukunft ein Ende nehmen könnte.

Aus diesem Verhalten lässt sich eine für Anleger außerordentlich wichtige Regel ableiten: An der Börse wird Zukunft gekauft. Wenn die erwartete Situation bereits eingetreten ist, denkt man am Aktienmarkt bereits an die Zeit danach. Unerfahrene Anleger machen daher oft den Fehler, dass sie erst kaufen, wenn die Unternehmen stolz melden, dass sie ein erfolgreiches Geschäftsjahr hinter sich haben. Doch das ist für die Börse dann schon Vergangenheit und interessiert erfahrene Anleger nur noch wenig. Es wird nur noch die Frage gestellt, ob der Gewinn im kommenden Jahr ebenso hoch, noch besser oder eher niedriger ausfallen könnte. Je nachdem, welche Antworten die Analysten darauf geben, fallen oder steigen die Kurse.

Am Aktienmarkt lösen aber nicht nur positive oder negative Unternehmensmeldungen Kursbewegungen aus. Rückschlüsse auf die gesamtwirtschaftliche Entwicklung lassen sich auch aus der Politik der Zentralbank herleiten. Wenn die Wirtschaft lahmt, drehen die Notenbanker den Geldhahn auf und sorgen für sinkende Zinsen, um die Investitionen wieder anzukurbeln. Zinssenkungen machen Geld billig und damit Investitionen und private Neuanschaffungen günstig. Das lässt auf bessere Zeiten hoffen und damit die Kurse steigen. Umgekehrt ist es für die Börsen immer ein negatives Signal, wenn die Zentralbank die Leitzinsen erhöht. Denn das zeigt, dass die Notenbanker Gefahren für den Geldwert sehen und daher die Konjunktur bremsen wollen. Allgemein ausgedrückt: Steigende Zinsen sind für die Aktienkurse Gift, fallende Zinsen ein anregendes Elixier.

Allerdings muss man immer darauf achten, ob nicht andere Einflüsse stärker wirken als die Erwartung steigender oder fallender Zinsen. So können die Kurse auch dann sinken, wenn die Anleger zwar mit niedrigeren

Zinsen rechnen, die Regierung aber gleichzeitig Steuererhöhungen angekündigt hat oder auch nur die Sorge wächst, dass sie dies tun könnte. Auch ein drohender militärischer Konflikt oder die Angst, dass die Öl- und Gasversorgung in den nächsten Monaten gefährdet sein könnte, kann selbst in einem an sich freundlichen wirtschaftlichen Umfeld einen plötzlichen Kurssturz auslösen.

WISO rät

Wenn Sie erfolgreich an der Börse agieren wollen, müssen Sie die Zeitung aufmerksam lesen und dürfen dabei den Wirtschaftsteil auf keinen Fall überschlagen. Sie sollten auch die Nachrichten im Fernsehen und im Radio verfolgen, sich im Internet informieren und die vielfältigen Informationen nutzen, die Banken und Sparkassen bereitstellen.

Wer das nicht will oder aus Zeitgründen nicht kann, sollte die Finger von Aktien lassen oder es erfahrenen Fondsmanagern überlassen, die Anlageentscheidungen für ihn zu treffen. Doch auch in diesem Fall kann Ihnen niemand die Entscheidung abnehmen, für welche Fonds Sie sich entscheiden: Glauben Sie, dass Wertpapierkörbe, in die nur deutsche oder europäische Aktien hineinkommen, größere Chancen haben als Fonds, die sich auf Anteile an chinesischen, indischen oder lateinamerikanischen Unternehmen spezialisieren? Wenn Sie sich dabei nicht völlig auf Ihren Berater verlassen wollen, kommen Sie um eine eigene Bewertung der angebotenen Wertpapiere nicht herum.

Die Börse: Entstehung und Entwicklung

Wie schon in der Einleitung dargelegt, ist nirgendwo der Anteil der Bürger, die Aktien und andere »Risikopapiere« besitzen, so niedrig wie in Deutschland. Die Ablehnung vieler Bundesbürger gegenüber Börse und Aktien liegt sicher auch daran, dass viele sich gleich beim ersten Versuch, Wertpapiere anzufassen, gründlich die Finger verbrannt haben. Denn um die Jahrtausendwende ging es an der Börse so heiß her wie schon lange nicht mehr. Das lockte viele an, die glaubten, sie könnten hier mal rasch ein paar schnelle

Euro machen – auch ohne sich der Mühe unterziehen zu müssen, sich vorher ausreichend zu informieren. Sie vor allem waren die Opfer des plötzlichen Kurseinbruchs. Denn nach einer Hausse, wie es sie seit Jahrzehnten nicht mehr gegeben hatte, folgte ein Absturz, wie ihn viele nicht mehr für möglich gehalten hatten. Was in jenen wilden Börsenjahren geschah, wird schnell deutlich, wenn man die Kursentwicklung über einen etwas längeren Zeitraum betrachtet.

Der Deutsche Aktienindex Dax, der am 1. Juli 1988 erstmals offiziell ermittelt wurde und damals bei 1000 Punkten startete, überschritt erst neun Jahre später, nämlich im Jahr 1997, die Grenze von 3000 Punkten. Danach stieg er in nur zwei Jahren, nämlich bis Ende 1999, auf über 5000 Punkte und schoss dann in den ersten drei Monaten des Jahres 2000 noch einmal steil nach oben: Am 7. März 2000 erreichte der Dax mit 8136,16 Punkten seinen vorläufigen Höchststand – um danach fast ebenso schnell wieder in die Tiefe zu rauschen. Anfang 2003 durchbrach er die Grenze von 3000 Punkten nach unten und war nach fast genau sechs Jahren wieder da, wo er 1997 seinen steilen Anstieg begonnen hatte. Im April 2006 überschritt er erstmals wieder die Marke von 6000 Punkten.

Noch schlimmer als die Werte der »Old Economy« erwischte es die »New Economy«: Der so genannte »Neue Markt«, an dem es für kurze Zeit so aussah, als ob man scheinbar mühelos und in kürzester Zeit zum Millionär werden könne, stürzte nach einer rasanten Kurvenfahrt so steil ab, dass er schließlich selbst im Strudel der Krise unterging. Am 5. Juni 2003 wurde er von der Deutschen Börse AG, die so schnell wie möglich dieses unrühmliche Kapitel in ihrer sonst so erfolgreichen Geschichte beenden wollte, für immer geschlossen. Viele Anleger, die in diesen Jahren zwischen Hausse und Baisse zu Zockern und Spekulanten geworden waren, mussten so erleben, wie schnell man an der Börse ein Vermögen nicht nur gewinnen, sondern auch (wieder) verlieren kann.

Um die Jahrtausendwende musste eine neue Generation von Anlegern schmerzhaft die gleiche Lektion lernen wie schon ihre Väter und Großväter: Wenn sich die Kurse vom Boden der wirtschaftlichen Realität entfernen, wenn Geld nicht mehr wohlüberlegt angelegt, sondern verzockt wird, bildet sich eine Spekulationsblase, die früher oder später platzt. Das ist eine Erfahrung, die nicht nur Aktienanleger machen. Überhitzte Spekulationen mit Gold oder Silber, mit Immobilien oder Hochzinsanleihen, mit Devisen oder Schweinebäuchen enden regelmäßig auf die gleiche Weise. Wer da nicht rechtzeitig aussteigt, erlebt am eigenen Leib, was der Spruch bedeutet: »Den letzten beißen die Hunde.«

In Japan hat es länger als ein Jahrzehnt gedauert, ehe sich Sparer und Banken einigermaßen von dem Crash des Immobiliensektors erholt hatten, der auch die überhitzte Börse mit in die Tiefe riss. Nachdem die Grundstückspreise jahrelang wie Raketen den Himmel geschossen waren und Quadratmeterpreise von 50 000 Dollar und mehr in der Innenstadt von Tokio oder Osaka keine Seltenheit mehr waren, brach auch diese Spekulation Anfang der 90er Jahre in sich zusammen und riss neben ungezählten Spekulanten auch große, bis dahin als solide geltende Bankhäuser mit in den Abgrund.

Doch auch wer sein Geld in Anleihen anlegt und dabei mehr auf die Höhe der Zinsen als auf die Seriosität des Schuldners achtet, kann sein Erspartes schnell verlieren. Länder wie Argentinien haben schon zum wiederholten Mal das Vertrauen ihrer Geldgeber – oder deren Gier nach hoher Verzinsung – missbraucht. Und wer nach dem Ende der Goldpreisbindung das gelbe Metall gehortet und sich über den schwindelerregenden Preisanstieg gefreut hat, der einsetzte, als sich die USA 1971 von der Verpflichtung verabschiedeten, den Dollar jederzeit gegen eine bestimmte Menge Gold einzutauschen, musste bis Ende 2005 warten, um den Goldpreis wenigstens wieder in der Nähe der einstigen Spitzenkurse zu sehen.

Das zeigt: Weder Aktien noch Gold, weder Immobilien noch Anleihen sind eine absolut sichere Geldanlage. Nicht einmal das Sparbuch ist es, denn das dort »gebunkerte« Geld bringt zu wenig Zinsen, um das Ersparte vor der schleichenden Entwertung durch Preissteigerungen zu schützen. Die Summe auf dem Sparkonto steigt einschließlich der Zinsgutschrift zwar jedes Jahr ein wenig, aber die Kaufkraft nimmt unter Umständen deutlich ab.

Doch dagegen und gegen so manche andere Gefahr können Sie sich – und Ihr Geld – schützen. In diesem Buch werden wir Ihnen an vielen Stellen zeigen, wie man einerseits mit Aktien verdienen kann – und zwar bei steigenden wie bei fallenden Kursen – und andererseits nachhaltige Verluste vermeidet. Dazu gehört neben einigem technischen Wissen auch, sich vor betrügerischen oder »halbseidenen« Beratern zu schützen, die mehr an ihrem eigenen Gewinn als an Ihrer Rendite interessiert sind.

Wer Geld verliert, ist oft selber schuld

Auch in Zukunft wird es neben Perioden einer moderaten Kursentwicklung immer wieder zu mehr oder weniger großen Schwankungen kommen. Das bietet cleveren Anlegern große Chancen, ist aber immer auch mit Risiken verbunden. Das gilt besonders für den Handel mit den so genannten Derivaten, das heißt mit den vielfältigen Anlageinstrumenten, die auf der Basis von Aktien und Anleihen entstanden sind und ständig neu entwickelt werden. Nicht nur die Geschichte der Börsen, sondern auch die Zukunft der Wertpapiermärkte ist eine Geschichte heiß-kalter Wechselbäder. Seit es Börsen gibt, hat es auch immer wieder Zeiten einer übersteigerten Spekulation und anschließend eines tiefen Absturzes gegeben. Geschickte Spekulanten haben dabei ohne große Mühen ein Millionenvermögen gemacht. Andere haben ihre durch harte Arbeit erworbenen Ersparnisse verloren, weil sie zu spät auf den fahrenden Zug aufgesprungen sind und dann nicht den Mut fanden, sich ihren Irrtum rechtzeitig einzugestehen und so mit nur einem kleinen Verlust wieder auszusteigen.

Das Schicksal uninformierter oder halsstarriger Anleger läuft fast immer nach dem gleichen Muster ab: Sie kaufen erst, wenn die Kurse schon kräftig gestiegen sind. Wenn die Entwicklung kippt, warten sie zu lange mit einem Verkauf. Dann steigen sie schließlich doch aus, um zu retten, was noch zu retten ist – und sind nicht mehr investiert, wenn die Kurse endlich wieder steigen. Das geht nun schon seit drei Jahrhunderten so.

Betrüger und Spekulanten

Die erste Aktienbörse entstand schon im 17. Jahrhundert in Amsterdam. Dort wurden zunächst die Aktien der Ostindischen und etwas später der Westindischen Kompanie gehandelt. Auf dem ersten noch erhaltenen Kurszettel der Amsterdamer Börse aus dem Jahr 1747 standen bereits 44 verschiedene Papiere, darunter drei niederländische und drei englische Aktien, 25 öffentliche Anleihen der Niederlande sowie vier englische und sechs deutsche Schuldverschreibungen. Fast gleichzeitig mit dem Börsengeschäft wurde auch der Spekulant geboren.

Schon bald entdeckten gerissene Geschäftsleute, dass sich durch gezielte Käufe und Verkäufe sowie durch das Verbreiten von Nachrichten und Streuen von Gerüchten die Kurse beeinflussen lassen. Und weil es in Zeiten stark steigender Kurse so leicht ist, das Geld gutgläubiger oder habgieriger Anleger einzusammeln, entstanden auch bald die ersten Schwindelfirmen. Es waren Kolonialgesellschaften, die ihren Aktionären versprachen, ihnen alle Reichtümer der Neuen Welt zu Füßen zu legen. Als die Regierung 1720 eingriff und Gesetze zum Schutz der Anleger erließ, brach die Spekulation über Nacht zusammen. Tausende waren ruiniert. Selbst die Bank von England konnte sich nur mit knapper Not vor einem Zusammenbruch retten.

Achtung!

Fallen Sie nicht auf Gerüchte herein. Friedrich Thießen, Professor an der Technischen Universität Chemnitz, hat wissenschaftlich untersucht, welche Auswirkungen Gerüchte an der Börse haben. Dabei stellte sich heraus, dass ein geschickt formuliertes Gerücht die Handelsumsätze mit der betreffenden Aktie um 46 bis 87 Prozent steigern kann.

Die Kurse bewegen sich im Durchschnitt um 2,8 Prozent nach oben oder unten – abhängig davon, ob es sich um ein positives oder ein negatives Gerücht handelt. Professor Thießen charakterisiert ein »gutes« Gerücht so: »Es muss an eine aktuelle Diskussion anknüpfen, es muss über den bisherigen Informationsstand hinausgehen, und es sollte an unter bewusste Ängste appellieren.«

Der »Freitag«, der ein Donnerstag war

An der Börse gilt: Geschichte wiederholt sich. Der Zusammenbruch von 1720 war nicht der erste und blieb bis heute auch nicht der letzte spektakuläre Börsenkrach. Besondere »Berühmtheit« erreichte der »Schwarze Freitag« des Jahres 1873. In den »Gründerjahren« nach dem deutsch-französischen Krieg 1870/71 und der deutschen Reichsgründung hatte der wirtschaftliche Boom zu einer stark überhitzten Kursentwicklung an den Börsen geführt. Das Ende wurde am Freitag, dem 4. Mai 1873, eingeläutet.

In Erinnerung daran wurde auch der Tag des Jahres 1929, an dem es nach einem monatelangen Kursfeuerwerk völlig überraschend zu einem katastrophalen Kurseinbruch an der Wall Street in New York kam, als »Schwarzer Freitag« bezeichnet, obwohl es ein Donnerstag war. Dieser bis heute berüchtigte »Schwarze Freitag« seit Bestehen des organisierten Handels mit Wertpapieren fand am Donnerstag, dem 24. Oktober 1929, statt. Dieser Börsencrash war der bislang folgenschwerste Börsenunfall der Geschichte. Schon am ersten Tag stürzten die Kurse der wichtigsten amerikanischen Aktien innerhalb von wenigen Stunden um 13 Prozent. Das wiederum löste panikartige Verkäufe in allen Marktbereichen aus. Tausende von Anlegern, die oftmals ihre Wertpapiere mithilfe von Krediten erworben hatten (auch ein Fehler, der bis heute immer wieder gemacht wird), trennten sich ebenso gedankenlos von ihren Papieren, wie sie diese zuvor gekauft hatten.

Vier Jahre lang – nämlich bis 1933 – ging es fast ohne Unterbrechung immer weiter bergab. Dabei wurden auch Aktien von Unternehmen mit in den Strudel gerissen, die gut fundiert waren und glänzend verdienten. Denn wenn erst einmal Panik um sich greift, interessiert – ebenso wie zuvor im Boom – die tatsächliche wirtschaftliche Lage einer Aktiengesellschaft niemanden mehr. So stürzte während des großen Börsenkrachs von 1929 zum Beispiel auch die Aktie von General Motors von stolzen 180 auf lächerliche 10 Dollar. Wer damals beherzt zugriff (und neben dem notwendigen Mut auch noch über das dazu notwendige Geld verfügte), war Jahre später ein gemachter Mann. Wenn bei Ihnen jetzt Erinnerungen an die Entwicklung am Frankfurter »Neuen Markt« in den Jahren 1999/2000 wach werden sollten, ist das sicher kein Zufall.

Das Spiel wiederholte sich in der zweiten Hälfte des vergangenen Jahrhunderts – wenn auch in gemäßigter Form. Auch nach dem Zweiten Weltkrieg hat es nach Zeiten heißer Spekulation mehrfach kräftige Rückschläge gegeben. Trotz aller schmerzhaften Erfahrungen gelingt es windigen Geschäftemachern immer wieder, unerfahrene und von Habgier geblendete Anleger in solchen Situationen über den Tisch zu ziehen. Als Konsequenz daraus wurden die Gesetze zum Schutz der Anleger immer strenger und die Börsenaufsichtsbehörden immer mächtiger. Doch das alles konnte und kann nicht verhindern, dass es nach Phasen übertriebener Erwartungen immer wieder zu bösen Rückschlägen kommen kann.

Aus dem Crash lernen

Die alte Regel »aus Schaden wird man klug« gilt an der Börse offenbar nur begrenzt oder wird nach einer gewissen Zeit wieder vergessen. Seit 1720 musste zwar immer wieder die Erfahrung gemacht werden, dass es an den Aktienmärkten nicht nur nach oben geht und dass nach einem allzu raschen Kursanstieg ein Rückschlag fast so sicher ist wie das Amen in der Kirche.

Dennoch tappen Anleger immer wieder in diese Falle. Das gilt nicht nur für die Masse der Kleinaktionäre, sondern auch für die Mehrzahl der Fondsmanager und Analysten. Im Boom konnen sie alle mit klotzigen Gewinnen und – solange die Kurse immer weiter klettern – mit zutreffenden Prognosen aufwarten. Erst in der Krise zeigt sich der Meister. Den bevorstehenden Knick in der Kursentwicklung hat im Jahr 2000 kaum ein Analyst rechtzeitig erkannt. Außer einigen notorischen Schwarzsehern, die immer die Krise an der nächsten Ecke vermuten, sahen die meisten den Dax zum Jahresende 2001 eher über als unter 10 000 Punkten. Das hat nicht nur Tausende von Kleinanlegern um einen großen Teil ihrer Urteilskraft und anschließend ihres Vermögens gebracht. Auch viele deutsche und ausländische Banken sowie große Versicherungen kamen 2002/2003 in eine »Schieflage«, weil sie – trotz oder wegen der Heerscharen von professionellen Analysten, die sie damals beschäftigten – die Entwicklung an den in- und ausländischen Aktienmärkten völlig falsch eingeschätzt hatten. Ein Extrembeispiel: Die Mannheimer Versicherung geriet durch ihre Fehlspekulationen am Aktienmarkt schließlich in eine derartige Schieflage, dass Mitte 2003 auch der letzte Rettungsversuch scheiterte.

Trotz aller Rückschläge ging es bisher auf lange Sicht mit den Kursen nach einem Crash immer wieder nach oben – manchmal deutlich über den vorher erreichten Stand hinaus. Wurden in den 60er Jahren noch Wetten darüber abgeschlossen, ob der amerikanische Dow Jones jemals über 1 000 Punkte steigen könnte, wurde nach dem weltweiten Einbruch 2001 nur noch darüber diskutiert, wie weit dieser Index noch unter 10 000 Zähler fallen könnte. Auch der Dax, der 1987 mit 1 000 Punkten startete, lag selbst im März 2003, als er auf seinen bis dahin tiefsten Punkt nach dem Crash gefallen war, noch um mehr als das Doppelte über diesem Ausgangswert. Ähnliches gilt für den europäischen Aktienindex Stoxx (siehe weiter unten).

Dass es an den »Neuen Märkten« in Europa und den USA ein wenig anders lief, ist kein Gegenbeweis. Denn das waren oder sind Börsensegmente für besonders risikoreiche Beteiligungen. Es war von vornherein klar, dass nur ein Teil der jungen Unternehmen, deren Aktien dort notiert werden, dauerhaft erfolgreich sein würde. Da aber die Anleger – kleine wie große – im Spekulationsfieber schließlich alle Regeln einer vernünftigen Aktienbewertung vergaßen, musste nahezu zwangsläufig wieder das passieren, was auch schon in den Jahren 1720, 1873 oder 1929 geschehen war: Die Spekulationsblase musste irgendwann platzen. In Deutschland war der Knall so stark, dass der gesamte »Neue Markt« ihn nicht überlebte.

Die Entwicklungskurve des Dax zeigt, dass der Aktienmarkt nicht nur von spekulativen Wellen, sondern oft auch von politischen Ereignissen stark beeinflusst wird. Doch wer bei seinem Start alle 30 Werte entsprechend ihrer Gewichtung kaufte (und sein Depot den Veränderungen in der Zusammensetzung des Index anpasste), konnte bis März 2000 sein Vermögen um gut 700 Prozent vermehren. Wer nicht rechtzeitig ausstieg, dessen Aktienvermögen betrug bis zum Tiefpunkt der »Salami-Baisse« – des Absturzes in Scheiben, also auf Raten – zwar nur noch ein Drittel des Spitzenwertes. Aber selbst dieses Vermögen hatte immer noch mehr als den doppelten Wert des Startkapitals.

Wer angesichts einer überhitzten Spekulation nicht auch noch den letzten Euro mitnehmen will, sondern rechtzeitig aussteigt, dafür aber zu den ersten gehört, die nach einem Absturz wieder einsteigen (auch auf die Gefahr hin, dass es kurzfristig vielleicht noch einmal etwas billiger werden könnte), macht die besseren Geschäfte (und schläft ruhiger). Und wer es sich nicht zutraut, diese Punkte einigermaßen genau zu erwischen, fährt am besten mit einer regelmäßigen Anlage – in guten wie in schlechten Zeiten. Denn so profitiert man mit Sicherheit vom langfristigen Trend. Am einfachsten gelingt dies durch regelmäßige Einzahlungen in einen gut gemanagten Aktienfonds.

Anleger, die nicht wild draufloskaufen, sich nicht auf Gerüchte verlassen oder einfach auf die Empfehlungen mehr oder weniger seriöser Berater vertrauen, sondern sich selbst das notwendige Wissen aneignen, vermeiden nicht nur unnötige Risiken. Sie wissen auch, dass sich selbst bei sinkenden Kursen oft noch gute Gewinne erzielen lassen. Denn an der Börse kann man immer dann – und nur dann – verdienen, wenn man dem Trend voraus ist. Optionen, Calls, Puts, Discount-Zertifikate und andere Finanzinstrumente (dazu mehr in dem Kapitel *Aktien mit Rabatt und andere Sonderangebote*) gehören zu den Instrumenten, mit denen informierte Anleger in solchen Zeiten arbeiten, in denen es nicht einfach immer weiter aufwärts, sondern auch seitwärts und abwärts mit den Kursen geht.

Mit diesem WISO-Ratgeber *Aktien, Anleihen und Fonds* wollen wir Ihnen das Know-how vermitteln, mit dessen Hilfe Sie nicht nur die Vorgänge an der Börse verstehen, sondern auch eine langfristig erfolgreiche Anlagenstrategie verfolgen können. Und dabei wünschen wir Ihnen, was man neben allem anderen auch an der Börse immer braucht: ein wenig Glück. Das brauchen Sie auch deshalb, weil angesichts der Misere der staatlich organisierten Altersvorsorge eine eigenständige Vermögensbildung so wichtig ist wie nie zuvor.

Wertpapiersparen sollte dabei eine wichtige, allerdings nie die einzige Säule sein, auf der Ihre private Vorsorge ruht. Denn wer einen Teil seiner Mittel in Aktien oder in Aktienfonds anlegt und damit nicht zu spät beginnt, hat gute Chancen, sich später einmal mehr leisten zu können als andere, die zwar hart für ihr Geld arbeiten, aber nicht wissen, dass man das Geld auch selber arbeiten lassen kann. Eine zusätzliche private Alterssicherung ist heute ein absolutes Muss. Ob Sie dabei den Weg über die so genannte Riester-Rente gehen, eine selbst gemanagte private Vorsorge bevorzugen oder beides miteinander kombinieren wollen, müssen Sie aufgrund Ihrer persönlichen Situation entscheiden.

WISO rät

Sie sollten in jedem Fall einen Teil des Vermögens in Aktien oder Aktienfonds anlegen. Je längerfristiger Ihr Sparplan angelegt ist und je globaler Sie dabei denken, desto größer ist Ihre Chance, eine angemessene Wertsteigerung zu erzielen.

Auf lange Sicht hat eine Beteiligung am Unternehmervermögen bisher immer wieder alle anderen Sparformen geschlagen. Lassen Sie sich deshalb die Möglichkeiten nicht entgehen, die die Börse auch Ihnen bieten kann. Doch damit Sie neben den oft faszinierenden Anlageinstrumenten der Börse nie die anderen Möglichkeiten der Geldanlage aus dem Auge verlieren und immer daran denken, dass man nie alle Eier in einen Korb legen darf, werden wir in unserem Buch an vielen Stellen auf diese anderen Möglichkeiten hinweisen.

Achtung!

Mit zunehmendem Alter sollten Sie den Anteil der Aktien an Ihren Gesamtersparnissen schrittweise zurückfahren. Dazu und über eine vernünftige Risikostreuung später mehr.

Bisher hat sich die Geldanlage in Unternehmensanteilen mittel- und langfristig immer gelohnt – trotz gelegentlicher und manchmal auch sehr schwerer Rückschläge. Das zeigt schon der Rückblick bis 1988. Noch deutlicher wird dies bei einer sehr langfristigen Betrachtung. Sie beginnt hier mit dem Ende des Ersten Weltkriegs im Jahr 1918. Zwar haben die Hyper-Inflation in den 20er Jahren, die Weltwirtschaftskrise und der Zweite Weltkrieg auch für Aktionäre verheerende Folgen gehabt. Aber den langfristigen Aufwärtstrend an der deutschen Börse haben selbst diese »Super-GAUs« nur unter-, aber nicht gebrochen. Ähnliches gilt für alle anderen wichtigen Börsen weltweit.

Der deutsche Aktienmarkt seit 1918

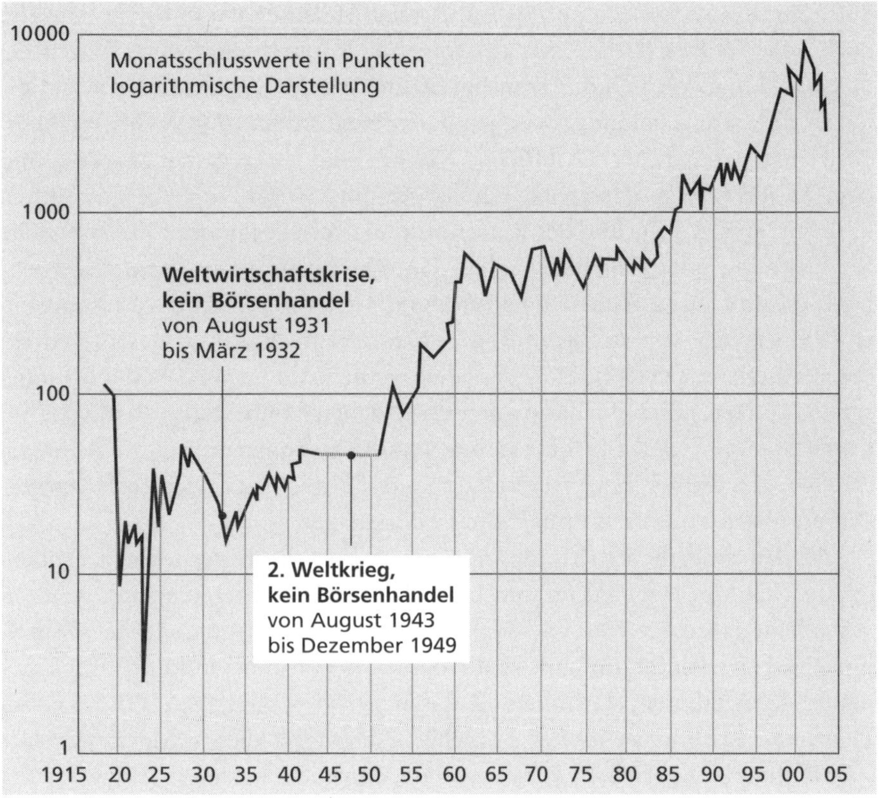

Quelle: Heribert Müller, Trust AG

Prime Standard, General Standard und Freiverkehr

Der deutsche Kapitalmarkt hat sich in den vergangenen Jahren weitgehend von einigen deutschen Besonderheiten befreit und sich den internationalen Standards angepasst. Denn die großen und kleinen Anleger orientieren sich weltweit mehr denn je an Kriterien wie Transparenz, Liquidität, Rechtssicherheit und Integrität. Die Deutsche Börse hat darauf mit einer Neustrukturierung des Aktienmarktes reagiert. Es handelt sich nämlich nicht um einen »Großmarkt«, an dem Wertpapiere aller Art wild durcheinander gehandelt werden. Es gibt vielmehr mehrere klar voneinander getrennte Handelsbereiche und wichtige Indikatoren, die uns zeigen, welche Stimmung dort gerade herrscht. Zu den wichtigsten gehört die Dax-Familie.

Die Deutsche Börse AG hat nach dem Debakel am Neuen Markt Anfang 2003 die Konsequenzen gezogen und neue Marktsegmente sowie teilweise auch neue Indizes (siehe dazu das folgende Kapitel) eingeführt. Durch die Neugestaltung soll sich die Transparenz der Märkte erhöhen. Am wichtigsten ist die Unterscheidung zwischen dem *Prime Standard* und *General Standard* einerseits (früher »Amtlicher Markt« und »Geregelter Markt«) und dem *Freiverkehr* andererseits. Für Aktien und Zertifikate, die auf Aktien basieren, gibt es aufgrund der Börsenordnung vom 1. Januar 2003 zwei neue Segmente mit unterschiedlich hohen Transparenzanforderungen: Unternehmen, die mit ihren Aktien im Prime und General Standard vertreten sein wollen, müssen weit strengere Regeln befolgen als die Aktiengesellschaften, deren Anteile im Freiverkehr gehandelt werden. Im General Standard müssen die Unternehmen die nationalen gesetzlichen Mindestanforderungen, im Prime Standard darüber hinaus internationale Transparenzanforderungen erfüllen. Zur Berechnung von Indizes (zum Beispiel Dax oder TecDax) werden nur Aktien aus dem Prime Standard herangezogen.

Zu den gesetzlichen Mindestanforderungen, die Unternehmen erfüllen müssen, die mit ihren Aktien im *General Standard* vertreten sind, gehören vor allem: Jahresbericht- und Halbjahresberichterstattung, Ad-hoc-Mitteilungen über wichtige Ereignisse, die den Kurs beeinflussen können (wie geplante Übernahmen, Fusionen, Zulassung eines wichtigen Produkts im Pharmabereich) in deutscher Sprache. Zielgruppe dieses Marktsegments sind national ausgerichtete Unternehmen, denen ein kostengünstiges Listing an der Börse ermöglicht werden soll.

Im *Prime Standard* kommen folgende international übliche Transparenzanforderungen hinzu:

- Quartalsberichterstattung,
- Anwendung internationaler Rechnungslegungsstandards (IAS oder US-GAAP),
- Veröffentlichung eines Unternehmenskalenders mit den wichtigsten Terminen,
- mindestens eine Analystenkonferenz im Jahr,
- Ad-hoc-Mitteilungen und laufende Berichterstattung in deutscher und zusätzlich in englischer Sprache.

Im Marktsegment *Freiverkehr* sind die Anforderungen hinsichtlich der Publizität, der Zahl der täglich gehandelten Aktien und anderer Kriterien deutlich weniger anspruchsvoll. In diesem Bereich der Deutschen Börse werden neben deutschen Aktien viele ausländische Aktien und Genussscheine gehandelt. Das Marktsegment entstand am 1. Mai 1987 durch den Zusammenschluss von »Geregeltem Freiverkehr« und »Ungeregeltem Freiverkehr«. Der Freiverkehr ist kein organisierter Markt im Sinne des Wertpapierhandelsgesetzes. Es gibt deutlich weniger formale Voraussetzungen für die Zulassung und keine Folgepflichten für den Emittenten, also den Aussteller der Wertpapiere. Bei Wertpapieren, die vorher an keinem organisierten Markt gehandelt wurden, muss der Antragsteller aber nähere Angaben über den Emittenten in Form eines Exposés vorlegen, das eine zutreffende Beurteilung ermöglicht. Der Antragsteller muss die Deutsche Börse AG über wesentliche Umstände bezüglich der einbezogenen Wertpapiere informieren. Die Publikationen für Anleger müssen auf Deutsch oder Englisch veröffentlicht werden.

Um Unternehmen, die innerhalb des Marktbereichs *Freiverkehr* neu an der Börse gelistet werden wollen, bei ihrem ersten Börsengang (Initial Public Offer, IPO) bei den Anlegern einen gewissen Vertrauensvorschuss zu verschaffen, hat die Deutsche Börse AG den so genannten »Entry Standard« geschaffen. Den Anlegern wird zwar kein wesentlich höheres Schutzniveau geboten als im übrigen Freiverkehr. Aber wer in die »gute Stube« kommen will, muss wenigstens zu etwas mehr Transparenz bereit sein, als dies sonst im Freiverkehr von den Unternehmen gefordert wird. Unter anderem müssen sie auf ihrer Interneseite einen testierten Konzernjahresabschluss, einen Zwischenbericht, ein kurzes Firmenporträt und einen Unternehmenskalender mit wichtigen Daten veröffentlichen. Zudem muss jeder Börsenkandidat eine Bank an seiner Seite haben, die ihn auf seinem Weg auf den Kapitalmarkt begleitet. Sie soll den Neuling unterstützen und bei der Veröffentlichung der vorgeschriebenen und freiwilligen Informationen für die Anleger beraten. Das bedeutet, dass einerseits der bürokratische Aufwand und die Kosten, die mit einem Börsengang verbunden sind, für ein Unternehmen geringer ausfallen als bei einer Notierung im General Standard. Auf der anderen Seite ist dafür aber auch die Haftungs- und Informationsbasis für Investoren viel geringer.

Bereits Anfang 2006 gab es wieder Hinweise darauf, dass sich ein Unternehmen auf betrügerische Weise über ein IPO Geld an der Börse beschafft hatte. Deshalb sind die im Entry Standard und erst recht die im Freiverkehr gehandelten Unternehmen eher etwas für erfahrene Investoren, die diese Risiken abschatzen und tragen können. Weniger erfahrene Anleger sollten es lieber den Managern von Investitionsfonds überlassen, unter den im Freiverkehr gehandelten Aktien die Perlen zu finden.

Anleger sollten sich darüber informieren, welche Unternehmen hinter den Wertpapieren stehen, die im Freiverkehr gehandelt werden. Die Bedingungen für den Handel im Freiverkehr sind wesentlich weicher als im Prime und General Standard, aber eine Notierung in diesem Marktsegment muss nicht unbedingt bedeuten, dass diese Gesellschaften weniger vertrauenswürdig sind. Oft handelt es sich um bekannte, international tätige Unternehmen wie Adobe, Black&Decker, Cathay Pacific, 3M oder Wal-Mart. Sie sind zwar daran interessiert, dass ihre Aktien in Deutschland gehandelt werden. Der deutsche Kapitalmarkt ist aber nicht so wichtig für sie, dass sie die mit der Zulassung im Prime und General Standard verbundenen Kosten und Publizitätspflichten übernehmen wollen. Freiverkehr ist also nicht gleichbedeutend mit »Freibank« – einem Markt, an dem früher minderwertiges Fleisch für Arme verkauft wurde.

XTF Exchange Traded Funds ist das Marktsegment der Deutschen Börse für börsengehandelte Fondsanteile. Anleger haben die Wahl zwischen passiv gemanagten Fonds, die einem Index folgen, oder aktiv gemanagten Fonds, die einen Index übertreffen oder auch schlechter abschneiden können (siehe dazu auch das Kapitel *Geldanlage in Fonds* auf Seite 163). Der Handel ist fortlaufend und so einfach wie bei Aktien.

Mit Xetra Stars können auch die attraktivsten internationalen Aktien in besonderen Qualitätssegmenten gehandelt werden. Das Segment Xetra US Stars enthält beispielsweise rund 200 US-Werte. Das Segment Xetra European Stars ermöglicht den Handel in allen niederländischen, französischen, belgischen und finnischen Werten, die im Dow Jones Stoxx 50 Index enthalten sind.

Die Struktur des deutschen Aktienmarktes und seiner Indizes

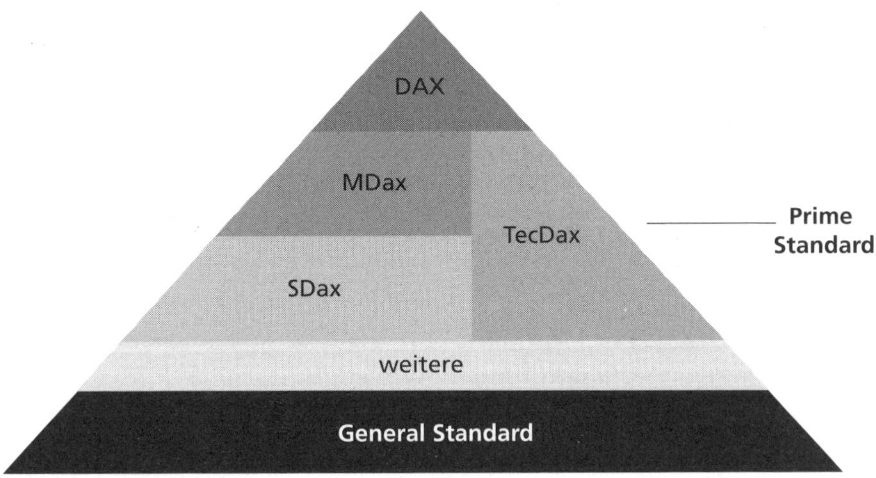

Quelle: Deutsche Börse AG

Indizes: Die Stimmungsbarometer der Börse

Auch wer noch nie eine Aktie besessen hat, erfährt in den TV-Nachrichten oder im Rundfunk täglich den aktuellen Stand der wichtigsten Börsenbarometer. Indizes sind daher das bekannteste Instrument zur Beobachtung der Entwicklung an den Wertpapiermärkten. Und hier wiederum stehen in Deutschland der Dax, in den USA und auch weltweit der Dow Jones ganz vorn im Rampenlicht.

»Wertpapierindex« ist ein Sammelbegriff für die Vielzahl von Aktien-, Renten- und sonstigen Indizes, die an jedem Börsentag berechnet werden. Dax, Stoxx und andere dienen dazu, die Gesamtverfassung eines Marktes in einer einzigen Kennzahl darzustellen. Indizes werden in Deutschland nur für die Aktien berechnet, die im »Prime Standard« gehandelt werden, deren Kursbildung also einer besonders scharfen Kontrolle unterliegt.

Weltweit berechnen alle Börsen solche Kennzahlen, um den Marktteilnehmern Anhaltspunkte dafür zu geben, welche Tendenz gerade vorherrscht. An der Börse in Tokio ist der Nikkei der wichtigste Maßstab, in Paris der CAC, in London der FTSE, in Wien der ATX. Eine besondere Rolle spielt weltweit der an der Wall Street in New York berechnete Dow Jones. Er ist trotz seines hohen Alters nach wie vor der populärste Indikator für das Klima am Aktienmarkt. Sein Auf und Ab wird nicht nur in den USA, sondern in der ganzen Welt aufmerksam beobachtet. Stärkere Ausschläge des Dow Jones nach oben oder unten beeinflussen daher sofort auch die Kursentwicklung an anderen Börsen rund um den Globus – auch wenn es an sich keinen sachlichen Grund dafür gibt, dass deutsche oder japanische Aktien fallen, weil schlechte Nachrichten von General Motors, Microsoft oder IBM den Börsianern in den USA die »Stimmung verderben«. Aber schlechte Stimmung in New York hatte in der Vergangenheit schon oft auch negative Auswirkungen auf andere Märkte. Weil man das weiß, verkaufen viele Anleger sofort, wenn sie hören, dass die Kurse in New York sinken – und dann sinken sie eben auch in London, Paris oder Frankfurt.

Neben den Indizes der einzelnen nationalen Börsen gibt es länderübergreifende europäische Indizes. Dazu zählen der Euro Stoxx 50 für die 50 größten Aktiengesellschaften innerhalb der Eurozone und der Stoxx 50 für die 50 bedeutendsten Unternehmen Europas (dazu mehr in dem entsprechenden Kapitel auf Seite 75). In den USA werden neben dem Dow Jones zahlreiche andere Indizes berechnet. Darunter ist der S&P 500 besonders wichtig, da er die Entwicklung des Marktes auf viel breiterer Basis widerspiegelt. Neben zahlreichen Spezial-Indizes gibt es auch einen Index, der sich an den Kursen der größten Unternehmen der Welt orientiert: der Dow Jones Global Titans.

Die Dax-Familie und ihre Bedeutung

In der Bundesrepublik hat sich der Deutsche Aktienindex (Dax) als das führende Stimmungsbarometer für den heimischen Aktienmarkt etabliert. Seit dem 1. Juli 1988 wird er offiziell berechnet und hat mittlerweile einige Töchter bekommen. Zu den wichtigsten Mitgliedern der Dax-Familie gehören:

- Dax: Er stellt den durchschnittlichen Kursverlauf für die 30 größten und umsatzstärksten deutschen Aktienwerte (Blue Chips) dar, von denen außerdem eine ausreichend große Zahl von Aktien für den freien Handel verfügbar sein muss.
- MDax: Er umfasst die 50 wichtigsten Werte mittelgroßer deutscher Aktiengesellschaften (Mid Caps).
- TecDax: Der Index der 30 größten Technologiewerte (darunter viele »Überlebende« des ehemaligen Nemax).
- SDax: Ein Index für 50 kleinere Unternehmen (Small Caps).

Daneben werden aber auch Indizes wie der CDax oder VDax täglich berechnet, um den Anlegern möglichst viele Anhaltspunkte für die Entwicklung der Märkte zu bieten (mehr dazu weiter unten), oder andere, mit deren Hilfe sich die Kursentwicklung in einzelnen Branchen (wie Auto, Bau oder Chemie) sowie von Anleihen, Pfandbriefen oder Optionsscheinen verfolgen lässt.

In den Indizes sind bei weitem nicht die Kurse aller Gesellschaften enthalten, die an den deutschen Börsen insgesamt oder in einem bestimmten Teilmarkt (Börsensegment) gehandelt werden. Zur Darstellung der allgemeinen Kursentwicklung werden vielmehr nur solche Unternehmen ausgewählt, die bestimmte Anforderungen erfüllen. Dazu gehören die Zahl der handelbaren Aktien, die täglichen Umsätze mit diesen Papieren und eine umfassende Publizitätspflicht der jeweiligen Unternehmen.

Dax

Da der Dax die Kursbewegungen der 30 größten deutschen Aktiengesellschaften am jeweiligen Tag in einer einzigen Indexzahl fortlaufend darstellt, handelt es sich um einen Durchschnittswert. Dahinter können sich bei den einzelnen Gesellschaften völlig unterschiedliche Kursbewegungen verbergen. So kann es zum Beispiel sein, dass die Aktien des Softwareherstellers SAP und des Elektrokonzerns Siemens an einem Tag um 3 oder 4 Prozent steigen, während gleichzeitig die Papiere von VW, BMW und DaimlerChrysler fallen, weil die einen Firmen steigende Gewinne in Aussicht stellen und bei den anderen die aktuellen Zulassungszahlen einen Rückgang der Neuwagenverkäufe signalisieren. Ob der Dax oder ein anderer Index steigt oder fällt, hängt immer davon ab, ob die Tops oder die Flops überwiegen.

Die Basis für die Berechnung der Verlaufskurve des Dax sind die im Computerhandel »Xetra« gebildeten Kurse. Ihr Auf und Ab kann an einer Anzeigetafel im großen Saal der Frankfurter Börse abgelesen werden. Auf sie sind täglich auch die TV-Kameras gerichtet. Aber niemand muss bis zu den abendlichen Nachrichten warten, um zu erfahren, wie sich der Dax und seine Artgenossen verhalten. Die Kurse der einzelnen Aktien und die Entwicklung der Indizes werden von der Frankfurter Börse AG in Form eines Datenstroms kontinuierlich an Nachrichtenagenturen, Banken, Sparkassen und viele andere Abnehmer geliefert und über das Internet verbreitet. Wer entsprechend ausgerüstet ist, kann die Kursentwicklung deshalb auch im Büro oder am heimischen PC jederzeit verfolgen und sich ein Bild von der Gesamtverfassung des Marktes machen.

Für das Kurvenbild ist nicht nur entscheidend, ob die Zahl der fallenden oder steigenden Papiere überwiegt, es ist auch wichtig, welche Bedeutung diese im Dax haben. Denn die Aktien der 30 wichtigsten deutschen Aktiengesellschaften werden bei der Berechnung des Dax sehr unterschiedlich gewichtet, nämlich entsprechend ihrer Marktkapitalisierung (Kurs multipliziert mit der Gesamtzahl der jeweiligen Aktien). Daher beeinflusst eine Kursveränderung der Allianz-Aktie, die mit rund 10 Prozent gewichtet wird, den Dax wesentlich stärker als eine Kursveränderung der Henkel-Aktie, die mit unter 1 Prozent im Gesamtindex berücksichtigt wird.

Aktien- und andere Indizes sind nicht nur Barometer für die allgemeine Stimmung am Markt. Wertpapier-Indizes dienen auch als Erfolgsmaßstab für Investmentfonds. Wenn ein Aktienfonds besser abschneidet als der Index, sein Wert also schneller steigt als beispielsweise der Dax, kann der Anleger mit der Wahl des Fonds zufrieden sein und das Management kann unter Hinweis auf seine Erfolge um neue Kunden werben. Indizes werden aber auch als Instrument der Kursabsicherung verwendet.

Der Dax spiegelt nicht nur die aktuelle Börsenlage wider. Dieser laufend aktualisierte Performance-Index liefert auch Zeitreihen, die die Kursentwicklung deutscher Aktien über einen längeren Zeitraum vergleichbar machen. Er startete 1987 mit 1 000 Punkten an allen deutschen Börsen und fasst seither während der Handelszeiten die Veränderungen der Börsenkurse fortlaufend in einer einzigen Größe zusammen. Bei den 30 Werten, aus deren Kurs der Index errechnet wird, handelt es sich um die Aktien großer deutscher Kapitalgesellschaften. Um in den Dax aufgenommen zu werden – und drin zu bleiben – müssen bestimmte Kriterien erfüllt sein. Dazu gehören neben Publizitätspflicht vor allem:

- hoher Umsatz der jeweiligen Aktie an der Börse,
- hohe Börsenkapitalisierung,
- frühe Eröffnungskurse,
- breite Streuung.

Das Management der Börse überprüft in regelmäßigen Abständen, ob die Dax-Unternehmen noch alle Anforderungen erfüllen. Ist das nicht mehr der Fall, wird der Titel aus dem Index herausgenommen und durch andere ersetzt, die bisher nur im MDax notiert waren. Das geschah bereits mehrfach. Im Jahr 2000 mussten die Aktien der einstigen Hoechst AG aus dem Dax genommen werden, weil sie durch Fusion mit der französischen Rhône-Poulenc zu Aventis geworden war, deren Anteile hauptsächlich an der französischen Börse notiert werden. 2001 wurde die Aktie der Dresdner Bank, eine der traditionsreichsten deutschen Aktiengesellschaften, aus dem Index genommen, weil die Bank von der Allianz übernommen wurde. Die Dresdner Bank wurde durch den Finanzdienstleister MLP ersetzt. Doch dem brachte das wenig Glück. Schon 2004 flog er wieder aus der ersten Liga heraus und rutschte in den MDax ab. Im September 1995 wurde zum Beispiel die Deutsche Babcock aus dem »Korb« herausgenommen und durch die Stammaktie des Softwareherstellers SAP ersetzt. Und im November 1996 ersetzten die Aktien der Deutschen Telekom (die T-Aktie) die Anteilscheine der Metallgesellschaft im Dax.

Seit 2001 ist auch ein ausreichender Streubesitz Voraussetzung für die Aufnahme in den Dax und auch in den Euro Stoxx. Denn nur ein ausreichender Streubesitz (Anteil von Aktien, die frei handelbar sind, weil sie sich im Besitz von Kleinanlegern, Fonds und ähnlichen Aktienbesitzern befinden und nicht als Paket bei Großaktionären liegen) sorgt dafür, dass der Markt für die jeweilige Aktie ausreichend liquide ist und es bei den Kursen nicht zu Zufallsschwankungen kommt, weil sie schon durch relativ geringe Käufe oder Verkäufe beeinflusst werden können.

Der Dax zeichnet sich durch einige Besonderheiten aus, die ihn von vielen anderen Aktienindizes qualitativ unterscheiden. Es handelt es sich um einen »gewichteten und bereinigten« Index. Das heißt, bei seiner Berechnung werden die Tageskurse der Aktiengesellschaften mit dem jeweiligen Grundkapital gewichtet. Um Kapitalveränderungen zu berücksichtigen, wie sie zum Beispiel durch Bezugsrechte und Dividenden entstehen, wird der Index um diese Faktoren bereinigt. Das soll Verzerrungen verhindern. Demgegenüber handelt es sich beispielsweise bei dem Dow Jones nur um einen ungewichteten Kursdurchschnitt.

TecDax

Neben den traditionellen Aktienmärkten für große und mittlere Unternehmen haben in Deutschland und in anderen Ländern Ende der 90er Jahre die so genannten »Neuen Märkte« für Furore gesorgt. Sie wurden für den Handel mit Aktien junger, dynamischer Unternehmen aus dem Technologiesektor geschaffen. Besonders der »Neue Markt« in Frankfurt gelangte dabei zu trauriger Berühmtheit. Nach einem rasanten Aufstieg Ende der 90er Jahre, in der er als erfolgreichste Technologie-Börse Europas gefeiert wurde, geriet er in den Strudel der weltweiten Börsenkrise und vernichtete viele Vermögen schneller, als sie zuvor entstanden waren.

Er geriet aber auch deshalb in Verruf, weil immer mehr Börsengänge fragwürdiger junger Unternehmen, betrügerische Aktiengeschäfte, Kursmanipulationen und Bilanztricksereien bekannt wurden. Nicht nur die Anleger, sondern auch die seriösen jungen Unternehmen kehrten diesem in Verruf geratenen Markt daher schließlich den Rücken. Der Deutschen Börsen AG, die sich vorher im trügerischen Glanz ihrer jungen Börse gesonnt hatte, blieb schließlich nichts anderes übrig, als den »Neuen Markt« Mitte 2003 in aller Stille zu beerdigen. An seine Stelle trat – nachdem die Spreu vom Weizen getrennt worden war – der TecDax als neuer Technologiemarkt.

Der TecDax ist das Schaufenster für die mittleren und kleinen Technologiewerte und bietet Anlegern die Möglichkeit, in zukunftsträchtige Unternehmen und deren Produkte zu investieren. Er enthält die 30 größten Aktien aus Technologiebranchen. Seine Mitglieder dürfen, anders als früher, nun bei zunehmender Bedeutung und Größe in die erste Börsenliga aufsteigen, also in den Dax. Die Kontrollen sind schärfer, die Publizität größer. Der Markt ist dadurch seriöser geworden. Doch neue Engagements sollten trotzdem mit Vorsicht eingegangen werden. Die Aktien im TecDax gehören zu Unternehmen, die ihrer Natur nach nicht so krisenfest sind wie die großen Dax-Unternehmen. Die innovativen Firmen haben meist nur eine verhältnismäßig geringe Marktkapitalisierung. Wenn diese Wertpapiere von Brokerhäusern oder Aktieninformationsdiensten empfohlen oder von »kaufen« auf »halten« oder gar »verkaufen« zurückgestuft werden, kann es daher zu starken Kursschwankungen kommen. Es kann deshalb auch nicht ausgeschlossen werden, dass gelegentlich Empfehlungen von »Börsen-Gurus« gezielt gegeben werden, um die Kurse zu bewegen. Unerfahrene Anleger, die sich dann von stark steigenden Kursen blenden lassen, können dann die Opfer derartiger Manöver werden.

Wer aber unerschrocken genug war, vor allem in den immer noch von Pessimismus geprägten Jahren 2003 und 2004 Geld in die verbliebenen Technologiewerte zu investieren, erhielt die Aktien zu Ausverkaufspreisen und wurde für seinen Mut schon in den beiden folgenden Jahren reichlich belohnt. Der Index, der bis Mitte 2003 auf fast 300 Punkte abgesackt war, stieg bis Anfang 2006 auf Werte um 760 Punkte. Einzelne Aktien legten noch rasanter zu: Quiagen verdreifachte sich fast, von 4,43 Euro auf fast 13 Euro. Wer in IDS Scheer investiert hatte, konnte zusehen, wie der Wert seines Einsatzes fast um das Vierfache stieg, nämlich von 4,43 Euro auf um die 16 Euro.

Beispiel

Geradezu raketengleich schossen auch die zuvor arg gebeutelten Anteile von Tele Atlas, einem Hersteller von Navigationsgeräten, in die Höhe, nämlich von 0,62 auf 32 Euro. Das war das 51fache des Einsatzes. Wer beispielsweise damals 155 Euro aus der »Spielgeldkasse« riskiert hätte, um 250 Stück Tele Atlas zu kaufen, hätte bei einem Verkauf im März 2006 dafür exakt 8000 Euro einstreichen können.

In der Realität gelingt der Einstieg am Tiefpunkt nur selten, und meist fehlt auch der Mut, aber das Beispiel zeigt, was sich gewinnen lässt, wenn man beides hat: viel Mut und ein wenig Glück. Auch wenn man erst den Mut gefunden hätte, nachdem der Kurs auf 1,24 Euro pro Aktie gestiegen war und sich damit bereits verdoppelt hatte, hätte man immer noch einen traumhaften Gewinn gemacht. Und auch wer die Aktie erst bei einem Kurs von 10 Euro entdeckte, konnte mit dem Ergebnis zufrieden sein – musste ihn aber mit einem wesentlich höheren Einsatz (und Risiko) erkaufen. Das Investment wäre aber in jedem Fall höchst spekulativ gewesen. Denn bis Anfang 2006 hatte es Tele Atlas noch nie geschafft, in die Gewinnzone zu kommen. Leider sind solche Schnäppchen nur selten zu machen.

WISO rät

Sie sollten im Sinne der Risikostreuung immer nur einen begrenzten Teil Ihres Anlagekapitals für Investments in Technologie-Unternehmen einsetzen und Empfehlungen von Anlageberatern oder Börsendiensten in diesem Fall besonders sorgfältig prüfen.

SDax

Eine Hilfe für den Anleger, der sich für deutsche Nebenwerte (siehe das Kapitel *Nebenwerte sind keine Nebensache* auf Seite 108) interessiert, ist die 1999 geschaffene Handelsplattform SDax. Dieses elektronische System war nicht für die am »Neuen Markt« gehandelten jungen Unternehmen gedacht, sondern für erfolgreiche, etablierte mittelständische Gesellschaften. Firmen, die sich für den SDax-Handel registrieren lassen wollen, müssen die von der Deutschen Börsen AG gesetzten Bedingungen erfüllen und ihre Einhaltung gewährleisten. Es werden zum Handel in diesem Bereich der Börse deshalb nur Aktien zugelassen, die folgende Bedingungen erfüllen:

- Sie müssen für den Handel im »Premium Standard« zugelassen sein.
- Mindestens 20 Prozent (und möglichst 25 Prozent) der Aktien eines Unternehmens müssen für den freien Handel zur Verfügung stehen, dürfen also nicht in »festen Händen« sein.
- Die Unternehmen müssen regelmäßig und zeitnah Quartalsberichte (auch in englischer Sprache) vorlegen.
- Ein Kreditinstitut oder Finanzdienstleister muss als Betreuer fungieren und auf Anfrage Kurse nennen sowie Informationsmaterial bereitstellen,
- Die Gesellschaft muss sich dazu verpflichten, auch Kleinaktionären bei einer Übernahme ein Abfindungsangebot zu machen.
- Der Aktienbesitz von Vorstand und Aufsichtsrat muss im Jahresbericht genannt werden.
- Die Aktiengesellschaft muss mindestens einmal im Jahr eine Informationsveranstaltung für Analysten anbieten.

Die im SDax notierten Nebenwerte bieten damit dem Anleger eine gewisse Gewähr für Qualität. Die Entwicklung der Spitzenvertreter unter den im

SDax vertretenen Aktiengesellschaften wiederum zeichnet der SDax-Index nach, der 100 Werte umfasst und ebenfalls 1999 das Licht der Börsenwelt erblickte. Dieser Index soll die Entwicklung der wichtigsten Nebenwerte abbilden und damit einen Maßstab setzen, an dem alle in diesem Bereich notierten Aktien gemessen werden können. Er bildet auch die Grundlage für neue Derivate (Wertpapiere, deren Wert sich an der zugrunde liegenden Aktie oder einem Aktienkorb orientiert), die an der Entwicklung der Nebenwerte anknüpfen.

MDax und andere

Daneben gibt es seit 2003 einen von 70 auf 50 Aktien verkleinerten MDax für mittelgroße deutsche Aktiengesellschaften sowie Indizes für 18 verschiedene Branchen. Dazu kommen noch einige andere weniger bedeutende Aktienkörbe. Diese Indizes können auch ausländische Werte aufnehmen. Dadurch wurde beispielsweise der europäische Luft- und Raumfahrtkonzern EADS zum größten MDax-Titel.

Neben den Performance-Indizes gibt es weitere Kennziffern für spezielle Zwecke. Dazu gehört der VDax, der die Volatilität des Marktes widerspiegelt, also die Stärke von Kursschwankungen. Ein anderer ist der Late-Dax: Um Investoren auch nach Ende des Xetra-Handels Anhaltspunkte für die Entwicklung der deutschen Benchmark-Indizes zu bieten, berechnet die Deutsche Börse seit dem 3. November 2003 abends zwischen 17.30 Uhr und 20.00 Uhr im Minutentakt Late-Indizes. Diese »Spät-Indikatoren« entsprechen in ihrer Zusammensetzung exakt dem Dax, MDax, SDax oder TecDax, stützen sich aber auf die Kurse des Parketthandels an der Frankfurter Wertpapierbörse.

Dazu kommen »private« Indizes wie die von der *Frankfurter Allgemeinen Zeitung* (*FAZ*) berechnete Zahlenreihe. Auf die Aktienkurse wirken sich diese Indikatoren aber kaum aus. Aber Aktien, die bei Neuordnungen aus einem der wichtigen Indizes herausfallen, können unter Druck geraten. Analysten, die Öffentlichkeit und große Investoren interessieren sich dann weniger für solche Titel. Das kann den Kurs negativ beeinflussen und dazu führen, dass die Kursbewegungen wesentlich träger verlaufen. Daraufhin steigen manche Anleger aus solchen Anleihen aus, was wiederum zu Kursverlusten führen kann.

So wichtig Indizes sind, um die Entwicklung am Markt zu verfolgen, Trendwenden zu erkennen oder die Wertentwicklung von eigenen Aktien oder Fonds durch Vergleich mit dem Dax, Stoxx oder anderen Indikatoren zu messen – Kurvenbeobachtung allein reicht nicht. Jeder Anleger muss sich auch ein Bild davon machen, mit wem und auf was er sich einlässt, wenn er Anteile an einem bestimmten Unternehmen kauft.

Natürlich verlangt niemand von Ihnen, dass Sie zunächst eine Ausbildung als Aktienanalyst abschließen, ehe Sie mit dem Kauf von Wertpapieren beginnen. Sie können sich vielmehr auf die umfangreichen Informationen und Analysen stützen, die das große Heer der Experten bereitwillig liefern. Die Berufsbörsianer wenden dabei zwei höchst unterschiedliche Methoden an: Die »technische Analyse« und die »Chartanalyse«. Bei der ersten Methode werden alle verfügbaren Daten über die allgemeine Konjunktur einerseits und die spezielle Situation des jeweiligen Unternehmens andererseits ausgewertet. Im zweiten Fall werden aus der bisherigen Kursentwicklung Rückschlüsse auf das künftige Schicksal der betreffenden Aktie gezogen (zu den Analysetechniken siehe das Kapitel *Wie man die richtigen Aktien findet* auf Seite 118).

Stoxx: Der Index Europas

Die führenden Börsen im Euroland haben sich bereits 1998 auf gemeinsame Indizes geeinigt, die die Kursentwicklung nicht nur in einzelnen Ländern, sondern in der gesamten Währungsunion und zusätzlich in einem um wichtige andere Märkte erweiterten Europa abbilden. Es sind der Euro Stoxx 50 als EWU-Index und der Stoxx 50 für die gesamte Europäische Union und die Schweiz. Börsenbarometer mit einem gesamteuropäischen Aktienmix haben für Anleger eine wachsende Bedeutung, da die im Index enthaltenen Unternehmen das Börsengeschehen über die jeweiligen Ländergrenzen hinweg beeinflussen und die Kursbewegungen der in diesen Indizes enthaltenen Aktien meist ausgeprägter sind als bei den Nebenwerten.

Entwickelt wurden die Indizes von Stoxx Ltd., einem Gemeinschaftsunternehmen der Börsen Frankfurt, Paris, Zürich und des amerikanischen Unternehmens Dow Jones. Im Euro-Index Dow Jones Euro Stoxx 50 sind die bedeutendsten Aktienwerte aus den Mitgliedsländern der Währungsunion enthalten. Er bildet den durchschnittlichen Kursverlauf der 50 »Börsenschwergewichte« aus der gesamten Europäischen Union einschließlich der Schweiz ab. Ausgewählt werden die Index-Unternehmen nach den Kriterien Marktkapitalisierung (Zahl der gehandelten Aktien, multipliziert mit ihrem Kurs), Liquidität (gemessen am täglichen Umsatz dieser Aktien) und Branchenzugehörigkeit. Da sich hier immer wieder Änderungen vollziehen (zum Beispiel durch Fusionen), werden die Stoxx-Indizes immer wieder an neueste Entwicklungen angepasst – so wie es auch beim Dax der Fall ist.

Neben den beiden »großen« Stoxx-50-Indizes, die nur die größten, umsatzstärksten Aktienwerte enthalten (»Blue Chips«), wurden der Dow Jones Stoxx geschaffen, der 666 börsennotierte Unternehmen aus 16 europäischen Ländern umfasst, sowie der Dow Jones Euro Stoxx, der den Kursverlauf von 326 Unternehmen aus dem EWU-Gebiet abbildet. Sie sind vergleichbar mit dem deutschen MDax: Beide enthalten Aktien mittelgroßer europäischer Aktiengesellschaften. Auch diese Indizes werden regelmäßig daraufhin überprüft, ob die Unternehmen weiterhin die Bedingungen für die Aufnahme in den Index erfüllen oder durch Aufsteiger ersetzt werden müssen.

WISO rät

Als Anleger sollten Sie diese Veränderungen, vor allem die Spekulationen über die künftige Zusammensetzung der »Börsenliga«, immer verfolgen. Denn Auf- oder Abstieg einer Gesellschaft führt häufig dazu, dass der Kurs ihrer Aktie steigt oder fällt.

Das geschieht nicht erst, nachdem die Entscheidung gefallen ist, sondern bereits vorher. Immer nach dem Motto: An der Börse wird Zukunft gekauft. Einer der Gründe dafür ist, dass Fonds, die mit ihrem Aktienkorb die Zusammensetzung der Indizes nachbilden, die Anteilscheine der Aufsteiger in ihr Portefeuille aufnehmen müssen und die Absteiger verkaufen. Das führt bei Stoxx-Werten ebenso wie beim Dax zu steigender Nachfrage oder (bei Absteigern) zu einem Abgabedruck. Und das bleibt in der Regel nicht ohne Auswirkungen auf den Kurs dieser Aktien.

Ausländische Aktien und Märkte

»Bleib zu Haus und nähr dich redlich.« Dieser Spruch aus der Welt der Kleinstaaterei und der abgeschotteten Märkte gilt für Aktiensparer schon lange nicht mehr. Es gibt nicht mehr »die Börse«. Weltweit gibt es zahlreiche

Märkte für Wertpapiere oder standardisierte Waren wie Gold, Silber, Schweinehälften, Weizen oder Rohöl. Auch in Deutschland werden Wertpapiere an verschiedenen Börsen gehandelt. Neben der dominierenden Wertpapierbörse in Frankfurt gibt es regionale Börsen in Düsseldorf, Stuttgart, München, Berlin und anderen Orten. Auch diese Börsen sind wieder in Teilmärkte (Segmente) untergliedert oder haben sich auf bestimmte Finanzprodukte (wie Optionsscheine und andere Derivate) spezialisiert. Und alle diese Märkte stehen nicht nur Banken, Versicherungen oder Großaktionären, sondern auch dem normalen Anleger offen.

WISO rät

Schauen Sie sich die Regionalbörsen an: Sie bieten oft günstigere Konditionen für den Handel und haben spezielle Angebote, zum Beispiel für Geschäfte mit Optionen.

Aktionäre sind schon lange nicht mehr darauf angewiesen, ihr Geld nur in Anteilen von inländischen Unternehmen anzulegen. Kapital kann in Sekundenbruchteilen jeden Börsenplatz der Welt erreichen. Wenn Sie der Meinung sind, dass amerikanische, französische, indische oder chinesische Unternehmen Ihnen einen größeren Wertzuwachs bescheren könnten, ist es heute überhaupt nicht mehr schwer, gezielt in diese Unternehmen zu investieren. Es kann zwar sein, dass der direkte Kauf an der Heimatbörse ausländischer Aktiengesellschaften Ihnen zu teuer oder zu kompliziert ist. Doch viele der interessanten Titel werden auch an einer deutschen Börse gehandelt. Vor allem die Börsen in München, Berlin und Frankfurt haben sich auf Auslandsaktien spezialisiert.

WISO rät

Wenn Sie ein spekulativ eingestellter Anleger sind, können für Sie Papiere ausländischer Unternehmen interessant sein, die sich aus Kostengründen nur in Berlin, München oder Stuttgart registrieren lassen.

Es empfiehlt sich allerdings, im Internet nachzusehen oder den Broker zu fragen, wo mit der jeweiligen Aktie die größten Umsätze gemacht werden und an welcher Börse im Augenblick der Kurs am günstigsten ist. Zwischen den verschiedenen Handelsplätzen kann es nämlich kurzfristig zu gewissen Unterschieden kommen. Außerdem sollten Käufe oder Verkäufe möglichst zu einer Zeit stattfinden, in der auch die Heimatbörse geöffnet ist – bei einer in New York notierten Aktie also gegen Ende der Handelszeit in Deutschland. Wenn in Tokio, Hongkong oder New York keine aktuellen Kurse gestellt werden, haben die Händler in Deutschland nämlich keinen genauen Anhaltspunkt dafür, wohin die Reise geht. Die Spanne zwischen Kauf und Verkauf (Spread), die der Börsenmakler berechnet, ist dann sehr hoch. Da die Papiere in Deutschland bei weitem nicht in so großen Mengen gehandelt werden wie an ihrer jeweiligen Heimatbörse und sie auch im Vergleich zu den Dax-Werten relativ geringe Umsätze haben, sollten Sie immer festlegen, welchen Kurs Sie bei Kauf oder Verkauf höchstens oder mindestens zu akzeptieren bereit sind – also Limits setzen (siehe dazu das Kapitel *Limits: Dem Risiko Grenzen setzen* auf Seite 95). Andernfalls könnte es sein, dass Sie bei den Kursen, die später auf der Abrechnung stehen, eine böse Überraschung erleben. Denn in »engen Märkten« können auch kleinere Orders die Kurse rasch in Bewegung setzen.

Was sind »ausländische« Aktien?

Hier muss zwischen Unternehmen unterschieden werden, die ihren Sitz in beziehungsweise außerhalb des Euro-Raumes haben. Aktien von Unternehmen in Frankreich, Italien, den Niederlanden, Finnland oder einem anderen Euroland sind für den deutschen Anleger keine »ausländischen« Aktien mehr. Sie werden mit dem gleichen Geld gekauft wie deutsche Aktien, mit dem Euro. Seit 1999 spielen Wechselkursveränderungen hier also keine Rolle mehr.

Grundsätzlich gelten aber auch außerhalb von Euroland hinsichtlich der Risiken und Gewinnaussichten beim Aktienkauf im Ausland die gleichen Überlegungen wie beim Kauf deutscher Aktien. Der hauptsächliche Unterschied besteht im Wechselkursrisiko, das zusätzlich zum Kursrisiko hinzukommt – aber auch in der Chance eines Extragewinns. Wenn der Wechselkurs der Währung steigt, in der die Aktien notiert werden, kann dies zu einem zusätzlichen Profit führen. Wenn diese Währung (zum Beispiel Pfund Sterling, Schweizer Franken, Yen, US- oder australischer Dollar) an den Devisenbörsen dagegen im Kurs fällt, schmälert dies den möglichen Gewinn beziehungsweise verschärft den Verlust aus dem Aktiengeschäft.

Beispiel

Sie kaufen US-Aktien im Wert von 1 000 Dollar. Dafür müssen Sie bei einem Wechselkurs von 0,90 Euro je Dollar 900 Euro aufbringen. Wenn jetzt der Kurs der Aktien um 10 Prozent steigt, können Sie beim Verkauf 1 100 Dollar kassieren. Das entspricht einem Gewinn von 10 Prozent. Sollte inzwischen der Dollarkurs auf 0,80 Euro gefallen sein, erhalten Sie beim Umtausch aber nur 880 Euro gutgeschrieben. Der erhoffte Gewinn hat sich wegen des gefallenen Dollarkurses in einen Verlust von 20 Euro verwandelt, 2,2 Prozent des eingesetzten Kapitals: Der Währungsverlust hat den Börsengewinn aufgezehrt. Umgekehrt wäre es, wenn in der Zwischenzeit der Dollarkurs auf 95 Euro-Cent gestiegen wäre. Dann würde Ihnen der Umtausch 1 045 Euro einbringen. Der Gesamtgewinn würde bei insgesamt 16 Prozent des eingesetzten Geldes liegen.

Wechselkursveränderungen wirken also entweder als Verstärker oder Dämpfer auf die an der Börse erzielten Resultate. Innerhalb der Währungsunion gehören solche Risiken der Vergangenheit an. Es herrschen die gleichen Verhältnisse wie innerhalb Deutschlands: Ein Euro bleibt ein Euro – unabhängig davon, ob er bei einem Verkauf an der Börse in Paris, Amsterdam oder Frankfurt erzielt wurde.

WISO rät

Wenn Sie Aktien oder andere Wertpapiere außerhalb des Euro-Raumes besitzen, die Sie mit Blick auf den Kurs oder die zu erwartende Entwicklung des Unternehmens verkaufen möchten, der derzeitige Wechselkurs für Sie aber ungünstig ist, können Sie das Geld auf einem Währungskonto (beispielsweise einem Dollarkonto) »parken«. Das können Sie bei jeder Bank im In- oder Ausland einrichten. Sie können dann mit dem Umtausch des Erlöses in Euro warten, bis der Wechselkurs für Sie wieder günstiger geworden ist.

Es gibt auch die Möglichkeit, mit dem Geld auf diesem Konto kurz- oder langfristig neue Wertpapiere zu erwerben und so bis zum endgültigen Umtausch in Euro noch Zinsen zu kassieren oder Kursgewinne zu machen.

Aktienkäufer orientieren sich immer weniger am herkömmlichen nationalen Markt, sondern tummeln sich auf den Wertpapiermärkten im Euro-

Währungsgebiet. Wer beispielsweise davon ausgeht, dass Energieerzeuger oder Banken vor einem kräftigen Aufschwung stehen, kann sich innerhalb des Euro-Raumes diejenigen heraussuchen, die nach seiner Meinung das größte Potenzial haben, ohne dabei ein Wechselkursrisiko einzugehen. Im Hinblick auf künftige Kurssteigerungen oder eine gute Dividende kann eine spanische Bank interessanter erscheinen als beispielsweise ein deutsches oder belgisches Kreditinstitut.

Gleiches gilt für Aktien- und Rentenfonds (mehr dazu im Kapitel *Geldanlage in Fonds* auf Seite 163). Auch hier denkt man international. Allerdings gibt es etwas zu bedenken: Wenn es schon im Heimatland schwierig ist, sich die zum eigenen Risikoprofil und zum persönlichen Sparziel passenden Wertpapiere herauszusuchen und dabei auch einige der kleinen, aber feinen Unternehmen aus der großen Zahl der Small Caps herauszupicken, dann gilt das erst recht für den EU-Markt, für Osteuropa, Asien oder Lateinamerika.

WISO rät

Hier sollten Sie die Auswahl den darauf spezialisierten Fondsmanagern überlassen. Sie haben eher die Chance, mithilfe ihrer Analysten Unternehmen aufzuspüren, denen eine überdurchschnittliche Wachstums- und Gewinnentwicklung zuzutrauen ist. Sie können sich die notwendigen Informationen leichter beschaffen als private Investoren.

Aktienverlagerung statt Arbeitsplatzverlagerung

Was die Unternehmen immer häufiger tun, können Aktionäre schon lange: Die Chancen im Osten ausloten. Für private Anleger ist das sogar noch viel einfacher. Wenn sie Teile ihres Kapitals in Osteuropa investieren wollen, brauchen sie nur zum Telefon zu greifen, um ihrer Bank einen entsprechenden Auftrag zu geben. Unternehmen, die Arbeitsplätze nach Polen oder Ungarn verlagern wollen, haben da schon größere Widerstände zu überwinden.

Risikofreudigen Anlegern bieten sich für auf den »Emerging Markets« im Osten neue Chancen. Das gilt für Bulgarien und Rumänien, mehr noch für Russland und die Börsen der Länder Mittel- und Osteuropas, die bereits Vollmitglieder der Europäischen Union sind. Denn immer mehr der dort ansässigen Unternehmen profitieren in hohem Maße vom Beitritt zur EU und den offenen Grenzen für ihre Produkte. Solange sie als »Niedriglohnländer« gelten und immer mehr Teile und Fertigprodukte von dort in die »Hochlohn- und Hochsteuerländer« importiert werden, erzielen sie schnell steigende Umsätze und hohe Gewinne. Doch auch in diesem Fall ist es für den normalen Anleger außerordentlich schwierig, die goldene Nadel im Heuhaufen zu entdecken.

Das wird in einigen Jahren anders sein. Dann werden die erfolgreichen Unternehmen, die die Chancen des Beitritts am besten zu nutzen verstehen und zugleich vom wachsenden Wohlstand im eigenen Land profitieren, leichter zu identifizieren sein. Dann werden sie auch in der hiesigen Berichterstattung in ähnlicher Form wahrgenommen werden wie britische, französische oder spanische Gesellschaften.

WISO rät

Solange es noch schwierig ist, Informationen über osteuropäische Unternehmen zu bekommen, sollten Sie als Privatanleger vorwiegend über Fondsanteile oder Zertifikate in diese Unternehmen investieren.

Wer diese Chance rechtzeitig erkannt hat, musste das nicht bereuen. Denn gut geführte Fonds, die sich auf die »Emerging Markets«, die aufsteigenden Märkte Osteuropas und Russlands, spezialisiert hatten, erzielten von 2005 bis 2006 innerhalb eines Jahres einen Wertzuwachs von über 50 Prozent. Anleger, die bereits seit 2002 in solche Fonds investierten, konnten sich oft über eine Verdreifachung ihres Einsatzes freuen. Das ist jedoch keine Garantie dafür, dass es in diesem Tempo weitergeht.

Achtung!

Wer erst auf einem so hohen Niveau einsteigt, darf nicht darauf vertrauen, dass es immer so weitergeht. In solchen Fällen ist es in der Regel besser, auf einen Rückschlag zu warten und dann erst wieder zu investieren.

Einen außerordentlich starken Aufschwung haben seit 2001 auch die Aktienmärkte der Schwellenländer im Nahen Osten und in Afrika genommen. Das gilt besonders für die Türkei, trifft aber auch für so exotische Börsenplätze wie Ägypten, Jordanien, Saudi-Arabien, Kuwait und andere Länder zu, in denen die Petro-Dollars die Kurse anheizen. Die europäischen Anleger haben diese Börsen lange Zeit ebenso ignoriert wie die Aktienmärkte Lateinamerikas. Das war ein Fehler. Allein 2005 legte der MSCI-Lateinamerika-Index um 45 Prozent zu. Der brasilianische Leitindex Bovespa und der Index der mexikanischen Börse notierten auf Höchstständen. Der Hintergrund waren haussierende Rohstoffpreise und eine insgesamt stark wachsende Weltwirtschaft. Der chinesische Rohstoffhunger kommt nicht zuletzt den südamerikanischen Lieferanten von Eisenerz, Kupfer und Sojabohnen zugute.

Angesichts der politischen Verhältnisse in Lateinamerika ist der Kursanstieg, der seit der Jahrtausendwende zu beobachten war, zwar noch weniger als in anderen Teilen der Welt eine Garantie dafür, dass sich dort sorgenlos investieren lässt. Aber für risikobereite Anleger gilt heute: »Mein Feld ist die Welt.« Doch diese Welt ist in ständiger Bewegung. Wer sein Geld in »Emerging Markets« anlegt, sollte die Aktienkurse ständig verfolgen. Wer erst nach einigen Jahren nachsieht, was daraus geworden ist, wird möglicherweise kaum noch etwas finden.

Wer Zweifel hat, ob das alte Europa noch einmal die Kraft aufbringt, seine Wirtschaft und Gesellschaft so zu reformieren, dass sie das Wachstumstempo mithalten kann, das die aufstrebenden Länder Asiens und Lateinamerikas vorlegen, sollte bei seiner Geldanlage entsprechend disponieren.

WISO rät

Wenn Sie noch jung sind und sich rechtzeitig ein ausreichendes Sicherheitspolster für den dritten Lebensabschnitt aufbauen wollen, könnte es für Sie sinnvoll sein, bis zu 20 Prozent Ihres Aktienkapitals in den aufstrebenden Ländern zu investieren.

Allerdings sollte dies durch den Erwerb entsprechender Investmentfonds geschehen. Ein normaler Anleger kann die Entwicklung auf den Kapitalmärkten in Asien, Lateinamerika oder im Nahen Osten nicht so genau verfolgen, wie dies für eine erfolgreiche Geldanlage erforderlich ist. Zu schnell setzt man da auf das falsche Pferd beziehungsweise den falschen Tiger.

Die asiatischen Märkte

Investments in Asien brachten 2005 ansehnliche Renditen. Gemessen am MSCI-Asien-Index, der die durchschnittliche Entwicklung widerspiegelt, waren es knapp 18 Prozent. Doch dahinter verbergen sich sehr unterschiedliche Entwicklungen. Spitzenreiter war Korea mit einem durchschnittlichen Kursanstieg von 55 Prozent und Indien mit 35 Prozent. Nachzügler waren China, Taiwan und Thailand. Auf mittlere und längere Sicht erwarten Experten aber gerade dort stark steigende Kurse, da diese Länder eine immer wichtigere Rolle in der Weltwirtschaft spielen. Anders als viele Arbeitnehmer, deren Jobs durch die neuen Konkurrenten gefährdet werden, haben Anleger die Chance, davon zu profitieren.

Hier lohnt sich für jeden Anleger, der längerfristig denkt, ein genauerer Blick: Wer im globalen Wettbewerb eine Zukunft haben will, muss sich in China und der Region rund um den Pazifik durchsetzen. Global Player wie General Motors, Volkswagen, Siemens, Philips oder Sony kämpfen in China und in der gesamten pazifischen Region mit immer härteren Bandagen um Marktanteile. Es lohnt sich aber für deutsche Unternehmen, Milliarden Euro, viel Zeit und Manpower in diese Region zu investieren. Genau genommen haben sie gar keine andere Wahl.

Westliche Marktführer müssen zwei wesentliche Dinge beachten: Zum einen müssen sie der aufstrebenden asiatischen Konkurrenz bereits in ihren Heimatmärkten Paroli bieten und andererseits den deutschen beziehungsweise den europäischen Markt schützen. Wenn Unternehmen wie Motorola oder Nokia die asiatisch-pazifische Region zum Beispiel dem Telekomkonzern Ningbo Bird überlassen würden, hätte dieses Unternehmen einen riesigen Vorteil: Es könnte in seinem Heimatland leichter expandieren, Kraft tanken und noch früher als erwartet in Europa und in den USA Fuß fassen. Damit sind die Investitionen europäischer Konzerne in Asien auch ein Schutz von Arbeitsplätzen in Europa.

Asiatische Unternehmen sind in Europa schon lange stark vertreten und jagen den westlichen Konzernen hierzulande immer mehr Marktanteile ab. Dazu gehören der koreanische Chiphersteller Samsung, der japanische Autohersteller Toyota oder der chinesische Computerhersteller Lenovo, die schon jetzt mit Macht und mit Erfolg auf die westlichen Märkte drängen. Außerdem wachsen zahlreiche junge Unternehmen wie der chinesische Google-Konkurrent Baidu heran, die bereits die westlichen Märkte scharf im Blick haben.

Wer an asiatischen Börsen investieren will, sollte sich auch selbst einen Überblick über die Wirtschaftslage in den einzelnen Staaten machen. Diejenigen, die früher erfolgreich waren, stecken seit Jahren in der Rezession, andere liegen noch im Dornröschenschlaf und warten nur darauf entdeckt und geweckt zu werden. Was sagen Experten dazu? Wie sehen Banker, Börsianer und Analysten das Jahr 2006?

Japan

Bei Asiens Wirtschaftsmacht Nummer eins läuft nicht nur die Deflation aus. Auch die wichtigsten Wirtschaftsdaten zeigen fast alle wieder nach oben. Die Jahrzehnte der Stagnation sind beendet, die Stimmung ist gut. In Japan kommt die Konjunktur wieder in Fahrt, der Konsum steigt. 2006 werde ein Japan-Jahr, prophezeiten daher viele Analysten. Keine andere Börse der Welt habe mehr Chancen auf hohe Kursgewinne als Tokios Aktienmarkt. Zudem können Japans Firmen dank ihrer engen Handelsverflechtungen mit den asiatischen Tigerstaaten auch noch am Wirtschaftsaufschwung der Nachbarländer verdienen.

China

China ist besonders attraktiv. Außer niedrigen Kosten und hohen Wachstumsraten erlebt man dort auch in vorhergesehenem Maße rasant wachsende Städte sowie massive Investitionen in neue Infrastruktur. Viele Unternehmen aus der asiatisch-pazifischen Region orientieren sich weg von Singapur oder Tokio in Richtung Peking oder Shanghai. Die Wachstumschancen müssen aber nicht zwangsläufig in den Boomländern China oder Indien liegen: Wer zum Beispiel mit Navigationssystemen und komplexer Automobiltechnologie Geld verdienen will, ist in den reiferen Märkten Korea oder Japan gut aufgehoben.

Chinas Wirtschaft wächst derart rasant, dass das Reich der Mitte bereits in vier Jahren Deutschland als drittgrößte Wirtschaftsmacht ablösen dürfte. Mit einem Wachstum von knapp 10 Prozent im Jahr 2005 war China nach endgültigen Zahlen des Statistikamtes bereits weltweit die Nummer vier, und für 2006 wird ein Wachstum von mehr als 8 Prozent vorausgesagt.

Korea

Aktionäre haben in Korea bereits bestens verdient. Der Aktienindex Kospi (Korea Composite Stock Price) stieg allein im Jahr 2005 um 54 Prozent. Seouls Börse war damit Primus in Asien und hat auch den japanischen Anlegerliebling Nikkei deutlich hinter sich gelassen. Wird Südkorea seinen Aufschwung fortsetzen? Vieles spricht dafür. Die Halbinsel zwischen China und Japan ist seit 1945 in das kommunistische Nordkorea und das marktwirtschaftliche Südkorea geteilt.

Die junge Republik Südkorea profitiert vom Aufschwung des großen Nachbarn China, von der starken Marktstellung seiner Top-Unternehmen wie Samsung, Hyundai und Daewoo sowie vom großen Interesse ausländischer Anleger. Auf diese Weise verdient Südkorea mit einem hohen Wertschöpfungsanteil am chinesischen Export mit, denn in vielen Notebooks oder Digitalkameras aus China sind hochwertige Komponenten aus Südkorea enthalten. Das kleine, technologisch hoch entwickelte Südkorea ist damit einer der größten Profiteure von Chinas Aufholjagd. China ist für Seoul längst der wichtigste Absatzmarkt. Solange Konzernriesen wie Samsung in vielen Bereichen ihre technologische Überlegenheit sichern, brauchen sie Niedriglohnkonkurrenz der Nachbarn nicht zu fürchten, heißt es vonseiten der Bankanalysten.

Indien

Dieser Markt hat ebenso wie China eine enorme Größe und liefert rasante Wachstumsraten. Indiens Bruttoinlandsprodukt werde 2006 um mehr als 6 Prozent nach oben klettern, meinen die Analysten der Deutschen Bank. Dort locken zudem niedrigere Arbeits- und Kapitalkosten. Es lohnt sich also, Produkte in China und Indien herzustellen oder von dort zu beziehen. Die Kosten werden auch noch niedrig bleiben, da der Konkurrenz- und Preisdruck enorm hoch ist. Außerdem gibt es in der asiatischen Welt viele junge, hoch motivierte und zunehmend gut ausgebildete Arbeitskräfte. Gerade die Forschungs- und Entwicklungsabteilungen weltweit arbeitender Unternehmen werden in Zukunft zunehmend auf Indien, Thailand, China oder Korea zugreifen.

Wie man sich sicher auf dem Börsenparkett bewegt

Würden Sie mit einem Chinesen über ein wichtiges Geschäft verhandeln, ohne dessen Sprache zu verstehen? Natürlich nicht. Auch als Aktiensparer kommen Sie ohne die Börsensprache nicht sehr weit. Denn ähnlich wie alle anderen Berufsgruppen verwenden auch die Profis der Geldanlage ihre eigene Sprache und benutzen Fachbegriffe, die nicht jeder sofort versteht. Sie können aber relativ leicht die wichtigsten Börsenvokabeln lernen, und das ist auch wichtig. Solange Sie nicht genau wissen, wovon eigentlich die Rede ist, sollten Sie lieber die Finger von Aktiengeschäften lassen. In diesem Kapitel erläutern wir deshalb zunächst die wichtigsten Begriffe der Börsensprache und grundlegende Techniken zur Risikokontrolle.

Wenn Sie sich aus Zeit- oder anderen Gründen entschieden haben, die Geldanlage weitgehend Ihrem Berater zu überlassen oder vorwiegend in Fonds zu investieren, sollten Sie sich trotzdem zumindest so viele Kenntnisse aneignen, dass Sie beurteilen können, ob die Vorschläge in die richtige Richtung gehen, ob Sie seriös beraten werden oder ob der Anlageberater nicht in erster Linie in die eigene Tasche wirtschaftet. Das gilt besonders dann, wenn Sie es mit Vermittlern zu tun haben, die nicht in den Diensten von Banken und Sparkassen oder eines anderen renommierten Finanzdienstleisters stehen.

Wenn Sie sich für den Kauf oder Verkauf einer bestimmten Aktie entschieden haben, müssen Sie Ihrer Bank noch verschiedene weitere Anweisungen geben, damit das Kreditinstitut Ihre Orders korrekt ausführen kann: Sie müssen gegebenenfalls sagen, ob Sie Stamm- oder Vorzugsaktien erwerben möchten. Sie müssen entscheiden, ob Sie einen limitierten oder unlimitierten Auftrag erteilen wollen. Sie können zudem – als eine Art eingebauter Notbremse – auch »Stop-Loss-Orders« oder »Stop-Buy-Orders« geben, um im Ernstfall Verluste in engen Grenzen zu halten. Sie müssen vielleicht erklären, ob Sie Bezugsrechte nutzen oder lieber verkaufen wollen. Sie müssen unter Umständen darauf achten, dass die Spekulationsfrist eingehalten wird, damit Sie nicht durch einen Verkauf kurz vor Ablauf der zwölf Monate in die ärgerliche Lage kommen, den Gewinn doch noch mit dem Finanzamt teilen zu müssen. Schon ein Tag kann dafür entscheidend sein. Wer dies und manches andere nicht weiß, wird früher oder später teure Fehler machen. Deshalb werden die wichtigsten Begriffe der Börsensprache in den folgenden Abschnitten erläutert.

Die Aktie: Ein Begriff und viele Varianten

Im ersten Kapitel haben Sie bereits erfahren, was unter einer Aktie generell zu verstehen ist. Aber ganz so einfach ist das leider nicht, denn Aktie ist nicht gleich Aktie. Es gibt sie unter anderem als Stammaktien und als Vorzugsaktien, als Inhaberaktien und als Namensaktien.

Stammaktien und Vorzugsaktien

Stammaktien sind die Grundform und zugleich die am weitesten verbreitete Form der Aktie in Deutschland. Die Stammaktie gewährt dem Aktionär im Gegensatz zur Vorzugsaktie alle »normalen« Rechte und Pflichten. Der Inhaber einer Stammaktie ist Teilhaber an einer Aktiengesellschaft und an dem Gewinn anteilsmäßig beteiligt. Die Rechte und Pflichten eines Stammaktionärs werden im Aktiengesetz (AktG) geregelt. Zu den wichtigsten Rechten des Stammaktionärs gehören:

- Das Recht auf Teilnahme an der Hauptversammlung.
- Das Stimmrecht in der Hauptversammlung. Jeder Stammaktionär hat hierbei eine Stimme pro Aktie. Eine Ausnahme hiervon bilden lediglich Mehrstimmrechtsaktien, die aber inzwischen Seltenheitswert haben.
- Das Recht auf anteilige Dividende, wenn die Gesellschaft die Ausschüttung des Gewinns beschließt.
- Das Recht auf Information. Jeder Aktionär kann in der Hauptversammlung vom Vorstand Auskunft über Dinge oder Vorkommnisse verlangen, die zur Beurteilung des betreffenden Tagesordnungspunktes notwendig sind.

- Bei Auflösung (Liquidation) der Gesellschaft hat der Aktionär einen Anspruch auf den anteilsmäßigen Liquidationserlös.

Im Gegensatz zu anderen Unternehmensbeteiligungen (wie GmbH- oder Kommanditanteile) können Aktien an jedem Börsentag ohne weitere Formalitäten gekauft und verkauft werden. Das gilt natürlich nur für Gesellschaften, deren Kapitalanteile an der Börse notiert sind.

Die Pflichten des Aktionärs erstrecken sich im Wesentlichen auf die Leistung der vereinbarten Einlage, also auf die Zahlung des festgelegten Ausgabepreises am ersten Börsentag. Danach kann er seine Aktie sofort weiterverkaufen. Niemand kann ihn zwingen, zur Hauptversammlung zu gehen oder dort abzustimmen. Aktionäre müssen auch kein Geld nachschießen, wenn ihre Gesellschaft in Zahlungsschwierigkeiten kommt. Sie sind nicht verpflichtet – aber in vielen Fällen berechtigt –, junge Aktien zu zeichnen, mit denen sich ihr Unternehmen später vielleicht frisches Kapital besorgen kann.

Vorzugsaktien gewähren ihrem Inhaber besondere Rechte bei der Gewinnverteilung – allerdings um den Preis, dass andere Rechte eingeschränkt sind oder ganz fehlen. Vorzugsaktionäre erhalten in der Regel eine höhere Dividende als Inhaber von Stammaktien. Außerdem ist die Aktie bei Auflösung der Gesellschaft meist mit einem Vorrecht ausgestattet. Das bedeutet, dass zunächst die Vorzugsaktionäre aus dem Erlös bedient werden. Vorzugsaktien können auch mit einem nachzuzahlenden Vorzug ausgestattet sein. In diesem Fall werden bei geringen Gewinnen oder bei Verlusten die Dividenden über ein oder mehrere Jahre ausfallen und den Inhabern von Vorzugsaktien Gewinnanteile später bevorzugt nachgezahlt. Die übrigen Aktionäre müssen sich mit dem zufrieden geben, was danach noch übrig ist.

Der Preis für diese Vorrechte besteht in der Regel darin, dass die Besitzer von Vorzugsaktien auf der Hauptversammlung kein Stimmrecht haben. Der Vorzugsaktionär kann also an der Beschlussfassung nicht teilnehmen. Unternehmen greifen immer dann gern zu dieser Möglichkeit, wenn sie einerseits Kapital brauchen, andererseits die Macht von Großaktionären aber nicht eingeschränkt werden soll. Das funktioniert allerdings nur so lange, wie das Unternehmen profitabel arbeitet. Kommt es in einem Jahr nicht zur Dividendenzahlung und wird dieser Rückstand im nächsten Jahr nicht aufgeholt, erhalten die Vorzugsaktionäre so lange das Stimmrecht, bis die ihnen zustehenden Dividenden nachgezahlt werden. Stimmrechtslose Vorzugsaktien dürfen nur bis zu einem Höchstbetrag ausgegeben werden. Dieser Betrag darf nicht über dem Gesamtkapital der Stammaktien liegen. Das bedeutet, dass höchstens die Hälfte des Grundkapitals einer Aktiengesellschaft in Form von Vorzugsaktien ausgegeben werden kann.

Für den Kleinanleger bieten Vorzugsaktien trotz der eingeschränkten Rechte eine interessante Alternative zu Stammaktien. So ist bei langfristiger Anlage die Rendite oft deutlich höher als bei Stammaktien, da meist eine höhere Dividende gezahlt wird. Der Verlust des Stimmrechts bedeutet für Kleinaktionäre dagegen keine allzu große Einschränkung, da sie aufgrund ihres geringen Anteils am gesamten Grundkapital der AG ohnehin keinen Einfluss auf der Hauptversammlung haben.

Achtung!

Wenn es sich um Unternehmen handelt, bei denen Übernahmen oder Fusionen möglich sind, geht die Rechnung nicht auf. Denn dann haben Sie als Stammaktionär die größere Chance auf kräftige Kursgewinne oder eine höhere Abfindung – zum Beispiel, wenn Ihre Aktien gebraucht werden, um eine Kapitalmehrheit zu erreichen.

Da Vorzugsaktien in anderen Ländern kaum bekannt sind, werden sie auch in Deutschland nach und nach aus dem Verkehr gezogen. Auch in den Indizes werden sie nicht mehr berücksichtigt. Deshalb haben Unternehmen wie SAP bereits vor einigen Jahren alle ehemaligen Vorzugsaktien in Stammaktien umgewandelt.

Namensaktien und Inhaberaktien

Namensaktien sind im Gegensatz zu Inhaberaktien nicht anonym. Ihre jeweiligen Besitzer sind der Gesellschaft bekannt, weil die Eigentümer in das Aktienbuch des Unternehmens eingetragen werden. Das bedeutet, dass nach jedem Besitzwechsel eine Korrektur vorgenommen werden muss. Daher waren Namensaktien in Deutschland lange Zeit eher selten. Der Besitzwechsel war früher schwieriger als bei Inhaberaktien und im Falle der so genannten vinkulierten Namensaktien von der Genehmigung der Gesellschaft abhängig; heute lassen sich Namensaktien aber ebenso schnell kaufen und verkaufen wie Inhaberaktien, da alles über die Datenverarbeitung läuft. Bei Inhaberaktien wird unterstellt, dass der Besitzer gleichzeitig auch Eigentümer ist.

Grundsätzlich gibt es auch keinen Unterschied hinsichtlich der Rechte und Pflichten der Aktionäre. Allerdings kann bei Namenspapieren nur der namentlich genannte Inhaber oder sein Rechtsnachfolger die verbrieften Rechte und Ansprüche geltend machen. Er hat außerdem das Recht, in die Aktienpositionen aller anderen Aktionäre Einblick zu nehmen. Bei Namensaktien müssen in Deutschland neben dem Namen auch der Wohnort und Beruf des Inhabers in das Aktionärsbuch eingetragen werden.

Namensaktien (mit Ausnahme der so genannten vinkulierten Namensaktien) können ebenso wie Inhaberaktien jederzeit und ohne Einwilligung der Gesellschaft übertragen werden. Allerdings muss sich der neue Inhaber wieder mit seinem Namen registrieren lassen, da er nur dann gegenüber der Gesellschaft legitimiert ist und seine Ansprüche (wie Vertretung in der Hauptversammlung, Zahlung von Dividenden) geltend machen kann. In der Regel übernimmt dies aber die Bank oder Sparkasse, bei der die Aktien im Depot verwahrt werden. Deshalb macht es für Sie als Anleger praktisch keinen Unterschied, ob Sie Namens- oder Inhaberaktien erwerben. Nur Aktionäre, die ihre Wertpapiere selber verwahren, müssen sich persönlich um die Eintragung und den Transport der Papiere kümmern.

Aktionäre, die anonym bleiben wollen, können ihre Erfassung im Aktienbuch verhindern, müssen dann allerdings auch auf eine Stimmabgabe auf der Hauptversammlung verzichten. Das lässt sich zwar umgehen, wenn eine Depotbank ins Buch eingetragen wird und diese wiederum dem Aktionär eine Vollmacht zur Ausübung des Stimmrechts gibt, doch das alles ist für normale Anleger irrelevant. Nur wer vor dem Finanzamt etwas zu verbergen hat, größere Aktienpakete besitzt oder eine Gesellschaft ohne großes Aufsehen aufkaufen will, wird zu solchen Mitteln greifen.

Obwohl die Verwaltung mit größerem Aufwand verbunden ist, haben in Deutschland seit Ende der 90er Jahre viele Aktiengesellschaften (darunter so große wie Siemens, Telekom, SAP oder die Deutsche Bank) von Inhaber- auf Namensaktien umgestellt. Als Gründe dafür werden genannt:

- schnellerer und direkterer Kontakt zu den Aktionären,
- leichtere Zulassung zum Handel in den USA, wo Namensaktien Standard sind,
- Anpassung an den internationalen Standard, um mehr ausländische Anleger als Kapitalgeber zu gewinnen.

Eine Registrierung der Anteilseigner erleichtert es den Gesellschaften, einen Überblick über die Struktur ihrer Aktionäre zu bekommen (In- oder Ausländer, Männer oder Frauen, Berufsgruppen, Fonds, andere Unternehmen oder private Anleger). So können sie zum Beispiel leichter erkennen, ob sich ein einzelner Investor oder eine Gruppe darum bemüht, eine Mehrheit der Kapitalanteile an sich zu bringen.

Der Nennwert

Früher hatten alle Aktien in Deutschland einen aufgedruckten »Nennwert« in Höhe von 5, 50 oder 100 Euro beziehungsweise Mark. Dabei spielte es keine Rolle, ob es sich um Namens- oder Inhaberaktien handelte, oder ob es um Stamm- oder Vorzugsaktien ging. Dieser Aufdruck hatte aber allenfalls bei der Erstausgabe eine Bedeutung. Für den Preis oder den Kurs, zu dem die Aktie tatsächlich an der Börse gehandelt wurde, spielte der Nennwert keine Rolle. Heute kommen alle neuen Aktien daher ohne Nennwert auf den Markt, und auch die Anteilscheine bestehender Aktiengesellschaften werden mehr und mehr auf nennwertlose Papiere umgestellt. Das ändert aber nichts daran, dass jedes dieser Wertpapiere nach wie vor einen bestimmten Anteil am Gesamtkapital der Gesellschaft repräsentiert.

Nennwertlose Aktien (Quotenaktien) waren in Deutschland bis Ende der 90er Jahre nicht zulässig. Mit Blick auf die Europäische Währungsunion und die internationalen Gepflogenheiten wurden sie seit 1998 aber auch in Deutschland von immer mehr Gesellschaften eingeführt und verdrängen die herkömmliche Form immer mehr. In den USA, Kanada und vielen anderen Ländern sind sie schon seit langem der Standard. Echte nennwertlose Aktien tragen nur die Bezeichnung »Stück« auf der Urkunde. Es wird also weder ein betragsmäßiger noch ein prozentualer Anteil am Grundkapital des Unternehmens auf der Aktie angegeben. Der Anteil am Grundkapital, den die einzelne Aktie verbrieft, lässt sich errechnen, indem das vorhandene Grundkapital durch die Zahl der ausgegebenen Aktien geteilt wird.

Für den Aktionär ändert sich durch die Umstellung von Nennwert- auf Quotenaktien weder beim Kurs, bei der Dividende noch in anderer Hinsicht etwas. Bei Anlageentscheidungen kann daher die Frage, ob es sich um Nennwert- oder Quotenaktien handelt, vernachlässigt werden.

Allerdings werden Aktien- oder Stock-Splits, also die Aufteilung einer Aktie in mehrere Anteile, um den Preis pro Stück zu senken, durch die Einführung von Stück- oder Quotenaktien wesentlich erleichtert. Durch Splits (mehr dazu in dem Kapitel über Gratisaktien und Stock-Splits weiter unten) werden die Aktien an der Börse leichter handelbar, was für die Aktionäre vorteilhaft ist. Die Mehrzahl der großen deutschen Aktiengesellschaften hat daher inzwischen auf nennwertlose Aktien umgestellt.

Genussscheine: Zwischen Aktien und Anleihen

Schon einmal etwas von Genussscheinen gehört? Sie spielen neben Aktien an der Börse immer noch eine gewisse Rolle und haben auch einen gewissen Charme. Es handelt sich dabei aber nicht um Essensgutscheine für ein Feinschmeckerlokal, sondern um eine Art »Zwitter« aus Anleihen und Aktien. Viele Anleger lassen sie deshalb »links liegen«. Dabei können sie – nicht zuletzt in Zeiten schwächelnder Kurse – durchaus eine interessante Variante sein oder zu einer ausgewogenen Struktur eines Wertpapierdepots beitragen. Mit Anleihen haben Genussscheine gemeinsam, dass sie meist eine feste Grundverzinsung haben und in der Regel zu einem festliegenden Termin zum Nennwert zurückgezahlt werden. Von der Aktie stammt, dass der Zins nur gezahlt wird, wenn dafür ein ausreichend hoher Ertrag erwirtschaftet wurde. Der Inhaber kommt aber vor den Aktionären »in den Genuss« einer Ausschüttung. Stimmrechte sind mit Genussscheinen nicht verbunden. Ansonsten können sie höchst unterschiedlich ausgestattet sein. Statt einer festen Verzinsung (sofern das Unternehmen einen entsprechenden Gewinn erwirtschaftet hat) kann die Ausschüttung auch an die Höhe der Dividende gebunden sein. Auch hinsichtlich der Rückzahlung gibt es Gestaltungsspielräume.

Achtung!

Bei Pleiten gehen Sie als Inhaber von Genussscheinen aber unter Umständen leer aus, weil Sie dann in der Rangfolge der Gläubiger recht weit hinten stehen.

Um dieses höhere Risiko auszugleichen, erhalten die Inhaber von Genussscheinen in der Regel eine höhere Verzinsung als Besitzer von Bundes- oder Unternehmensanleihen gleich hoher Bonität. Deshalb können Anleger wählen, ob sie Genussscheine als rentablere Beimischung zu ihrem Rentenbestand oder als sicherheitsorientierte Ergänzung ihres Aktiendepots betrachten. Je nach den Gewinnaussichten und ihrer Rentabilität im Vergleich zu Anleihen gibt es auch bei Genussscheinen Kursschwankungen.

Wertpapierkennnummern: Der individuelle Daumenabdruck

Jedes Wertpapier hat eine eigene Kennnummer. Wenn Sie eine Aktie, einen Optionsschein, Fondsanteile oder Zertifikate kaufen wollen, verwenden Sie sowohl beim Kauf im Internet als auch bei telefonischen Aufträgen am besten (auch) die Wertpapierkennnummer (WKN). Im Gegensatz zu Firmennamen, bei denen es leicht einmal zu einem Hör- oder Schreibfehler kommen kann, ist die WKN in jedem Falle eindeutig. Verwechslungen sind bei Benutzung von Namen und Wertpapierkennnummer weitgehend auszuschließen. Auch die Suche nach bestimmten Wertpapieren im Internet wird dadurch sehr vereinfacht. Wenn Sie Informationen über eine bestimmte Aktie im Internet suchen, eine Aktie in ein echtes oder virtuelles Depot aufnehmen wollen, das Sie über das Internet beobachten, oder wenn Sie die Aktie eines bestimmten Unternehmens bei einem Internetbroker oder einer Direktbank kaufen wollen, geht dies am einfachsten, wenn Sie die WKN eingeben. Denn wenn Sie bei der Suche über den Namen des Wertpapiers den Namen nicht ganz präzise schreiben (können), erhalten Sie oft eine lange Liste von Wertpapieren ähnlicher Art – und müssen dann herausfinden, welches das Richtige ist. Dabei kann es schnell zu Irrtümern kommen.

Die Wertpapierkennnummer ist in Deutschland eine sechsstellige Identifikationsnummer, die ausschließlich für in der Bundesrepublik handelbare Wertpapiere verwendet wird. Die WKN für eine Aktie lässt sich im Internet einfach ermitteln. Meist reicht es, in Suchmaschinen den Namen eines Unternehmens einzugeben, und schon ist die entsprechende WKN da. Ebenso lässt sich eine bestimmte Aktie leicht finden, wenn man die Kennziffer eingibt.

ISIN

Eine weitere Möglichkeit, Wertpapiere eindeutig zu identifizieren, bietet die ISIN (»International Securities Identification Number«). Sie wird für den internationalen Gebrauch und zunehmend auch in Deutschland verwendet. Sie dient zu einer weltweit eindeutigen Kennzeichnung von Wertpapieren und löst die verschiedenen nationalen WKN zunehmend ab. In der Regel können die nationalen WKN auf einfache Weise in die ISIN überführt werden, da das global geltende Kennziffernsystem sowohl Zahlen als auch Buchstaben in beliebiger Mischung enthalten darf. Hat die nationale WKN weniger als neun Stellen, wird sie vorne durch Nullen ergänzt. Den neun

Ziffern wird das aus zwei Buchstaben bestehende Länderkürzel (nach der ISO 3166-Kodierliste) vorangestellt. Rechts wird zum Schluss noch eine Prüfziffer hinzugefügt. Es gibt kein einheitliches Umstellungsdatum oder eine Umstellungspflicht von den nationalen WKN auf ISIN. In Deutschland war der 22. April 2003 der offizielle Umstellungstermin, an den deutschen Börse können die ISIN aber bereits seit Oktober 2002 verwendet werden.

WISO rät

Sie sollten bei der Suche nach einem bestimmten Wertpapier und vor allem bei Käufen und Verkäufen möglichst immer den Weg über die WKN oder ISIN wählen. Dadurch werden Irrtümer ausgeschlossen.

Bookbuilding: Die Preisfindung

Gute Gewinnchancen haben Anleger oft bei einer »Initial Public Offer« (IPO), wie der erste Börsengang genannt wird. Bei Anteilen von Unternehmen, die erstmals Aktien ausgeben (emittieren) und an die Börse bringen, ist die Nachfrage in den meisten Fällen weit höher als das Angebot. Deswegen kommt bei der Erstausgabe häufig nur ein kleiner Teil der Interessenten zum Zuge. Für die Zuteilung wird deshalb häufig das so genannte Bookbuilding-Verfahren angewendet.

Bei der erstmaligen Emission von Aktien funktioniert die sonst übliche Preisbildung aufgrund von Angebot und Nachfrage noch nicht. Da vor der Emission noch kein Handel an der Börse stattgefunden hat, muss der Emissionspreis anders festgelegt werden. Dazu gibt es unterschiedliche Verfahren und Möglichkeiten.

Der Emissionskurs kann einfach von den Banken, die den Börsengang begleiten, festgesetzt werden. Die interessierten Anleger können dann nur noch entscheiden, ob und wie viele Aktien sie zeichnen wollten. Der Nachteil bei diesem Verfahren ist, dass es bei Festlegung des Preises zu einer Fehleinschätzung des Marktes kommt, wenn ein zu hoher oder ein zu niedriger Kurs gewählt wird. Liegt der Kurs nach Meinung der Anleger zu hoch, haben sie kein Interesse an einer Zeichnung. Dann müssen die Banken die Aktien selber übernehmen und bleiben vielleicht lange auf ihnen sitzen. Liegt der Emissionspreis dagegen zu niedrig, können zwar alle Aktien problemlos bei den Anlegern untergebracht werden, das Unternehmen erhält aber weniger Eigenkapital durch die Emission, als eigentlich möglich gewesen wäre.

Beim Bookbuilding-Verfahren dagegen gibt das Emissionskonsortium keinen festen Preis vor, sondern legt lediglich eine Preisspanne für die betreffenden Aktien fest. Die Anleger können dann innerhalb einer bestimmten Frist Gebote abgeben. Sie müssen sich dabei innerhalb der vorgegebenen Spanne bewegen, können aber innerhalb dieser Spanne selbst bestimmen, wie viele Aktien sie zeichnen möchten und welchen Preis sie dafür höchstens zahlen wollen.

Am Ende der Frist ermittelt das Bankenkonsortium den endgültigen Preis für die Aktien aufgrund der abgegebenen Gebote. Der Preis wird so gewählt, dass der maximale Umsatz zustande kommt. Die Gefahr, den Markt falsch einzuschätzen, reduziert sich bei diesem Verfahren darauf, dass die Preisspanne falsch gewählt wird, und ist damit deutlich geringer als bei einer starren Festlegung. Innerhalb der vorgegebenen Kursspanne entscheiden Angebot und Nachfrage über den tatsächlichen Verkaufspreis der Aktie.

Die Zuteilung der Aktien erfolgt im Anschluss an die Preisfeststellung so, dass die Banken alle Anleger bedienen, deren Gebote mindestens dem Preis entsprechen, der endgültig festgelegt worden ist. Alle Anleger, die einen Preis geboten haben, der unterhalb des Emissionskurses lag, gehen leer aus. Wer darüber lag, erhält die Wertpapiere zu einem geringeren Preis. Liegt zu dem bestimmten Kurs die Nachfrage nach den Aktien über dem Angebot, müssen die Banken die Aktien nach einem bestimmten Schlüssel zuteilen. Die Emissionskurse für die Aktien von Adidas oder der Deutschen Telekom (T-Aktie) wurden mithilfe des Bookbuilding-Verfahrens festgestellt.

Limits: Dem Risiko Grenzen setzen

Anleger können ihrer Sparkasse oder Bank Kauf- und Verkaufsaufträge für Aktien mit und ohne Preisgrenzen geben. Bei Kauf- oder Verkaufsaufträgen ohne Preisbegrenzung spricht man im Wertpapiergeschäft von »bestens« ausgeführten Aufträgen. Kauf oder Verkauf werden ohne bestimmte Preisgrenzen zum nächstmöglichen Zeitpunkt und zu dem Kurs ausgeführt, der in diesem Augenblick gilt. Der kann höher oder niedriger sein, als er es zu der Zeit war, in der Sie den Auftrag an die Bank gegeben haben.

Nicht immer können Orders sofort ausgeführt werden. Das kann daran liegen, dass in bewegten Börsenzeiten die Banken mit Aufträgen geradezu überschwemmt werden und daher nicht alle gleichzeitig abwickeln können. Es kann aber auch daran liegen, dass sich für bestimmte Aktien nicht sofort ein entsprechendes Angebot oder eine passende Nachfrage finden lässt. Je »marktenger« ein Papier ist, umso größer ist diese Gefahr.

Wenn Sie vermeiden wollen, dass Sie Aktien zu einem Preis kaufen oder verkaufen, der deutlich über beziehungsweise unter Ihren Vorstellungen liegt, dann können Sie Ihren Auftrag »limitieren«. Das bedeutet, dass er nur ausgeführt wird, wenn dies zu dem von Ihnen festgelegten Kurs möglich ist. Das bewahrt Sie vor unangenehmen Überraschungen. Ein solcher limitierter Auftrag gilt in der Regel bis zum Ende des Monats. Danach muss er erneuert werden.

Beispiel

Sie können mit solchen Limits auch »auf Zeit spielen«. Wenn Sie beispielsweise erwarten, dass der Kurs von Siemens in den kommenden Tagen von derzeit 70 auf 65 Euro sinken wird, können Sie Ihre Bank beauftragen, zum Kurs von 65 zu kaufen. Sie sind dann sicher, dass Sie diesen günstigen Einstiegskurs nicht verpassen, wenn die Aktie tatsächlich so weit fällt. Wenn Sie umgekehrt BASF-Aktien besitzen, die derzeit bei 68 Euro notiert sind und von denen Sie erwarten, dass sie in absehbarer Zeit nicht über 75 Euro steigen werden, dann können Sie den Auftrag geben, die Aktien zu verkaufen, sobald sie das von Ihnen gesetzte Kursziel erreicht haben.

Die Preislimitierung gilt aber lediglich als Ober- beziehungsweise Untergrenze. Bei einem Verkaufslimit muss also mindestens der vorgegebene Kurs erreicht werden. Ein höherer Kurs ist natürlich nicht nur erlaubt, sondern aus der Sicht des Verkäufers erwünscht. Umgekehrt legt ein Kauflimit lediglich die Preisobergrenze fest. Niedrigere Kurse sind aber möglich und natürlich für den Käufer von Vorteil.

WISO rät

Limitierte Aufträge sind vor allem immer dann sehr zu empfehlen, wenn es um die Aktien kleinerer Unternehmen geht, bei denen auch kleinere Kauf- und Verkaufsorders Kursbewegungen auslösen können.

Wenn nämlich jemand am PC sieht, dass Sie einen unlimitierten Auftrag zum Verkauf Ihrer Aktien gegeben haben, kann er versuchen, durch ein möglichst niedriges Angebot günstig an ihre Papiere zu kommen und ein Schnäppchen zu machen. Umgekehrtes gilt für den Verkauf: Wenn Sie da nicht klar angeben, wo für Sie die Untergrenze liegt, kann es passieren, dass der Erlös für Ihre Papiere schließlich deutlich unter Ihren Erwartungen liegt.

In bestimmten Situationen kann es dennoch sinnvoll sein, zu »jedem Preis« zu kaufen oder zu verkaufen – zum Beispiel, wenn Sie erwarten, dass das Papier auf jeden Fall in den kommenden Wochen und Monaten stark steigen wird. Das Gleiche gilt, wenn Sie in naher Zukunft einen Kursabsturz befürchten. Bei Aktien großer Gesellschaften, die täglich millionenfach gehandelt werden – wie das bei allen im Dax notierten Unternehmen der Fall ist –, kann Ihnen dabei wenig passieren. Ihr Auftrag hat in diesem Fall wegen seiner verhältnismäßig geringen Größe keinen Einfluss auf die Kursbildung.

Bei Auftragserteilung muss der Anleger die Gültigkeitsdauer des vorgegebenen Limits festlegen. In der Regel werden Limitierungen entweder nur für einen Tag oder aber bis Monatsende vergeben. Abweichende Regelungen sind jedoch möglich. Für die Limitierung der Wertpapierorder berechnet die Bank eine Gebühr, weil ihr erhöhte Kosten entstehen, wenn wiederholt versucht werden muss, den Auftrag zum vorgegebenen Preis durchzuführen. Wird das Limit lediglich für den Tag der Auftragsvergabe vorgegeben, oder wird das Limit schon am ersten Tag der Laufzeit erreicht, so werden oftmals keine Gebühren berechnet.

WISO rät

Erkundigen Sie sich deshalb vorab bei Ihrem Kreditinstitut immer nach den Konditionen für Limits und andere Anweisungen.

Limitierte Wertpapierorders können grundsätzlich bei allen Wertpapiergeschäften vergeben werden, die über die Börse getätigt werden. So lassen sich Kauf- und Verkaufslimits bei dem Handel mit Aktien, Anleihen, Optionsscheinen, aber auch bei Derivaten wie Optionen und Futures einsetzen. Auch bei Emissionen von Wertpapieren, bei denen die Preisfindung mithilfe des Bookbuilding-Verfahrens (siehe das entsprechende Kapitel weiter oben) stattfindet, können Kauflimits vorgegeben werden. Kommt es während der Laufzeit der Limitierung eines Aktienkaufs oder -verkaufs zu einer Dividendenausschüttung und damit zu einem Kursabschlag bei dem betreffenden

Papier, wird bei dem vorgegebenen Preislimit automatisch ein entsprechender Abschlag vorgenommen.

Der offensichtliche Vorteil von limitierten Aufträgen ist, dass der Anleger nicht riskiert, bei einem Kauf einen zu hohen Preis zu zahlen beziehungsweise bei einem Verkauf einen zu niedrigen Preis zu erzielen. Auf der anderen Seite geht der Anleger natürlich immer das Risiko ein, nicht zum Zuge zu kommen, wenn der Kurs des gewünschten Papiers knapp über oder bei einem beabsichtigten Verkauf unter seinem Limit liegt. Denn wenn der Kurs der Aktie an den folgenden Tagen weiter in die gleiche Richtung läuft, verpasst der Anleger entweder mögliche Gewinne oder muss zusehen, wie der Wert von Tag zu Tag weiter sinkt. Der Verlust ist schließlich größer, als er es bei einem sofortigen, unlimitierten Verkauf gewesen wäre – aber natürlich nur dann, wenn die Aktie doch noch verkauft wird. Rechnet der Anleger damit, dass der Kurs sich bald wieder erholt, lohnt es sich zu warten.

Ein Anleger geht auch das Risiko ein, leer auszugehen, wenn er bei der Zeichnung von jungen Aktien im Rahmen eines Bookbuilding-Verfahrens ein Limit vorgibt. Liegt der von dem Bankenkonsortium festgestellte Emissionspreis über der vorgegebenen Preisobergrenze, kommt der Anleger bei der Zeichnung nicht zum Zuge. Wenn er die betreffenden Papiere trotzdem haben möchte, muss er sie später über die Börse teurer erwerben. Auf der anderen Seite kann er mithilfe der Preislimitierung vermeiden, die Aktien zu einem aus seiner Sicht nicht marktgerechten (also zu hohen) Kurs zu zeichnen. Denn nicht immer steigt der Kurs nach der ersten Börsennotiz. Es ist nicht selten, dass man sie einige Zeit nach dem IPO, also der ersten Börsennotiz, billiger bekommen kann.

Häufig werden Neuemissionen als »Schnäppchen« angepriesen. Die davon überzeugten Anleger gehen davon aus, dass die erste Kursnotierung über dem Einstiegspreis liegt. Es kommt dann aber öfter vor, dass die Aktienneuemissionen überzeichnet sind. Das heißt, nicht jeder Interessent bekommt auch welche.

WISO rät

Zeichnen Sie auch bei Neuemissionen nicht blind. Eine Aktienanalyse empfiehlt sich auch hier. Darüber hinaus darf die Bank eine mäßige Pauschalgebühr bei der Zeichnung von Aktienneuemissionen verlangen, entschied der Bundesgerichtshof (BGH, Az. XI ZR 156/02).

Stop-Buy und Stop-Loss: Weitere Verlustbremsen

Eine andere Form der Verlustbremse stellen »Stop-Buy-« und »Stop-Loss-Orders« dar. Sie haben eine ähnliche Bedeutung für Anleger wie die Limits für Kauf und Verkauf und funktionieren auch in ähnlicher Weise. Stop-Orders sind Aufträge, die nicht sofort ausgeführt werden, sondern erst bei Erreichen eines bestimmten Kurses greifen.

Stop-Loss: Verluste vermeiden durch Verkauf

Stop-Loss-Orders stellen eine einfache und relativ kostengünstige Möglichkeit dar, einzelne Aktienpositionen gegen größere Kursverluste abzusichern. In Deutschland können Stop-Loss-Aufträge erst seit 1989 erteilt werden. Es handelt sich dabei um einen Verkaufsauftrag, der bei sinkenden Kursen automatisch ausgeführt wird, sobald das Wertpapier einen vom Kunden vorgegebenen Preis erreicht. Stop-Loss-Aufträge sind als Kurssicherungsinstrument auch für Kleinanleger geeignet, da sie mögliche Verluste automatisch begrenzen.

Beispiel

Sie haben eine Aktie für 7,50 Euro gekauft, die inzwischen auf 11 Euro gestiegen ist. Sie hoffen zwar, dass der Kurs weiter klettert und wollen deshalb nicht wegen einer kleinen Abwärtsbewegung verkaufen. Gleichzeitig soll der bereits erzielte Gewinn aber abgesichert werden. Sie können das tun, indem Sie eine Stop-Loss-Order von 10 oder 10,50 Euro setzen. Dann ist Ihnen ein Gewinn von etwa 2,50 Euro je Aktie in jedem Fall sicher – und Sie halten sich dennoch die Möglichkeit offen, von weiteren Kurssteigerungen zu profitieren. Denn wenn die Börse schwächelt und der festgelegte Börsenkurs erreicht oder unterschritten wird, wird das Papier von der Bank oder dem Brokerhaus automatisch verkauft.

Ein Stop-Loss-Auftrag bedeutet für die Bank keine so strikte Bindung wie ein Limit. Das ist auch sinnvoll, weil es bei einer allgemeinen Verkaufswelle oft nicht möglich ist, den gewünschten Punkt exakt zu erwischen. Der tatsächlich erzielte Verkaufspreis kann sowohl unter als auch über der Stop-Loss-Marke liegen, weil sich an bewegten Tagen die Kurse am Markt von

Minute zu Minute ändern. Wenn es – wie ab Anfang 2000 – an der Börse zu einem Crash kommt, kann der tatsächlich erzielte Preis deutlich vom Stop-Loss-Kurs abweichen, weil es vielleicht erst Stunden nach Unterschreiten der gesetzten Grenze möglich ist, Käufer für die Papiere zu finden. Aber in normalen Zeiten bewegen sich die Abweichungen in der Größenordnung von wenigen Cent.

Stop-Loss-Aufträge werden für eine bestimmte Dauer erteilt, meist bis zum Monatsende. Für die Entgegennahme und tägliche Überwachung eines Stop-Loss-Auftrags verlangen Banken oder Broker unterschiedlich hohe Entgelte.

Achtung!

Mit einem Stop-Loss-Auftrag können Sie zwar einen erreichten Gewinn absichern oder Verluste begrenzen. Allerdings ist dann die Aktie weg – und damit auch die Chance, von einer späteren Erholung des Kurses zu profitieren. Kommt es nämlich nur kurzfristig zu einer Unterschreitung der Stop-Loss-Marke und danach gleich wieder zu einem kräftigen Kursanstieg, sind die Aktien bereits verkauft.

Dies zeigt erneut, dass ein aktiver Aktionär, der seine Papiere nicht als Daueranlage betrachtet, sondern vom Auf und Ab der Kurse an der Börse profitieren will, einen ständigen Balanceakt zwischen Sicherheit und Chancenmanagement vollziehen muss.

Bei der Verwendung von Stop-Loss-Aufträgen ist also grundsätzlich sowohl das Börsenumfeld als auch der zugrunde liegende Wert zu beachten. Kommt es aufgrund von externen Einflüssen (wie beispielsweise hohen Verlusten an ausländischen Börsen) zu kurzfristigen Kurseinbrüchen an der deutschen Börse, obwohl die grundsätzliche (fundamentale) Situation gut ist, kann es sinnvoll sein, auf einen automatischen Verkaufsauftrag zu verzichten. In einem solchen Fall sollte ein Anleger das tägliche Geschehen an der Börse aber besonders aufmerksam verfolgen und einen eventuell notwendig werdenden Verkauf durch einen kurzen Anruf bei der Bank oder Sparkasse selbst auslösen. Seit es die Möglichkeit gibt, die Kursentwicklung im Internet online zu verfolgen, ist diese Überwachung leichter geworden. Wird allerdings ein größerer Rückschlag befürchtet oder ist der Anleger zeitlich nicht in der Lage (wegen Beruf, Urlaub oder Krankheit), seine Papiere ständig im Auge zu behalten, kann ein Stop-Loss-Auftrag vor größeren Kursverlusten schützen oder erreichte Gewinne nach unten absichern.

WISO rät

Setzen Sie keine zu engen Grenzen: Ein Stop-Loss-Kurs sollte auf jeden Fall so gesetzt werden, dass keine Gefahr besteht, dass Sie die Aktien schon bei kurzfristigen Kursausschlägen, wie sie im Alltagsgeschäft ständig zu beobachten sind, verlieren.

Um das zu vermeiden, kann man beispielsweise den Stop-Loss-Kurs immer auf 10 bis 15 Prozent unter den aktuellen Kurs bei Auftragsvergabe legen. Dann besteht keine große Gefahr, dass der Auftrag aufgrund eher zufälliger, kleinerer Kursausschläge ausgelöst wird. Allerdings sollte auch dann die Kursentwicklung beobachtet werden. Bei steigenden Kursen sollte auch der Stop-Loss-Kurs nachgezogen werden. Andernfalls kann der schöne Gewinn wieder verloren gehen, ehe der automatische Verkaufsauftrag greift. Eine Anpassung nach unten, also eine Herabsetzung des Stop-Loss-Kurses, kann sinnvoll sein, wenn sich der Kurs der jeweiligen Aktie zwar der gesetzten Marke nähert, der Anleger aber schon eine deutliche Erholung erwartet. Wenn es allerdings erst einmal weiter bergab geht, ist es besser, die Aktie später billig zurückzukaufen.

Achtung!

Beachten Sie, dass automatische Verkaufsaufträge dazu führen können, dass die Spekulationsfrist von einem Jahr nicht eingehalten wird, die Aktien also vor Ablauf eines Jahres verkauft werden. Die dann fälligen Steuerzahlungen können die Verluste, die aus kurzfristigen Kursrückgängen entstehen können, unter Umständen weit übertreffen.

Zu den steuerlichen Aspekten siehe das Kapitel *Wie man Steuervorteile richtig nutzt* auf Seite 230. Solange eine Aktie jedoch nicht verkauft wurde, stehen Gewinne oder Verluste nur auf dem Papier und interessieren das Finanzamt nicht. Nur bei einem realisierten Wertzuwachs, also nur wenn Aktien, Anleihen, Fondsanteile oder Derivate auch tatsächlich verkauft wurden und aus dem virtuellen Gewinn ein realer geworden ist, kommt aus steuerlicher Sicht ein Spekulations- oder Veräußerungsgewinn zustande.

Stop-Buy: In diesem Fall heißt das kaufen

Das Instrument der Stop-Buy-Order ist ebenso wie der Stop-Loss-Auftrag seit 1989 in Deutschland zugelassen. Bei Stop-Buy-Orders gibt der Anleger seiner Bank den Auftrag, von einer bestimmten Aktie eine vorher festgelegte Zahl zu erwerben, wenn ihr Kurs einen festgelegten Wert erreicht oder überschreitet. Der vereinbarte Kurs wird in der Regel als Stop-Buy-Kurs beziehungsweise Stop-Buy-Marke bezeichnet. Die Bank erwirbt dann die vereinbarte Zahl von Aktien zum nächsten aktuellen Börsenkurs. Der Kurs, zu dem das Geschäft ausgeführt wird, kann dadurch sowohl etwas über als auch ein wenig unter dem vereinbarten Stop-Buy-Kurs liegen. Der Kurs, zu dem der Auftrag durchgeführt wird, kann hier ebenso wenig exakt limitiert werden wie bei Stop-Loss-Aufträgen.

Stop-Buy-Aufträge können jeder im Wertpapiergeschäft tätigen Bank oder jedem Brokerhaus erteilt werden. Voraussetzung ist allerdings, dass der Anleger dort ein Depotkonto führt. Auch für diese Dienstleistung verlangen Banken, Sparkassen oder Brokerhäuser Entgelte, die von Institut zu Institut unterschiedlich sein können.

Ein Anleger kann mithilfe von Stop-Buy-Aufträgen an einer plötzlichen Kursrallye teilnehmen, ohne den betreffenden Wert schon lange vor Beginn des aktuellen Kursanstiegs in seinem Depot haben zu müssen. Denn obwohl die Bezeichnung »Stop-Buy« den Eindruck erweckt, von dieser Grenze an dürfe nicht mehr gekauft werden, handelt es sich um ein Einstiegssignal. Vermutet ein Anleger beispielsweise, dass ein bestimmtes Unternehmen in nächster Zeit Ziel einer Übernahme durch ein anderes Unternehmen sein könnte, kann er einen Stop-Buy-Auftrag an seine Bank geben, dieses Papier ab einem bestimmten Kurs zu erwerben, den der Anleger als Zeichen für eine Übernahme wertet.

Problematisch bei Stop-Buy- wie auch bei Stop-Loss-Aufträgen ist, dass sie in extremen Börsensituationen, wie zum Beispiel bei einem sich anbahnenden Crash, verstärkend auf die ohnehin schon übertriebenen Kursbewegungen wirken können. Kommt es in einer Haussephase zu starken Kurssteigerungen, so werden diese durch eventuelle Stop-Buy-Aufträge weiter verstärkt. Sie sorgen für eine zusätzliche Erhöhung des Nachfragedrucks und damit für einen weiteren Anstieg der Kurse. Dadurch werden möglicherweise weitere Stop-Buy-Marken erreicht, was wiederum zu einer Verstärkung der Kursausschläge führt.

WISO rät

Stop-Buy-Aufträge eignen sich zur Absicherung von Optionsgeschäften, Sie können sie aber als auch als spekulatives Anlageinstrument nutzen. So können Sie beispielsweise als Verkäufer einer Kaufoption einen Stop-Buy-Auftrag für die der Option zugrunde liegende Aktie erteilen, sodass Ihr Verlustrisiko bei einem steigenden Kurs beseitigt oder zumindest stark eingeschränkt werden kann.

Gratisaktien und Stock-Splits

Gelegentlich spendieren Unternehmen ihren Aktionären Berichtigungs- oder Gratisaktien. Doch das sind in Wirklichkeit keine Geschenke. Es sind Aktien, die durch Umwandlung von Rücklagen in Grundkapital entstehen und unentgeltlich an die Aktionäre des betreffenden Unternehmens ausgegeben werden. Das Grundkapital wird um denselben Betrag erhöht wie die Rücklagen vermindert werden. Durch diese Kapitalerhöhung aus Gesellschaftsmitteln und der damit verbundenen Ausgabe von Berichtigungsaktien fließen dem Unternehmen daher auch keine zusätzlichen Eigenmittel zu. Es wird lediglich eine Position auf der Passivseite der Bilanz verringert (Rücklagen) und dafür eine andere Position um den gleichen Betrag erhöht (Grundkapital). Es kommt daher nur zu einer Veränderung der Struktur des Eigenkapitals, die Aktionäre erhalten also eigentlich nur etwas, das ihnen ohnehin schon gehört.

Da so die Zahl der ausgegebenen Aktien steigt, ohne dass sich das Vermögen der Gesellschaft ändert, sinkt in der Regel der Aktienkurs nach der Ausgabe der zusätzlichen Anteilscheine. Ein Vorteil aus der Sicht der Aktionäre kann aber sein, dass dadurch die Aktie optisch billiger erscheint und dadurch neue Käufer anlockt. Dadurch kann der Wert des Papiers an der Börse wiederum steigen.

Eine Kapitalerhöhung aus Gesellschaftsmitteln kann auch dann von Vorteil für die Aktionäre sein, wenn das Unternehmen die Dividende pro Aktie unverändert lässt, also nicht im Verhältnis zur Kapitalerhöhung reduziert. In diesem Fall erhält der Aktionär nach erfolgter Zuteilung der Berichtigungsaktien eine höhere Gesamtdividende als vor der Kapitalerhöhung (Anzahl der Aktien multipliziert mit der Dividende pro Aktie).

Solche Kapitalerhöhungen werden meistens dann vorgenommen, wenn die Rücklagen im Verhältnis zum Grundkapital übermäßig hoch sind oder wenn das Grundkapital im Verhältnis zur Gesamtbilanz zu niedrig wirkt. Die Ausgabe von Berichtigungsaktien unterscheidet sich daher vom so genannten Aktien-Split, bei dem das vorhandene Grundkapital nur neu aufgeteilt wird – allerdings ebenfalls mit dem Effekt, dass die Aktie optisch billiger wird.

Beim Aktien- oder Stock-Split werden die umlaufenden Aktien einer Gesellschaft eingezogen, entwertet und durch eine höhere Anzahl neuer Aktien ersetzt. Wie das Umtauschverhältnis gestaltet wird, kann jede Gesellschaft selber entscheiden. Das Splitting-Verhältnis von alten und neuen kann beispielsweise eins zu zwei oder eins zu drei, aber auch eins zu zehn betragen. Das hängt vor allem davon ab, wie »leicht« die neue Aktie gemacht werden soll. Wenn der Kurs zuvor bei 1000 Euro lag, wird sie selbst nach einem Split eins zu zehn optisch immer noch teuer sein. Erfolgreiche Unternehmen, deren Kurs an der Börse sehr stark gestiegen ist, greifen deshalb oft mehrfach hintereinander zu diesem Mittel. Andernfalls könnten kleine Anleger deren Aktien kaum noch kaufen.

Beispiel

Wenn beispielsweise eine Aktie wie Lindt&Sprüngli an der Börse in Zürich für 25445 Schweizer Franken gehandelt wird, dann schreckt das jeden durchschnittlichen Anleger vom Kauf eines so teuren Papiers ab. Nach einem Split eins zu tausend dagegen ist man eher bereit, einige Aktien des schweizerischen Schokoladenkonzerns in sein Depot zu legen. Der Anteil, den der einzelne Aktionär an dem Unternehmen hält, ändert sich durch einen Stock-Split nicht. Das Vermögen der Gesellschaft verteilt sich nur zahlenmäßig auf mehr Aktien als vorher. Wer schon vorher eine Aktie von Lindt&Sprüngli besaß, hat nun tausend davon im Depot.

Am Beispiel der Schokoladenaktie lässt sich wegen des hohen Kurses besonders gut zeigen, welchen Sinn Stock-Splits haben. Allerdings hatte in diesem Fall die Gesellschaft bisher wenig Interesse daran, mehr Kleinaktionäre anzulocken. Ganz anders bei Adidas.

Beispiel

Der fränkische Sportartikelhersteller kündigte im März 2006 an, dass er einen Aktien-Split eins zu vier plane. Zu diesem Zeitpunkt war Adidas mit einem Kurs von rund 160 Euro eine der am höchsten bewerteten Aktien im Dax und daher für viele Anleger nicht mehr in größerer Stückzahl erschwinglich. Gleichzeitig wurde zur Beschaffung frischen Kapitals die Ausgabe von 20 Millionen neuer Aktien geplant – was angesichts des dann optisch niedrigen Kurses bei privaten Anlegern sicher leichter zu schaffen war als vor dem Split.

Ein Stock-Split fällt an sich in die Kategorie »psychologische Verkaufsförderung«. Der Anstoß dazu kommt immer von der Gesellschaft. Grundsätzlich handelt es sich um eine anlegerfreundliche Maßnahme. Denn den Aktionären entstehen durch die Umwandlung keine Kosten, dafür aber oft Vorteile. Der Effekt einer optischen Verbilligung ist nämlich meist noch stärker als bei der Ausgabe von Gratisaktien. Da Splits in der Regel von Gesellschaften vorgenommen werden, deren Anteile ein besonders großes Kurspotenzial haben, werden durch den jetzt scheinbar niedrigeren Preis zusätzliche Anleger angelockt. Deren Käufe treiben den Wert des Papiers an der Börse dann in die Höhe. Bereits die Ankündigung eines Splits führt manchmal schon zu Kurssteigerungen. Für Anleger kann es sich daher unter spekulativen Gesichtspunkten lohnen, in solche Papiere zu investieren, bei denen ein Aktien-Split zu erwarten ist.

Bezugsrechte sind bares Geld wert

Etwas ganz anderes als Berichtigungsaktien oder Splits ist die Ausgabe so genannter »junger Aktien«. Hier geht es darum, dass sich das Unternehmen durch die Ausgabe zusätzlicher Anteilscheine frisches Geld besorgen möchte. Wenn von der Hauptversammlung nichts Gegenteiliges beschlossen wurde, haben die bisherigen Aktionäre dabei eine Art Vorkaufs- oder Bezugsrecht. Dadurch soll verhindert werden, dass sich die Mehrheitsverhältnisse ändern. Wenn es dagegen das ausdrückliche Ziel einer Kapitalerhöhung ist, einen starken Partner am Unternehmen zu beteiligen, muss die Hauptversammlung das gesetzliche Bezugsrecht ausdrücklich ausschließen.

Diese Bezugsrechte stellen ein Kaufrecht dar: Die Anteilseigner haben das Recht, aber nicht die Pflicht, zu jeder Aktie, die sie bereits besitzen, eine bestimmte Anzahl junger Aktien hinzuzuerwerben. Die Alt-Aktionäre müssen sich meist innerhalb von zwei bis drei Wochen entscheiden, ob sie ihr Bezugsrecht ausüben wollen oder nicht. Den Bezugspreis für die jungen Aktien legt das Management des Unternehmens fest. Er ist immer niedriger als der Kurs der alten Aktien, da es sich für die Anteilseigner sonst nicht lohnen würde, junge Aktien zu erwerben. Alt-Aktionäre sind durch diesen Abschlag (Disagio) im Vorteil gegenüber anderen Interessenten. Sie können entweder die neuen Aktien verbilligt beziehen oder ihre Bezugsrechte an der Börse verkaufen. Denn da nur diejenigen junge Aktien kaufen können, die über ein Bezugsrecht verfügen, kann mit diesem Recht gehandelt werden. Es hat einen eigenen Wert.

Um diesen Wert zu ermitteln, wird der Kurs der alten Aktie in Beziehung zum Preis der jungen Aktie gesetzt. Wenn eine alte Aktie an der Börse zum Preis von 100 Euro gehandelt wird, die jungen Aktien aber nur 80 Euro kosten, ist das Bezugsrecht 20 Euro wert. Solange die Frist bis zur Ausgabe der neuen Aktien läuft, wird das Bezugsrecht an der Börse wie ein selbstständiges Wertpapier gehandelt. Man kann es kaufen oder verkaufen. Der an der Börse notierte Kurs kann dabei vom rechnerischen Wert des Bezugsrechts abweichen. Denn ebenso wie bei den Aktien bestimmen auch beim Bezugsrecht allein Angebot und Nachfrage den Preis.

Der Bezugsrechtshandel wirkt sich auch auf den Kurs der alten Aktien aus. Mit Beginn der Bezugsfrist, also am ersten Handelstag, wird der rechnerische Wert des Bezugsrechts vom Kurs der alten Aktie abgezogen.

Beispiel

Wenn die Alt-Aktie mit 600 Euro notiert ist und das Bezugsrecht 50 Euro wert ist, sieht die Rechnung so aus: 600 Euro minus 50 Euro für das Bezugsrecht ergibt einen Kurswert von 550 Euro. Auch das eigentliche Bezugsrecht lässt sich leicht errechnen: Die Aktiengesellschaft besitzt im Beispielfall ein Grundkapital in Höhe von 300 000 Euro. Die Kapitalerhöhung soll 60 000 Euro betragen. Daraus ergibt sich ein Bezugsverhältnis von fünf zu eins: Wer fünf alte Aktien besitzt, kann eine junge Aktie beziehen. Wird der Börsenkurs der alten Aktie mit 600 Euro notiert und die neue Aktie wird für 300 Euro zum Bezug angeboten, ergibt sich rechnerisch der Wert des Bezugsrechts nach der folgenden Formel:

Wert des Bezugsrechts = Börsenkurs der alten Aktie minus Bezugspreis der neuen Aktie dividiert durch Bezugsverhältnis plus eins.

Bezogen auf das Beispiel also:

600 Euro – 300 Euro / (5 + 1) = 50 Euro.

Der rechnerische Wert des Bezugsrechts beträgt pro junge Aktie also 50 Euro.

Wenn der Altaktionär aus Geldmangel oder anderen Gründen kein Interesse am Bezug junger Aktien hat, kann er sein Recht verkaufen. Welcher Preis (Kurs) sich an der Börse erzielen lässt, hängt davon ab, ob das Interesse am Bezug junger Aktien bei den bisherigen Anteilseignern oder neuen Käufern groß oder klein ist. Die Entscheidung darüber, ob ein Aktionär sein Bezugsrecht ausübt, hängt nicht nur davon ab, wie er das Unternehmen und damit das Potenzial seiner Aktien einschätzt, sondern auch davon, ob er zum gegebenen Zeitpunkt überhaupt über die notwendigen Mittel zum Kauf junger Aktien verfügt.

Wenn Sie Ihrer Bank keine Weisung geben, wie mit dem Bezugsrecht verfahren werden soll, wird es am Ende der Frist automatisch verkauft und der Erlös auf Ihr Konto überwiesen. Selbst wenn Sie es vergessen haben sollten, im Urlaub waren oder aus anderen Gründen Ihrer Sparkasse oder Bank keine Weisung erteilt haben, müssen Sie nicht fürchten, plötzlich einen Haufen Geld für junge Aktien auf den Tisch legen zu müssen.

Neben den Fragen, ob für die Ausübung des Bezugsrechts genügend Geld zur Verfügung steht und ob es sich mit Blick auf die zukünftige Kursentwicklung überhaupt lohnt, noch mehr Geld in das Unternehmen zu investieren, muss auch geprüft werden, ob ein Kauf im Hinblick auf die aktuelle Zusammensetzung des eigenen Depots sinnvoll erscheint. Denn der Spruch, dass man »nicht alle Eier in einen Korb legen soll«, gilt auch für die Strukturierung der persönlichen Geldanlage.

WISO rät

Denken Sie regelmäßig über die Struktur Ihrer Geldanlage nach, damit Sie zu einem ausgewogenen Verhältnis von Risiko und Chance kommen, nicht abhängig von der Entwicklung einer bestimmten Branche werden und damit Sie gegebenenfalls ohne Probleme und Verluste wieder an liquide Mittel kommen können.

Nebenwerte sind keine Nebensache

Viele Sparer haben nur die Aktien der großen, international bekannten Unternehmen im Blickfeld, die »Blue Chips«, die im Dax oder Stoxx vertreten sind, oder lassen sich von den spekulativen Kurssprüngen junger Aktien blenden. Dabei bieten auch die so genannten Nebenwerte oft große Chancen. Das gilt insbesondere dann, wenn Anleger an einer ordentlichen Dividendenrendite interessiert sind oder mehr zur Daueranlage als zum Trading (dem relativ kurzfristigen Wechsel zwischen den jeweiligen Favoriten) neigen. Bei den Nebenwerten oder Small Caps geht es um die Anteilscheine mittelgroßer, oft schon seit Jahrzehnten existierender Unternehmen, die auch von professionellen Analysten häufig vernachlässigt werden.

Anleger, die den Nervenkitzel ständiger Kursänderungen weniger schätzen, dafür aber an regelmäßigen und angemessenen Dividenden interessiert sind, sollten sich bei den zahlreichen Nebenwerten im In- und Ausland umsehen. Unter Berücksichtigung des Halbeinkünfteverfahrens (siehe das Kapitel *Wie man Steuervorteile richtig nutzt* auf Seite 230) kann ein Investment in kleine Aktiengesellschaften lohnender sein als Anleihen und gleichzeitig auf mittlere und lange Sicht auch noch erfreuliche Kursgewinne bescheren, die nach Ablauf der Spekulationsfrist steuerfrei kassiert werden können.

Viele Nebenwerte fristen an den Börsen ein Schattendasein. Großanleger meiden sie wegen ihrer geringen Markt- oder Börsenkapitalisierung, die den Kauf oder Verkauf größerer Pakete schwer machen. Private Anleger kennen die Gesellschaften oft nicht. Informationen über sie sind nur schwer zu bekommen. Dabei finden sich unter den mittelgroßen Unternehmen sehr ertragsstarke Gesellschaften. Oft wendet sich das Interesse der Analysten und Kleinaktionäre ihnen erst dann zu, wenn nach einem längeren Kursanstieg die »Blue Chips« ausgereizt erscheinen und bei den trendigen Aktien die Kurse solche Höhen erreicht haben, dass ein Rückschlag zu befürchten ist.

Da ist dann derjenige in einer guten Position, der rechtzeitig in die Märkte der Small und Mid Caps investiert hat. Für langfristig orientierte Anleger bieten sie auch deshalb oft interessante Perspektiven, weil das Kurs/Dividendenverhältnis bei vielen sehr günstig ist. Während bei Dax-Werten das Kurs-Gewinn-Verhältnis (KGV) bei 20 und mehr liegen kann, ist es bei den Small Caps oft nicht höher als zehn oder zwölf (zum KGV und Kurs/Dividendenverhältnis siehe die entsprechenden Abschnitte im Kapitel *Nützliche und »handliche« Analyseinstrumente*). In Zeiten sehr niedriger Zinsen wie 2003 sind die Dividendenrenditen solcher Titel deshalb oft deutlich höher als die von Geldmarktfonds oder Bundesanleihen. Außerdem muss wegen des Halbeinkünfteverfahrens nur die Hälfte der Dividende versteuert werden.

WISO rät

Lassen Sie die Profis suchen. Die interessanten Nebenwerte auf dem deutschen und erst recht auf dem europäischen Aktienmarkt, in Japan oder den USA sind für private Anleger oft nur schwer ausfindig zu machen. Deshalb bietet sich hier der Kauf spezieller Fonds an, die dem Wertpapiersparer die Qual der Wahl abnehmen. Außerdem sorgt die breite Streuung der Fondsanlage dafür, dass sich ein Fehlgriff nicht so stark auswirkt wie bei einem privaten Anleger.

Vermögensstruktur: Auf die Mischung kommt es an

Für jeden Sparer sollten die Erfahrungen der Jahre 2000 bis 2003 eine Lehre sein: Beim Aufbau eines Wertpapierdepots sollte immer darauf geachtet werden, eine ausgewogene Zusammensetzung der darin enthaltenen Risikopapiere und Renditetitel zu erreichen. Neben Aktien sollten deshalb auch andere Formen der Geldanlage nicht vergessen werden. Andernfalls kann eine Branchenkrise oder eine allgemeine und vielleicht für längere Zeit anhaltende Schwächephase an der Börse zu argen finanziellen Problemen führen.

Wenn nicht schon ein gewisses Vermögen vorhanden ist oder eine Erbschaft den Start erleichtert, wird es beim Einstieg in das Wertpapiersparen meist schwer sein, auf eine ausgewogene Zusammensetzung der im Depot enthaltenen Wertpapiere und anderer Vermögenswerte zu achten. Das ist dann allenfalls durch den Kauf von Fondsanteilen zu erreichen, deren Anlagepolitik sowohl auf Sicherheit als auch auf die Nutzung von Renditechancen setzt (mehr dazu im Kapitel *Geldanlage in Fonds* auf Seite 163). Mittel- und langfristig sollte aber für die gesamte Vermögensanlage eine ausgewogene Mischung angestrebt werden.

Das gilt insbesondere dann, wenn die Vermögensbildung der Altersvorsorge, dem Ansparen für einen späteren Hauskauf, der Sicherung von Familienangehörigen oder dem Aufbau einer Rücklage dienen soll. Dann kommt es nämlich darauf an, dass neben den Vermögenswerten, die im Hinblick auf eine deutliche Wertsteigerung (also chancenorientiert) oder aus spekulativen Gründen erworben wurden, auch solche Anlageformen vertreten sind, die geringen Wertschwankungen unterliegen, eine sichere Rendite bringen und jederzeit auch wieder »versilbert« werden können, wenn Bargeld gebraucht wird.

Achtung!

Es kann immer passieren, dass ein Teil des spekulativ angelegten Geldes zumindest theoretisch verloren ist, weil der derzeitige Kurs deutlich unter dem Einstandspreis liegt. Wenn Sie dann dringend Geld benötigen, kann es sein, dass Sie bestimmte Wertpapiere – oder nach einem Crash vielleicht sogar alle – nur mit einem hohen Verlust verkaufen können.

Die ideale Depot- und Vermögensstruktur gibt es jedoch nicht. Denn was im Einzelfall »ideal« ist, hängt unter anderem vom jeweiligen Einkommen, vom Alter und Gesundheitszustand, von der familiären Situation und den Erwartungen ab, die später im Ruhestand an den Lebensstandard gerichtet werden. Wichtig ist auch, ob Sie dann auch mit einer Rente plus einer Betriebsrente, einer berufsständischen Versorgung, der Auszahlung einer Lebensversicherung oder einer Erbschaft rechnen können. Vielleicht müssen Sie den Vermögensaufbau aber auch ganz aus eigener Kraft stemmen.

Schon diese wenigen Beispiele zeigen, dass es kein Patentrezept für eine optimale Anlagestruktur geben kann. Hinzu kommt, dass auch das individuelle Risikoprofil höchst unterschiedlich ist. Wer nachts keinen Schlaf mehr findet, sobald an der Börse die Kurse dreimal hintereinander nach unten gehen, sollte Risikopapiere jeder Art von vornherein meiden. Die für Sie passende Risikostruktur gehört deshalb neben der Diskussion Ihrer Anlageziele zu den wichtigsten Punkten, die jeder seriöse Berater im Gespräch mit Ihnen klären muss, ehe er mit speziellen Empfehlungen kommt. Aber sie sollten sich auch selber darüber Klarheit verschaffen und sich nicht allein auf das Urteil eines Beraters verlassen.

WISO rät

Sie erkennen einen seriösen Anlageberater daran, dass er immer erst versuchen wird, sich ein Bild von seinen Kunden zu machen: Um wie viel Geld geht es? Welche Vermögenswerte sind bereits vorhanden (Immobilien, Pension, Lebensversicherung)? Wird ein Teil des Geldes zu einem bestimmten Zeitpunkt benötigt? Welche Erfahrungen hat der Kunde mit Börsengeschäften? Zu welchem »Risiko-Typ« gehört er? Wie ist seine Lebenssituation?

Kreditinstitute sind gesetzlich verpflichtet, dies zunächst zu erkunden und neue Kunden auch sorgfältig über die Risiken bestimmter Anlageformen aufzuklären. Wenn Sie das Gefühl haben, dass ein Anlageberater diese Pflichten nicht ernst nimmt und nur von hohen Gewinnen schwärmt, sollten Sie das Gespräch abbrechen und sich nach einem wirklichen Experten umsehen (siehe dazu auch das Kapitel *Berater: Wem man vertrauen kann* auf Seite 35).

Prüfsteine für den richtigen Vermögensaufbau

Auch wenn es keine Patentrezepte gibt, so gibt es doch einige Anhaltspunkte, die bei der individuellen Planung als »Prüfsteine« dienen und den längerfristigen Überlegungen zugrunde gelegt werden können. Hilfreich ist zunächst eine grobe Unterteilung in vier Kategorien:

- Kasse,
- Reserve,
- Vermögen,
- »Spielgeld«.

Kasse

Auf dem Konto sollte so viel sein, dass kleinere unvorhergesehene Ausgaben jederzeit bewältigt werden können, ohne gleich teure Kredite (dazu zählt der »Dispo« und erst recht der sehr teure Überziehungskredit!) in Anspruch genommen werden müssen. Oft lässt sich dieses Geld allerdings auch so anlegen, dass es bei kurzfristiger Verfügbarkeit wenigstens einen bescheidenen Zinsertrag bringt. Das gute alte Sparbuch, besser noch ein Tagesgeldkonto oder ein Geldmarktfonds sind dafür geeignet.

Reserve

Dazu sollten Geldanlagen dienen, die nicht jederzeit, aber doch relativ kurzfristig verfügbar gemacht werden können. Auch wenn größere Anschaffungen oder Ausgaben (Auto, der Urlaub im nächsten Jahr) vorhersehbar sind, sollten sie aus einer solchen Reserve finanziert werden. Hier bieten sich neben Geldmarktfonds oder Termingeld vor allem Anleihen mit mittlerer Laufzeit und Bundesschatzanweisungen (»Bundesschätzchen«) an, von denen ausreichend große Beträge ohne Kursverluste in Bares umgewandelt werden können. Warum soll das Geld nicht so lange Zinsen bringen, bis es gebraucht wird?

Vermögen

Hier können Aktien oder Aktienfonds den Schwerpunkt bilden, weil diese Papiere bei einer langfristigen Anlagestrategie die höchsten Erträge erwarten lassen. Aber auch hier heißt es: Nicht alles auf eine Karte setzen, sondern eine sinnvolle Depotstruktur anstreben. Das bedeutet, dass nicht nur Aktien aus verschiedenen Branchen und Ländern, sondern auch Fondsanteile und Anleihen angemessen berücksichtigt werden müssen. Das trägt zur Risikostreuung bei und erhöht gleichzeitig die Chancen, weil die wirtschaftliche Entwicklung nicht überall gleich verläuft. Wenn die Unternehmen einer Branche etwas lahmen, boomt es vielleicht woanders. Wenn es in Deutschland nicht gelingt, die Wirtschaft durch Reformen wieder fit zu machen, brummt das Geschäft möglicherweise in Indien oder China. Sehr sinnvoll ist es auch, neben dem Geld- und Wertpapiervermögen auch Rohstoffe und Gold mit in die Strukturplanung aufzunehmen (siehe weiter unten).

Immobilien sind ebenfalls eine Form der Geldanlage, die Stabilität ins Depot bringt. Dazu muss man nicht gleich ein ganzes Haus kaufen. Ein Immobilienvermögen kann auch mit kleineren Beträgen durch den Kauf von Anteilen an Immobilienfonds aufgebaut werden. Aber Vorsicht bei »geschlossenen Fonds«: Die Anteile sind vor Ablauf der Festlegungsfrist meist nur schwer wieder zu verkaufen. Bei Immobilienaktien gibt es diese Einschränkung nicht. Sie sind daher eine interessante Variante, da sie die Flexibilität einer Aktienanlage mit der Sicherheit von Grundbesitz kombinieren. Der eigene Grunderwerb (Eigentumswohnung, Grundstück, Einfamilienhaus) ist ebenfalls eine wichtige Form der Vermögensbildung. Wer schon über »sicheren« Grundbesitz verfügt, kann den Aktienanteil am Gesamtvermögen etwas höher ansetzen.

»Spielgeld«

Wenn die Punkte oben berücksichtigt sind, kann auch ein Teil der verfügbaren Mittel für etwas gewagtere Spekulationen eingesetzt werden. Bei entsprechender Risikobereitschaft kann es in Anlageformen mit großem Kurssteigerungspotenzial (aber auch entsprechenden Verlustrisiken) investiert werden. Dazu zählen Aktien junger, innovativer Firmen, wie sie früher am Neuen Markt (heute im TecDax) oder an der Nasdaq in New York gehandelt werden. Sie können auch mal etwas Geld riskieren, indem Sie Anteile an Unternehmen erwerben, die in einer akuten Krise stecken, denen Sie es aber zutrauen, die Probleme zu meistern. Nach einem Turnaround winken in solchen Fällen schnelle und hohe Kurssteigerungen. Natürlich gehören auch die so genannten Derivate zu den Papieren, mit denen Sie außergewöhnliche Gewinne erzielen, aber auch alles verlieren können. Deshalb darf hier immer nur ein kleiner Teil der verfügbaren Mittel investiert werden.

WISO rät

Wenn Sie als Berufsanfänger gerade erst mit dem Vermögensaufbau beginnen oder auch sonst erst jetzt mit Blick auf die schwindsüchtige Rentenversicherung anfangen, sich eine eigene Alterssicherung aufzubauen, können Sie nicht von Beginn an eine optimale Streuung Ihrer Geldanlagen erreichen, da Sie sich sonst zu sehr verzetteln und die Kosten die Erträge auffressen. Aber Sie sollten sich dennoch von Beginn an Ziele setzen und sich mit Ihren Anlageentscheidungen schrittweise an das Optimum heranarbeiten. Wer ein Haus baut, setzt ja auch jeden Stein und jeden Balken nach Plan und wirft nicht alles einfach auf einen Haufen.

Der richtige Mix schafft das optimale Depot

Auch für die Struktur des eigentlichen Wertpapierdepots gelten ganz ähnliche Überlegungen wie für die Verteilung der vorhandenen Mittel insgesamt. Neben Blue Chips, wie die Aktien renommierter, wirtschaftlich gesunder großer Unternehmen genannt werden (dazu zählen die meisten der im Dax oder Stoxx gelisteten Gesellschaften) kann das Depot auch Wachstumswerte enthalten. Darunter versteht man vor allem Aktien von Unternehmen, die mit innovativen Produkten und Dienstleistungen zu rasch steigenden Umsätzen und Erträgen kommen könnten – Hoffnungswerte also. Auch auf eine ausgewogene Branchenstruktur muss geachtet werden. Wer nur Banktitel besitzt, weil dort gerade die Kurse besonders kräftig steigen, wird voll erwischt, wenn zum Beispiel durch eine Bankpleite oder eine neue Schuldenkrise in Südamerika in Europa oder sogar weltweit die Finanztitel unter Druck geraten.

Außer Aktien aus dem Euroraum, Japan oder den USA können unter dem Gesichtspunkt »Chancenmanagement« auch Papiere im Depot sein, die aus den »Emerging Markets« kommen. Dazu zählen nach der Jahrtausendwende vor allem die osteuropäischen Staaten, Indien und China, aber auch Lateinamerika. Hier ist es für den durchschnittlichen Anleger allerdings außerordentlich schwer, einzelne Werte einzuschätzen, da über Unternehmen aus diesen Regionen bei uns nur selten berichtet wird. Deshalb empfiehlt es sich, den darauf spezialisierten Fondsmanagern die Auswahl der einzelnen Werte zu überlassen.

Das kann sich lohnen: Wer 2003 oder 2004 Anteile an Fonds erworben hat, die ihr Geld in Russland, der Türkei und Polen anlegten, konnte sich Anfang 2006 über eine Verdreifachung seines Einsatzes freuen. Investments in die »BRIC-Länder« (Brasilien, Russland, Indien, China) brachten innerhalb eines Jahres einen Zuwachs von 152 Prozent. Ein Fonds, der sich auf Lateinamerika spezialisiert hat, bescherte seinen Kunden zwischen 2004 und 2006 eine Wertsteigerung um 255 Prozent. Es macht hier wenig Sinn, einzelne Fondsnamen zu nennen, da es immer vom Zeitpunkt des Einstiegs abhängt, wie und wo sich derartig erfreuliche Ergebnisse erzielen lassen. Die Beispiele zeigen aber, was mutige Anleger erreichen können, die schon zu einem Zeitpunkt wieder kaufen, wenn die meisten anderen Sparer nur an Flucht denken.

Natürlich darf man auch in Haussezeiten, wenn fast alle Kurse täglich mehr oder weniger stark steigen, nicht allein auf Aktien setzen, sondern sollte auch Anleihen im Depot haben. Je nach dem Zeitpunkt von Kauf und Verkauf lassen sich auch damit Kursgewinne erzielen – und das sogar steuerfrei, wenn dazwischen mindestens ein Jahr verstrichen ist. Außerdem werden regelmäßig Zinsen überwiesen, und am Ende der Laufzeit wird garantiert der volle Betrag zurückgezahlt, wenn der Kreditnehmer ein solider Schuldner ist. Dazu zählen die EU-Staaten ebenso wie die USA oder Japan. Auch bei Unternehmen, die von den so genannten Rating-Agenturen geprüft und für gut befunden wurden, ist es sehr unwahrscheinlich, dass sie ihre Schulden nicht pünktlich begleichen. Ganz ausgeschlossen werden kann das bei lang laufenden Anleihen aber nie.

Neben soliden Anleihen (mit einem AAA-Rating) können auch Hochzinsanleihen bis hin zu den »Junk-Bonds« liegen. Das sind Anleihen, von denen nicht völlig sicher ist, ob der Schuldner sie auch wirklich zurückzahlen kann.

Für diese Ungewissheit muss er die Anleger mit hohen Zinsen entschädigen. In diesem Fall ist es übrigens auch wieder besser, Anteile an Fonds zu kaufen, die in solche Hochprozenter investieren. Denn da sie ihre Mittel viel breiter streuen können, als dies einem einzelnen Anleger möglich ist, und weil die darauf spezialisierten Manager die Sicherheit der Schuldner professioneller bewerten können, wirkt sich der Totalverlust bei einer Anleihe weniger gravierend aus, als wenn man selber dort (zu) groß eingestiegen ist.

Bei Gold, das früher – und oft auch heute noch – immer als Bestandteil eines ausgewogenen Depots genannt wurde, ist zu der gleichen Vorsicht zu raten wie bei Aktien (dazu mehr im folgenden Kapitel). Ähnliche Überlegungen gelten für Diamanten, die zudem oft auch noch von Betrügern aus dem Bereich des Grauen Kapitalmarkts angeboten werden und sich später als kaum verkäuflich oder sogar als ganz wertlos erweisen.

Gold: Ein »Wert an sich«?

Das gelbe Edelmetall wird in Form von Münzen und Barren gehandelt. Barren sind die reinste Form, da sie einen Goldgehalt von 999 Promille haben. Es gibt sie in Gewichtsklassen von 5 Gramm bis 12 Kilogramm. Je kleiner der Barren, umso größer ist der Aufschlag, den die Anbieter für die Herstellung verlangen (zwischen 1 bis 8 Prozent). Wichtig ist der Prägestempel einer seriösen Schmelze und der Erwerb über eine Bank, um das Risiko von Fälschungen zu vermeiden.

Richtig ist: Gold war über Jahrhunderte der Inbegriff von Wert und Wertbeständigkeit und wurde in zahlreichen Staaten zunächst physisch als Geld und später als Deckungsgarantie für die umlaufenden Zahlungsmittel verwendet (Gold- und Goldkernwährung). Auch private Sparer haben Gold, Silber und Platin gehortet, weil es die einfachste und meist auch beste Möglichkeit war, liquides Vermögen zu bilden. Es war als Medium der Wertaufbewahrung besonders gut geeignet, weil es nicht beliebig vermehrbar ist (wie Papiergeld, wenn seine Produktion durch die Notenbank nicht strikt limitiert wird) und weil es in Notzeiten entweder auf der Flucht vor Feinden mitgenommen oder – ohne Schaden zu nehmen – für lange Zeit vergraben oder in anderer Form versteckt werden konnte.

Falsch ist, dass Gold immer seinen Wert behält. Aus der Gier nach dem edlen Metall, das im Lauf von Jahrhunderten zum Symbol für Reichtum wurde, entstand der »Mythos des Goldes«, der auch heute noch dazu führt, dass Gold von vielen Sparern als eine besonders wertvolle und wertbeständige Form der Geldanlage betrachtet wird. Das ist aber leider nicht der Fall. Der Goldpreis, der in die Höhe schoss, nachdem die USA 1980 die Bindung des Dollars an eine festgelegte Menge Gold aufgegeben hatten, stürzte schon bald wieder ab und fiel danach über viele Jahre fast kontinuierlich.

Selbst in normalen Zeiten besteht eine hohe Verlustgefahr, wenn Gold oder andere »ewige Werte« wie Diamanten als »Zahlungsmittel für alle Fälle« im Haus aufbewahrt werden. Zwar ist nur so garantiert, dass man im Krisenfall schnell an seine Schätze herankommt. Leider gilt die leichte Erreichbarkeit in diesem Fall aber auch für Ganoven. Sofern das Horten von Gold nicht als Liebhaberei (insbesondere in Form von Münzen, Schmuck und Medaillen) geschieht oder in Krisenregionen als die einzige Möglichkeit gesehen wird, Vermögenswerte bei der Flucht zu retten, muss Gold als Anlagemedium aber ebenso kritisch betrachtet werden wie alle anderen Formen der Geldanlage:

- Gold bringt keine Zinsen oder sonstigen Erträge.
- Gold verursacht Lager- und Versicherungskosten oder ist bei persönlicher Verwahrung in höchstem Maße diebstahlgefährdet.
- Beim Erwerb in Deutschland muss, anders als bei Wertpapieren, Mehrwertsteuer gezahlt werden. Das mindert den möglicherweise bei einem Steigen des Goldpreises zu erwartenden Ertrag.
- Goldmünzen (immer noch in einigen Ländern offiziell ein gesetzliches Zahlungsmittel) haben An- und Verkaufspreise, die in den Tageszeitungen veröffentlicht werden. Der jeweilige Preis hängt an der Goldpreisentwicklung plus einen kleinen Aufschlag. Als gesetzliche Zahlungsmittel unterliegen sie nicht der Mehrwertsteuer, bringen aber ebenfalls keinen Zinsertrag. Ihr Preis fällt, wenn auch der Goldpreis sinkt.
- Goldmedaillen sind »Liebhaberstücke«, die ebenso wie Goldschmuck zu Preisen verkauft werden, die weit über dem Metallwert liegen. Als Geldanlage sind sie daher auf keinen Fall zu empfehlen. Ein Wiederverkauf ist – wie bei allen Medaillen – nur selten (oder nur zum geringen Materialwert) möglich.

Diese Nachteile wurden in den 80er und 90er Jahren des vorigen Jahrhunderts nicht durch entsprechende Preissteigerungen aufgewogen. Im Gegenteil: Jahrzehntelang hatte die US-Notenbank durch entsprechende An- und Verkäufe dafür gesorgt, dass der Goldpreis exakt 35 Dollar je Feinunze (31,1035 Gramm) betrug. Seit dem Höchststand von rund 850 Dollar je Feinunze, der kurz nach der Freigabe des Goldpreises im Jahr 1980 erreicht wurde, ist er bis zum Ende der 90er Jahre auf rund 250 Dollar gefallen. Trotz des Kriegs im Irak und anderer Krisen lag der Preis für die Feinunze Gold auch Mitte 2003 erst wieder bei 345 Dollar. Das war nach mehr als 20 Jahren nicht einmal die Hälfte des damals erreichten Spitzenwertes. Auch Anfang 2006 war er trotz eines kräftigen Anstiegs mit rund 550 Dollar je Feinunze immer noch weit davon entfernt.

Das war natürlich nur für Anleger, die seit Jahrzehnten auf ihren einst teuer eingekauften Goldhorten sitzen, eine schmerzliche Feststellung. Wer erst 2002 eingestiegen ist, konnte sich schon 2004 über eine Verdopplung seines Einsatzes freuen. Auch danach ging es immer weiter bergauf, und diese erfreuliche Entwicklung wurde im Euro-Raum zeitweise dadurch noch kräftig verstärkt, dass der Dollar gegenüber dem Euro an Wert gewann. Denn da Gold in Dollar notiert wird, ergab dies beim Verkauf noch einen kleinen Extragewinn. Das zeigt wieder einmal: Ob eine Geldanlage Gewinn bringt, hängt in hohem Maße davon ab, dass für den Ein- und Ausstieg der richtige Zeitpunkt gefunden wird

Edelmetall in Form von Papier

Gold zum Anfassen ist schön, aber aus der Sicht von Anlegern teuer und unpraktisch. Wer mit Gold Geld verdienen will, sollte deshalb das Edelmetall besser in Form von Papier besitzen.

WISO rät

Kaufen Sie statt Gold Aktien von Goldminen, Goldoptionen, Goldzertifikate oder Fonds, die in Goldwerte investieren. Das spart Mehrwertsteuer und Lagerkosten, vermindert das Diebstahlrisiko und ist viel bequemer.

Dass sich ein solches Investment mehr als lohnen kann, lässt sich an der Wertentwicklung von Fonds ablesen, die in Goldwerte investieren. So erreichte der erst Mitte 2005 aufgelegte MLIIF World Gold Fund, der in Aktien von Goldminen investiert, bis Anfang 2006 einen Wertzuwachs von über 50 Prozent – was natürlich keine Garantie dafür ist, dass es immer so weitergeht. Auch über einzelne Goldminenaktien können Anleger indirekt an der Entwicklung des Goldmarktes teilnehmen.

Wie man die richtigen Aktien findet

An der Börse wird »Zukunft gekauft«. Es ist nicht wichtig, welche Aktie gestern gestiegen ist, wie viel ein Unternehmen im vergangenen Jahr an Dividende gezahlt hat, ob der Vorstand früher die richtigen Entscheidungen getroffen hat oder ob vor einem Monat wichtige Innovationen auf den Markt gebracht wurden. Das alles ist längst in den Kursen enthalten oder »eingepreist«. Entscheidend ist, was für die Zukunft zu erwarten ist: Werden Umsätze und Gewinne steigen, sind neue Produkte »in der Pipeline«, sind Belastungen durch starke Lohn- oder Steuererhöhungen zu befürchten? Oft sind Gerüchte stärker als Fakten – jedenfalls für eine gewisse Zeit. Denn: Allein die Erwartungen der Anleger bestimmen den Preis, zu dem die Aktien gehandelt werden. Es gibt verschiedene Mittel und Wege, die richtigen Aktien zu finden.

Wenn Sie eine Antwort auf die Frage suchen, welche Aktien die besten Chancen bieten, sollten Sie sich nicht nur im Inland, sondern auch im Ausland umsehen. Als Anleger können Sie heute selbst mit bescheidenen Summen global agieren. Sie können aber sowohl im In- als auch im Ausland nach dem Kriterium vorgehen: Welche Unternehmen zahlen gute Dividenden, die dem Anleger auch in Zeiten geringer Kursbewegungen einen angemessenen Ertrag bringen? Die Dividendenrendite ist oft bescheiden, bei manchen Unternehmen aber deutlich höher als bei Anleihen und zudem oft auch unter steuerlichen Aspekten interessant.

Wenn Sie bei solchen Überlegungen auf interessante Unternehmen stoßen, die nicht im Euro-Währungsraum angesiedelt sind, sondern in den USA, Japan oder Großbritannien, sollten Sie allerdings auch das Währungsrisiko im Auge behalten. Wechselkursänderungen können Ihren Gewinn erhöhen, aber auch deutlich senken.

Da die Mittel des einzelnen Anlegers begrenzt sind und die Zahl der angebotenen Wertpapiere in Deutschland groß, innerhalb der Europäischen Union riesig und unter Einschluss der amerikanischen und asiatischen Börsen sogar unübersehbar ist, muss immer eine Auswahl zwischen den möglichen Kandidaten getroffen werden. Dies gilt erst recht, wenn auch die noch jungen Börsen in den mittel- und osteuropäischen Ländern oder in Lateinamerika in die Überlegungen mit einbezogen werden. Je weiter entfernt die Unternehmen sind, je exotischer die Länder, umso schwieriger ist es aber für den normalen Anleger, die Spreu vom Weizen zu trennen.

Jeder Aktiensparer möchte natürlich einen größtmöglichen Erfolg mit seiner Anlage erzielen, die Renner unter den Aktien entdecken und um die Fußkranken einen großen Bogen machen. Doch schon hier scheiden sich die Geister. Denn es geht nicht nur darum, ob eher kurz- oder überwiegend langfristige Anlageziele verfolgt werden, sondern auch um die Frage, ob in der Hoffnung auf einen höheren Ertrag auch ein höheres Risiko akzeptiert werden soll.

WISO rät

Im Zweifel sollte Sicherheit vor Ertrag gehen. Nur bei dem Teil Ihrer verfügbaren Mittel, den Sie als »Spielgeld« betrachten, können Sie auch mal eine Wette auf eine höhere Rendite eingehen. Aber selbst da sollten Sie nicht die Börse mit dem Roulette verwechseln. Dazu haben Sie Ihr Geld viel zu sauer verdient und brauchen es viel zu sehr für Ihre soziale Sicherheit im Alter.

Wenn Sie sich bei der Suche nach den Perlen nicht allein bei den Dax-Werten umsehen wollen, die je nach dem Zeitpunkt des Einstiegs auch ansehnliche Vermögenszuwächse bescheren können, dann finden Sie dazu im folgenden Kapitel Hinweise.

Aber auch hier gilt: Entscheidend für den Anlageerfolg ist nicht allein die Aktie, sondern der Zeitpunkt zu dem sie gekauft wird. Denn wenn der Kurs von Siemens bei 77 Euro steht, dann kann das für den einen Aktionär einen schönen Gewinn bedeuten, für den anderen aber einen herben Verlust. Denn der eine hat sie vielleicht vor einem Jahr für 58 Euro gekauft, der andere vor ein paar Wochen für 83 Euro. Wenn beide zum gleichen Zeitpunkt verkaufen, stehen unter dem Strich zwei höchst unterschiedliche Ergebnisse.

Warum Aktienanalyse wichtig ist

Es ist ganz ähnlich wie beim großen Gesundheitscheck: Eine Analyse allein reicht dem Arzt nicht aus, um sich ein abschließendes Urteil zu bilden. Erst ein Check »auf Herz und Nieren« erlaubt ein fundiertes Urteil über den Gesamtzustand. Das gilt auch bei der Bewertung von Aktien: Keines der Kriterien sollte allein als Maßstab genommen werden. Erst in ihrer Kombination geben sie dem Anleger eine brauchbare Hilfestellung. An Analyseinstrumenten herrscht dabei kein Mangel. Die Frage ist nur, welche davon wirklich sinnvoll sind und was sie dem Anleger sagen.

Zur Bewertung der Chancen einer Geldanlage an der Börse gehört neben einem genauen Blick auf die zur Wahl stehenden Aktien immer auch ein Blick auf die Gesamtwirtschaft. Denn die Kursentwicklung hängt stark von der Verfassung des gesamten Aktienmarktes und der wirtschaftlichen Lage ab: von der erwarteten Zinsentwicklung, der Arbeitslosenquote, der Lohnentwicklung und anderen wichtigen volkswirtschaftlichen Kennziffern. Dazu gehören der Preisindex für die Lebenshaltung, die staatliche Verschuldungsquote oder die Entwicklung der Devisenkurse – denn die wiederum beeinflussen die Exportchancen der Unternehmen. Ein wichtiger Faktor neben diesen exakt messbaren Größen ist auch die Stimmung in der Wirtschaft. Sehen Unternehmer und Manager mit Optimismus in die Zukunft oder blasen sie eher Trübsal? Die Veröffentlichung des ifo-Geschäftsklima-Index, der regelmäßig die Stimmungslage in den Führungsetagen misst, beeinflusst daher weltweit die Kursentwicklung.

Weltweit Einfluss auf die Kursentwicklung haben auch die jeweiligen »Vorgaben« der großen Börsenplätze Tokio, Frankfurt, London und New York, denn der Handel folgt dem Lauf der Sonne: Wenn sich in Tokio der Börsentag dem Ende zuneigt, beginnt er in Europa. Ehe in Frankfurt die letzten Aufträge abgewickelt worden sind, beginnt in New York das Spiel von Angebot und Nachfrage.

Mehr als jede andere Börse beeinflusst die Stimmung an der Wall Street das weltweite Börsenklima. Der Dax kann auch am Ende eines guten Tages zum Schluss ins »Minus drehen«, wenn in New York die Kurse stark fallen – und umgekehrt. Und wenn wichtige US-Unternehmen ihre Gewinnprognosen nach unten revidieren, dann fallen oft auch in Paris, London oder Frankfurt die Kurse. Das kann auch Aktien von Unternehmen in Mitleidenschaft ziehen, die in ganz anderen Branchen zu Hause sind. Selbst wenn die gesamtwirtschaftlichen Daten in Deutschland oder in der Europäischen Währungsunion positiv sind, kann ein durch plötzlich aufkommende Zinsängste ausgelöster Kursrutsch an der Wall Street an europäischen Börsen eine Verkaufswelle auslösen. Umgekehrt kann ein kräftiger Kurssprung an der Wall Street die deutschen Börsen aus einer tagelangen Lethargie reißen.

Nicht immer ist die Wall Street Schuld. Auch ein Börsencrash in Asien – wie im Oktober 1997 in Hongkong – kann einen weltweiten Kursrutsch auslösen, dem sich kein Wertpapiermarkt ganz entziehen kann. Gelegentlich schafft das auch ein einzelner Unternehmer. Als sich Ende 2005 herausstellte, dass ein junger Mann, der in Japan zeitweise als wirtschaftlicher Wunderknabe gefeiert worden war, vor allem Luftschlösser gebaut hatte, brachte das nicht nur in Japan den lange ersehnten Kursaufschwung erst einmal wieder zum Stillstand. Die Welle der Kursverluste erreichte auch Europa und die USA.

Emotionen statt Fakten? Ängste oder überzogene Hoffnungen können an der Börse – wenn auch in Fällen wie oben meist nur kurzfristig – die so genannten »fundamentalen Faktoren« überlagern. Langfristig bestimmen diese jedoch die grundlegende Tendenz der Kursentwicklung. Deswegen ist es wichtig, sich zumindest mit den Grundlagen der Aktienanalyse zu beschäftigen. Das gilt vor allem dann, wenn man nicht als kurzfristig agierender Spekulant oder »Day-Trader« versucht, durch schnelle Käufe und Verkäufe von Tagesschwankungen zu profitieren, sondern längerfristig definierte Anlageziele verfolgt.

Aktienanalyse ist die systematische Untersuchung kursrelevanter Informationen mit dem Ziel einer Prognose des künftigen Verlaufs des Aktienkurses. Banken, Fonds, Versicherungsgesellschaften und andere Kapitalsammelstellen versuchen, mithilfe geeigneter Verfahren zu analysieren, welche Aktien in Zukunft die besten Renditen erwarten lassen. Sie agieren schließlich selber auf den Aktienmärkten und verwalten Milliardenbeträge im Auftrag ihrer Kunden. Von Banken und Sparkassen wird zudem erwartet, dass ihre Berater sachkundige Auskünfte und Anlagetipps geben können, die ihren Kunden zu den erhofften Renditen verhelfen.

Auch Privatanleger, die ihre Dispositionen weitgehend selber treffen, versuchen, sich aufgrund der vorliegenden gesamtwirtschaftlichen Daten, der verfügbaren Unternehmensnachrichten und einer Analyse der für sie interessanten Aktien ein eigenes Urteil zu erarbeiten. Vermögensverwalter, die Sparkassen und Banken, Investmentfonds und Versicherungen beschäftigen Heerscharen von Spezialisten, die sich mit der Analyse von Aktien und anderen Wertpapieren beschäftigen, um Erkenntnisse für den Eigenhandel und die Beratung ihrer Kunden zu gewinnen.

Fundamentalanalyse und technische Analyse

Es gibt zwei grundlegende Formen der Aktienanalyse: die Fundamentalanalyse und die technische Analyse, die oftmals mit dem Begriff Chartanalyse gleichgesetzt wird. Daneben gibt es noch eine Reihe wichtiger Kennziffern – wie Kurs-Gewinn-Verhältnis, Dividendenrendite, Betafaktor oder Volatilität –, die bei der Betrachtung einzelner Aktien wichtige Hinweise auf deren Potenzial liefern (mehr dazu in den folgenden Kapiteln).

Fundamentalanalyse und technische Analyse unterscheiden sich stark voneinander. Während sich die Fundamentalanalyse vor allem mit der betreffenden Aktiengesellschaft und ihrem wirtschaftlichen Umfeld beschäftigt, setzt die technische Analyse ganz auf die Untersuchung von börsenbezogenen Daten, wie beispielsweise die Kursentwicklung der Vergangenheit, das Angebots- und Nachfrageverhalten nach dem betreffenden Papier sowie den gehandelten Volumina (Umsatz) der jeweiligen Aktie. Obwohl beide Teilgebiete ihre eingeschworenen Anhänger haben, kann man nicht von *der* richtigen Methode sprechen.

Achtung!

> Sowohl bei der Fundamentalanalyse als auch bei der technischen Analyse handelt es sich nicht um streng wissenschaftliche Verfahren. Sie unterliegen Unsicherheiten, die Ergebnisse geben nur Hinweise auf theoretisch mögliche Kursentwicklungen!

Ein sicheres Instrument zur Vorhersage von Kursentwicklungen gibt es nicht – nicht zuletzt wegen des Faktors »Emotion«. Hinzu kommen unkalkulierbare politische Ereignisse – von der Ankündigung von Steuererhöhungen über Regierungswechsel bis hin zu Unruhen und Kriegen. Wäre die Kursentwicklung genau kalkulierbar, würde es nur noch »todsichere Tipps« geben. Alle Anleger würden zur gleichen Zeit entweder kaufen oder verkaufen, die Gewinnchancen wären minimiert.

Trotzdem können Analyseinstrumente dabei helfen, die Gewinnchancen zu erhöhen und das Verlustrisiko zu reduzieren. Wenn beispielsweise die Bank- oder Autoaktien generell steigen oder fallen, hilft es, wenn man jeweils die relativ besten der Branche besitzt. Bei der Suche danach helfen die Analyseinstrumente.

Die Fundamentalanalyse

Mithilfe der Fundamentalanalyse wird versucht, die Auswirkungen wirtschaftlicher und konjunktureller Einflüsse auf den Börsenkurs einer speziellen Aktie, einer Branche oder des gesamten Aktienmarktes zu erfassen. In das Gesamtergebnis der Fundamentalanalyse fließen die Ergebnisse aus drei Teilbereichen ein: Konjunkturanalyse, monetäre Analyse und Unternehmensanalyse.

Konjunkturanalyse

Hier geht es um die Untersuchung der voraussichtlichen gesamtwirtschaftlichen Entwicklung einer Volkswirtschaft, einer bestimmten Region (wie etwa der EU) oder der gesamten Weltwirtschaft. Dabei wird davon ausgegangen, dass der Gewinn eines Unternehmens nicht nur von seiner Stellung im Markt, der Qualität seiner Produkte und den Fähigkeiten der Mitarbeiter und des Managements abhängt, sondern auch von seinem wirtschaftlichen Umfeld. Ein Unternehmen, das Konsumgüter herstellt, wird zum Beispiel umso geringere Umsätze und damit in der Regel auch geringere Gewinne machen, je mehr Menschen arbeitslos sind und je geringer das verfügbare Einkommen ist.

Neben so offensichtlichen Zusammenhängen werden auch komplexere Wechselwirkungen analysiert. So hat man festgestellt, dass es bei einem rückläufigen Bruttosozialprodukt häufig zu einer expansiven Geldpolitik der Zentralbank (früher der Bundesbank, heute der Europäischen Zentralbank, EZB) kommt. Eine expansive Geldpolitik, also der Anstieg der Geldmenge, führt im Allgemeinen zu einem Rückgang der Zinsen. Das ist gut für den Aktienmarkt: Bei sinkenden Zinsen für Anleihen und andere festverzinsliche Werte steigen viele Anleger auf Aktien um.

Deshalb sollten Sie darauf achten, ob von der EZB Signale für Zinserhöhungen oder Zinssenkungen kommen. Weil steigende Preise über kurz oder lang dazu führen, dass die EZB den Leitzins erhöht, sind starke Preissteigerungsraten für Aktionäre immer ein erstes Alarmsignal: Zinserhöhungen drohen. Deshalb kommt es oft zu einem Kursrückschlag, wenn die Statistiker eine höhere Inflationsrate melden.

Ähnliches gilt, wenn in den USA steigende Beschäftigtenzahlen gemeldet werden. Angesichts der geringen amerikanischen Arbeitslosenquote kann das auf eine drohende Überhitzung der Wirtschaft hinweisen – die wiederum die US-Zentralbank durch Zinserhöhungen zu verhindern sucht. Die Folge: Anleger fürchten Kursverluste, verkaufen Aktien – und lösen dadurch den Kursrutsch tatsächlich aus.

Monetäre Analyse

Während die Konjunkturanalyse bevorzugt zur Bestimmung langfristiger Anlagestrategien verwendet wird, untersucht die monetäre Analyse die Auswirkungen, die die Entwicklung von Geldmenge und Zins auf den Aktienmarkt haben. Die monetäre Analyse beruht auf der Überlegung: Wenn viel und billiges Geld im Markt ist (niedrige Zinsen!), entsteht Anlagedruck. Das Geld muss investiert werden, und das kommt auch dem Aktienmarkt zugute. Knappes und teures Geld (hohe Zinsen!) macht es den Unternehmen schwer, Investitionen zu finanzieren und ihre Produkte zu verkaufen. Das hat sinkende Umsätze und Gewinne zur Folge. Viele Anleger wollen deshalb verkaufen, um ihr Geld in die nun höher verzinsten Anleihen zu investieren. Ergebnis: die Aktienkurse fallen, die Anleihekurse steigen.

Unternehmensanalyse

Dies ist aus Sicht der Anleger der wichtigste Teilbereich der Fundamentalanalyse. Hier geht es um die Prognose der Kursentwicklung einzelner Aktien. Untersucht wird neben der gegenwärtigen wirtschaftlichen Situation vor allem die künftig zu erwartende Entwicklung einer Aktiengesellschaft. Der Unternehmenswert wird dabei anhand zahlreicher Faktoren und Quellen bestimmt. Dazu gehören die Gewinn- und Verlustrechnung, die Bilanz, der Geschäftsbericht und Aussagen des Managements über die künftige Strategie. Auch innovative Produkte, die noch »in der Pipeline sind«, können bei der Bewertung eine Rolle spielen. Besonders bei Unternehmen aus der Pharmabranche spielt das eine wichtige Rolle.

Der so ermittelte Wert des Unternehmens wird durch die Anzahl der ausgegebenen Aktien dividiert. Das ergibt den so genannten »fairen Wert« der Anteile. Liegt er unter dem aktuellen Börsenkurs der Aktie, deutet dies auf entsprechendes Kurspotenzial hin.

Achtung!

Wenn der aktuelle Kurs weder dem aktuellen noch dem erwarteten künftigen »fairen Wert« entspricht, ist die Aktie spekulativ überbewertet. Hier sollten Sie als Aktionär hellhörig werden und sich überlegen, ob es nicht an der Zeit ist, zu verkaufen – ehe auch alle anderen merken, dass das Papier zu teuer ist.

Es kann aber auch sein, dass die anderen Anleger trotzdem an den Aktien festhalten, weil sie die Übernahme durch einen Konkurrenten erwarten. Denn der könnte bereit sein, die Anteile zu einem Preis zu erwerben, der über dem von den Analysten ermittelten fairen Wert liegt.

Technische Analyse

Bei der technischen Analyse wird versucht, das Kurspotenzial eines Wertpapiers allein aus Entwicklungen in der Vergangenheit zu erklären. Im Gegensatz zur Fundamentalanalyse ist sie vollständig losgelöst von der wirtschaftlichen Lage des betreffenden Unternehmens (Gewinn, Umsätze, Stellung im Markt, Innovationen) und der gesamtwirtschaftlichen Entwicklung. Die technische Analyse konzentriert sich ausschließlich auf Börsendaten. Dazu gehören insbesondere die bisherige Kursentwicklung und die Börsenumsätze mit diesem Wert, aber auch die Entwicklung der Indizes wie Dax oder Stoxx, die die Entwicklung des Gesamtmarktes widerspiegeln.

Ein wichtiges Instrument ist die so genannte Chartanalyse. Dazu wird das Angebots- und Nachfrageverhalten in verschiedenen Varianten grafisch dargestellt. Dabei werden auf der horizontalen Achse die Zeit und auf der vertikalen Achse die Kurswerte eingetragen. Aus dem Verlauf der Kurven, Balken oder Punkte werden Schlüsse auf die künftige Kursentwicklung gezogen. Es gibt drei Hauptformen der Darstellung: Liniencharts, Balkencharts und Point-&-Figure-Charts.

Liniencharts

Hier werden die Schlusskurse des beobachteten Papiers auf der vertikalen Achse eingetragen. Es entsteht eine Kurve oder Linie, die den Kursverlauf während des betrachteten Zeitraums darstellt.

Balkencharts

Bei einem Balkenchart werden pro Zeiteinheit (Tag, Woche oder Monat) der Höchst- und Niedrigstkurs sowie Eröffnungs- und Schlusskurs eingetragen. Balkencharts geben mehr Auskunft über die täglichen Schwankungen – und damit über Verhalten von Angebot und Nachfrage – als Liniencharts.

Point-&-Figure-Charts

Diese Form des Charts dient dazu, das Wechselspiel von Angebot und Nachfrage grafisch darzustellen. Hierzu werden Kursbewegungen, solange sie in eine Richtung gehen, über- oder untereinander mit jeweils demselben Symbol (meist eine 0 für Kursrückgänge und ein X für Kurssteigerungen) eingetragen. Sobald es zu einem Richtungswechsel kommt, fängt man eine neue Reihe an, bis es erneut einen Richtungswechsel gibt.

Aktienkurse verlaufen selten kontinuierlich auf- oder abwärts. Sie weisen vielmehr Wellenbewegungen auf, die jedoch einem Trend folgen. Das können Sie erkennen, wenn Sie sich am Computer (mit dem Programm WISO-Börse, siehe weiter unten, oder bei einem der Anbieter von Börseninformationen im Internet) nicht nur den tatsächlichen Kursverlauf darstellen lassen, der oft ein hektisches Auf und Ab zeigt, sondern dadurch zum Beispiel eine 30-Tage-Linie legen, die an jedem Punkt den Durchschnittskurs der jeweils letzten 30 Tage wiedergibt. Häufig verwendet wird daneben auch eine 200-Tage-Linie, die aus den täglichen Ausschlägen eine noch stärker geglättete Trendlinie macht. So erkennt auch ein noch wenig geübter Anleger sofort, welchem Trend die Kursentwicklung folgt: ob der Kurs steigt, fällt oder offenkundig ein Richtungswechsel stattfindet. Das sagt weit mehr aus als der Blick auf den jeweiligen Tageskurs mit seinen Zufälligkeiten.

Achtung!

Eine noch so kontinuierlich steigende Linie ist jedoch keine Garantie dafür, dass es in den kommenden Wochen oder Monaten so weitergeht!

Wenn zum Beispiel bekannt wird, dass das Unternehmen bei Bilanzmanipulationen erwischt wurde, dass ein wichtiges Patent angefochten wird oder ein teurer Schadensersatzprozess droht, kann der Kurs von einem auf den anderen Tag einbrechen. Das zeigt, dass man neben der abstrakten Kurvenbetrachtung immer auch die reale Welt und ihre Nachrichten im Auge behalten muss.

Ziel der Chartanalyse ist es, diesen Trends frühzeitig auf die Spur zu kommen. Es wird analysiert, ob der Kurs der beobachteten Aktie in Wellenbewegungen steigt oder fällt. Chartanalysten werden die betreffende Aktie kaufen, wenn sie einen Aufwärtstrend entdeckt zu haben glauben. Sie lassen sich dann auch nicht von kurzfristigen Wellenbewegungen nach unten irritieren. Sie werden sich erst wieder von dem Papier trennen, wenn sie beobachten, dass es zu einer Trendumkehr gekommen ist und der Kurs nun längerfristig einem Abwärtstrend folgt. Kurzfristig orientierte Chartanalysten werden unter Umständen auch versuchen, innerhalb der einzelnen »Wellen« zu spekulieren, also auf dem unteren Wendepunkt einer Welle (Bottom) zu kaufen und am oberen Wendepunkt (Top) wieder zu verkaufen.

Typisch für die technische Analyse ist, dass bestimmte Formationen oder grafische Bilder, die in der Vergangenheit zu bestimmten Kursverläufen geführt haben, zur Prognose zukünftiger Kurse verwandt werden. Chartanalytiker gehen davon aus, dass bestimmte grafische Bilder auf ganz bestimmte Kursverläufe in der Zukunft hindeuten. Daraus werden Signale für Kauf oder Verkauf abgeleitet. Sie erstellen mithilfe von Lineal und Bleistift komplizierte Grafiken, in denen Kenner dann Kopf-Schulter-Formationen, Rechteck-, Dreieck-, Flagge- oder Wimpel-Formationen, Nackenlinien, Widerstands- oder Unterstützungspunkte erkennen und darüber sinnieren, ob der Kurs sie in absehbarer Zeit nach unten oder oben durchbrechen könnte. Zu jeder dieser Formationen empfehlen Chartisten bestimmte Strategien. Daraus leiten sie dann ihre Kauf- oder Verkaufsempfehlungen ab.

Hinter dieser auf den ersten Blick merkwürdig erscheinenden Prognosetechnik steht die Überzeugung, dass sich die große Mehrzahl der Börsianer in ähnlichen Situationen immer wieder gleich verhält. Diese Verhaltensmuster spiegelt der Kursverlauf der Aktie nach Meinung der Chartisten wider. Wer die typischen Formationen richtig deutet, kann daraus Trendprognosen ableiten: über steigende oder fallende Kurse und über das Ausmaß dieser Veränderungen.

Die Problematik liegt allerdings darin, dass die jeweilige Formation rechtzeitig erkannt und anschließend zum richtigen Zeitpunkt gehandelt werden muss. Auch hier wird wieder vorausgesetzt, dass sich die Mehrzahl der Anleger wieder so verhalten wird, wie es in der Vergangenheit beobachtet wurde. Selbst wenn sie es wieder so tun (würden), können aktuelle Nachrichten den tatsächlichen Kurs in eine ganz andere Richtung bewegen.

Technische Indikatoren

Neben der Chartanalyse spielt im Rahmen der technischen Aktienanalyse auch die Interpretation von technischen Indikatoren eine wichtige Rolle. Hierbei handelt es sich um mathematische Kennzahlen, deren Werte auf bestimmte Kursbewegungen hindeuten sollen. Zu den technischen Indikatoren gehören beispielsweise: der gleitende Durchschnitt, das Momentum, die relative Stärke und der Betafaktor (siehe weiter unten). Die Ergebnisse der mathematischen Berechnungen werden erneut in Charts eingetragen und zu interpretieren versucht.

Zu den bekanntesten technischen Analyseinstrumente zählen die Wertpapier-Indizes (wie Dax, Stoxx, Rex, Dow Jones). Aus den Kursen einer großen Zahl von Wertpapieren (wie Aktien, Anleihen oder Pfandbriefe) werden täglich fortlaufend Durchschnittswerte errechnet. Dann wird die Kursentwicklung einzelner Aktien oder Aktienfonds mit der Entwicklung des Wertpapier-Index verglichen. Sie können dadurch als Über- oder Unterperformer erkannt werden. Aus den Unterschieden zur Entwicklung des Index lassen sich unter Umständen auch Schlüsse auf die künftige Entwicklung der Papiere ziehen.

Die Berechnung, Erstellung und Interpretation von Charts und technischen Indikatoren hilft nur dann, wenn sie sehr sorgfältig vorgenommen werden. Deshalb müssen sich Anleger, die diese Analyseinstrumente nutzen wollen, sehr intensiv damit beschäftigen. Sie versprechen nur dann Erfolg, wenn der Investor damit genug Erfahrungen gesammelt hat, um Fehlinterpretationen so weit wie möglich auszuschließen.

WISO rät

Sie sollten sich nie auf die Aussage nur eines Analyseinstruments verlassen. Nutzen Sie möglichst viele, um so die Fehlerwahrscheinlichkeit zu reduzieren.

Gerade bei der Chartanalyse, die einen gewissen wissenschaftlichen Eindruck vermittelt, aber eher eine »Kunst« ist, muss davor gewarnt werden, sich blind darauf zu verlassen – selbst wenn ein ausgewiesener Kenner die Kurvenbilder auswertet. Sichere Aussagen können damit nicht getroffen werden – allein schon deshalb nicht, weil sich die Anleger ihre gute oder schlechte Stimmung von den Analysten oft einfach nicht verderben lassen wollen. Es geht nur um Wahrscheinlichkeiten. Das Risiko, auf das falsche Pferd zu setzen, lässt sich nie ganz ausschließen. Allerdings: Wenn viele Anleger sich nach den Charts richten, kann die erwartete Entwicklung nach dem Prinzip der »self-fulfilling prophecy« tatsächlich eintreten.

Nützliche und »handliche« Analyseinstrumente

Neben der recht anspruchsvollen Fundamentalanalyse und der technischen Analyse, die man Fachleuten überlassen sollte, auf deren Aussagen Sie sich bei Ihren eigenen Überlegungen stützen können, gibt es eine Reihe von Einzelinstrumenten, die auch ein »normaler« Anleger kennen und nutzen sollte. Für den Umgang damit sind keine umfangreichen Vorkenntnisse erforderlich.

Die Dividendenrendite

Der für den Aktionär bestimmte Ertrag einer Aktie im Verhältnis zu ihrem aktuellen Kurs ist eine der am häufigsten verwendeten Kennzahlen zur Bewertung und zum Vergleich von Aktien. Die Dividendenrendite setzt die vom Unternehmen gezahlte Dividende in ein Verhältnis zum Kurs der Aktie. Berechnet wird sie in Prozent des Aktienkurses.

Beispiel

Eine Dividende von 1,20 Euro ergibt bei einem aktuellen Börsenkurs von 31 Euro eine Rendite von 3,87 Prozent.

Die Dividendenrendite kann sowohl auf Basis der zuletzt gezahlten Dividende als auch mit Blick auf die erwartete (oder bereits angekündigte) künftige Dividende berechnet werden. Die Höhe der Dividendenrendite wächst mit steigender Dividende und/oder fallendem Aktienkurs. Umgekehrt sinkt die Dividendenrendite, wenn das Unternehmen seine Gewinnauszahlung kürzt oder der Aktienkurs steigt. Bei der Berechnung wird nämlich immer gefragt, mit welcher Rendite ein Anleger rechnen kann, der das Papier aktuell kauft.

Wenn Sie die Aktie bereits besitzen, können Sie bei der Berechnung Ihrer persönlichen Rendite natürlich von dem Kurs ausgehen, zu dem Sie das Papier erworben haben.

Beispiel

Wenn Sie beispielsweise 2003 eine Aktie von ThyssenKrupp auf dem Tiefpunkt der Kursentwicklung für 7,50 Euro gekauft haben, dann bedeutet eine im Jahr 2006 gezahlte Dividende von 75 Cent für Sie eine

Rendite von 10 Prozent auf Ihr eingesetztes Kapital. Da lohnt sich die Überlegung, ob man diese Aktie nicht als dauerhafte Geldanlage behalten sollte, denn eine so gute Verzinsung ist mit soliden Anleihen nicht zu erreichen. Anders sieht die Rechnung für einen Anleger aus, der erst im März 2006 Aktionär von ThyssenKrupp geworden ist. Zu diesem Zeitpunkt musste pro Aktie ein Kurs von 22,93 Euro gezahlt werden. Da errechnet sich bei 75 Cent Gewinnausschüttung nur noch eine Dividendenrendite von 3,16 Prozent.

Achtung!

Aktien sind keine Papiere mit fester Verzinsung. Schon ein Jahr später kann die Rechnung ganz anders aussehen!

Da die Dividendenrendite lediglich von zwei Faktoren abhängt, ist ihr Aussagewert nur begrenzt. Es muss immer gefragt werden, was hinter der errechneten Rendite steckt. Eine hohe Dividendenrendite kann sich ergeben, wenn das Kursniveau der betrachteten Aktie im Vergleich zur ausgeschütteten Dividende relativ niedrig ist. Der Grund kann eine Unterbewertung der Aktie sein – was die Chance auf künftige Kurssteigerungen erhöht (wie im Beispiel ThyssenKrupp). Es kann aber auch daran liegen, dass der Kurs deshalb niedrig ist, weil das Unternehmen in wirtschaftliche Schwierigkeiten geraten ist. Dann ist es vielleicht gar nicht mehr in der Lage, erneut eine so hohe Dividende zu zahlen wie im Vorjahr. Neben sinkenden Gewinnausschüttungen ist daher auch mit einem weiteren Kursverfall zu rechnen. Wer in einem solchen Fall allein auf die Dividendenrendite schielt, macht einen schweren Fehler.

Das bedeutet umgekehrt, dass auch eine niedrige Dividendenrendite hinterfragt werden muss. Sie kann auf eine Überbewertung der betreffenden Aktie an der Börse hindeuten, die früher oder später nach unten korrigiert wird. Kursverluste drohen. Eine niedrige aktuelle Dividendenrendite kann aber auch darauf zurückzuführen sein, dass die Anleger sehr gute Geschäftsergebnisse erwarten, die eine höhere Ausschüttung als im Vorjahr erlauben. Sie haben sich deshalb mit dieser Aktie eingedeckt. Deshalb werden Dividendenrenditen von Wertpapieranalysten auch häufig auf der Basis der von ihnen erwarteten Gewinne und der daraus resultierenden Dividendenzahlungen in den nächsten Jahre errechnet. So kann der Anleger prüfen, ob der derzeitige Kurs angesichts der vermuteten wirtschaftlichen Entwicklung des Unternehmens zu niedrig oder zu hoch ist.

WISO rät

Nicht nur bei der Auswahl von Aktien kann die Beobachtung der Dividendenrendite von Nutzen sein. Aktien mit hoher Dividendenrendite können auch eine interessante Alternative zu Anleihen oder Schuldverschreibungen sein, auch unter steuerlichen Aspekten.

In Zeiten einer allgemein schwachen Börse können Investments in Aktien mit hoher Dividendenrendite selbst ohne Kursgewinne einen besseren Ertrag bringen als festverzinsliche Papiere. Dem Aktionär bleibt überdies die Hoffnung auf eine Erholung der Kurse.

WISO rät

Die Dividendenrendite – oder entsprechende Vergleichstabellen – müssen Sie nicht selber berechnen. Sie finden Sie in vielen Tageszeitungen und auch bei zahlreichen Anbietern im Internet. Bei OnVista zum Beispiel können Sie auf einen Blick feststellen, wie hoch die Dividendenrendite der im Dax, Stoxx, CAC und zahlreicher anderer in- und ausländischer Indizes erfassten Unternehmen gemessen am aktuellen Kurs jeweils ist (http://aktien.onvista.de).

Der Kehrwert der Dividendenrendite, das so genannte Preis-Dividenden-Ratio, drückt aus, wie viel der Anleger heute für 1 Euro an Dividende zahlen muss, die er in Zukunft erhält. Ein Preis-Dividenden-Ratio von 15 zeigt also, dass der Anleger für 1 Euro Gewinnanteil beim Kauf der Aktie heute 15 Euro zahlen muss. Damit ist das Preis-Dividenden-Ratio dem Kurs-Gewinn-Verhältnis sehr ähnlich. Man sollte hier aber beachten, dass diese Kennziffer entweder auf der zuletzt gezahlten Dividende beruht – dann gibt es keine Gewissheit, ob auch in Zukunft wieder so viel gezahlt wird – oder auf Schätzungen, die ebenfalls unsicher sind.

Da eine Bewertung von Aktien aufgrund der Dividendenrendite zu falschen Schlüssen führen kann, müssen weitere Kennzahlen herangezogen werden. Dazu gehört beispielsweise das Kurs-Gewinn-Verhältnis, die Standardabweichung oder Volatilität einer Aktie oder der so genannte Betafaktor (siehe dazu die folgenden Kapitel). Außer den Kennziffern sollte sich ein Anleger aber immer auch die Wirtschaftsnachrichten, Geschäftsberichte und die von Banken veröffentlichten Analysen ansehen, um ein abgerundetes Bild zu gewinnen.

Das Kurs-Gewinn-Verhältnis (KGV)

Neben der Dividendenrendite zählt das Kurs-Gewinn-Verhältnis (KGV) zu den am meisten verwendeten Kennzahlen zur Bewertung und zum Vergleich von Aktien. Es gibt das Verhältnis zwischen dem erwirtschafteten Gewinn pro Aktie und dem Kurs dieser Aktie wieder. Das KGV zeigt also, wie viel der Käufer einer Aktie im Verhältnis zum künftigen Gewinn dieser Aktiengesellschaft bezahlen muss. Der Gewinn pro Aktie ergibt sich aus dem Jahresüberschuss geteilt durch die Zahl der ausgegebenen Aktien. Der Jahresüberschuss eines Unternehmens ist in der zum Geschäftsbericht des Unternehmens gehörenden Gewinn- und Verlustrechnung zu finden. Aber beachten Sie: Im Unterschied zur Dividendenrendite handelt es sich hier nicht um den Gewinn, der an die Aktionäre ausgeschüttet wird, sondern um den gesamten Überschuss des Unternehmens, der zum Teil für andere Zwecke (wie Investitionen oder Rücklagen) verwendet wird.

Beispiel

Hat eine Aktie ein KGV von 20, muss der Käufer dieser Aktien für 1 Euro zukünftigen Gewinn heute 20 Euro bezahlen. Anders ausgedrückt: Wenn die Aktie an der Börse 600 Euro kostet und das Unternehmen einen Gewinn von 30 Euro je Aktie erwirtschaftet, wird sie mit dem 20fachen bezahlt.

Neben dem KGV, das auf dem im vergangenen Jahr erwirtschafteten Gewinn basiert, wird häufig auch ein KGV auf Basis zukünftiger, von Analysten geschätzter Gewinne errechnet. Schließlich interessiert es den Anleger beim Kauf der Aktie vor allem, wie viel ein Unternehmen in der Zukunft verdienen wird. Die Gewinne der Vergangenheit sind ihm weniger wichtig. Für sich allein genommen sagt ihm das KGV allerdings wenig. Die Kennziffer hilft dem Anleger nur dann bei der Auswahl einer Aktie, wenn er sie mit dem KGV anderer Unternehmen vergleicht. Erst dann sieht er, ob sie vergleichsweise billig oder teuer ist.

So kann ein Anleger, der sich in der Chemiebranche engagieren will, mithilfe des KGV vergleichen, ob die Aktien der BASF billiger sind als die von

Bayer oder Henkel. Denn ob die eine Aktie an der Börse 63, die zweite 32 und die dritte 96 Euro kostet, sagt nichts darüber aus, welche von ihnen am billigsten ist. Das kann durchaus die Henkel-Aktie mit 93 Euro sein, wenn ihr KGV niedriger ist. Wenn ein Anleger die künftige Ertragskraft der drei Unternehmen etwa gleich einschätzt, sollte er die Aktie kaufen, deren Kurs-Gewinn-Verhältnis am niedrigsten ist.

WISO rät

Hierzu finden Sie zahlreiche Informationen im Internet. Sehr übersichtlich geordnet finden Sie das KGV der in den unterschiedlichsten Indizes enthaltenen Unternehmen bei OnVista (http://aktien.onvista.de/top-flop).

So mussten zum Beispiel im März 2006 die Aktien von SAP mit dem 29fachen des Jahresgewinns bezahlt werden; bei der Deutschen Telekom reichte das 12fache, bei TUI das 8fache. Extrem teuer war die im SDax notierte EM-TV-Aktie. Sie kostete das 83fache des Jahresgewinns. Anleger, die solche Aktien kaufen, sollten sehr gute Gründe dafür haben.

Achtung!

Sie sollten sich bei einer Kaufentscheidung auch hier nicht auf die Aussagekraft einer einzelnen Kennzahl verlassen – zumal das KGV sehr stark von Sondereinflüssen abhängig ist.

Zudem muss beachtet werden, dass der Aktienkurs nicht nur die Höhe der aktuell erwirtschafteten oder der zukünftigen Gewinne widerspiegelt, sondern auch andere Faktoren. Dazu gehören beispielsweise die im Unternehmensbesitz befindlichen Vermögenswerte, stille Reserven sowie die Anfälligkeit des Kurswerts für konjunkturelle Schwankungen.

Oft haben auch irrationale Faktoren Einfluss auf die Kursentwicklung bestimmter Aktien und damit auf das KGV. So ist der Kurs der Bayer-Aktie zwischen 1999 und 2001 im Vergleich zu vielen anderen Werten kaum gestiegen, obwohl die Gesellschaft ihre Erträge sowie ihre Wettbewerbsposition stetig verbessert hatte. Als Grund hierfür wurde von Analysten der so genannte Konglomeratsabschlag genannt. Dieser Abschlag vom Unternehmenswert wird damit begründet, dass ein Unternehmen nicht nur auf seinem Kerngebiet tätig ist, sondern mehrere wirtschaftliche Schwerpunkte hat. Das lässt sich auch so interpretieren, dass unter einem Firmennamen mehrere, voneinander weitgehend unabhängige Unternehmen existieren.

Solche Betrachtungsweisen und Bewertungsideologien sind modeabhängig und ihr Sinn kann angezweifelt werden. Denn während heute die Konzentration auf »Kernaktivitäten« ganz im Vordergrund steht, wurden zu anderen Zeiten Unternehmen bevorzugt, die mehrere »Standbeine« besaßen. Das kann sich auch wieder ändern.

Neben dem KGV für einzelne Aktien werden auch Kurs-Gewinn-Verhältniszahlen für Indizes oder ganze Börsen berechnet. Hierbei wird der jeweilige Aktienindex durch die Gewinne aller Aktien geteilt. Ein solches KGV kann bei der Beurteilung der Gesamtverfassung eines Marktes helfen. So kann man bei einem besonders niedrigen KGV darauf schließen, dass die Anleger die Gewinnchancen der an der jeweiligen Börse gehandelten Aktien besonders pessimistisch eingeschätzt haben, die wirkliche Lage aber deutlich besser ist. Wenn auch andere Kennziffern und Indikatoren darauf hindeuten, dass der jeweilige Markt im Vergleich zu anderen Börsen noch billig ist, kann das ein Zeichen dafür sein, dass sich interessante Einstiegschancen bieten. Ein niedriges KGV kann hingegen aber auch auf eine bevorstehende Wirtschaftskrise hindeuten.

Die Berechnung des KGV für einen Index kann helfen, einen erreichten Indexstand besser zu beurteilen.

Beispiel

Anfang 2006 kletterte der Dax zum ersten Mal seit fünf Jahren wieder über den Stand von 6000 Punkten. Daraus den Schluss zu ziehen, dass der Aktienmarkt ebenso überhitzt sei wie damals, wäre aber voreilig gewesen. Ende der 90er Jahren stürmten die Kleinanleger massenhaft auf den Markt und die Kurse wurden immer weiter in die Höhe getrieben. Kaum jemand fragte danach, ob sie noch etwas mit den wirtschaftlichen Realitäten zu tun hatten. Die aber sahen 1998 ganz anders aus als 2006. Gemessen an ihren Erträgen waren die im Dax vertretenen Unternehmen damals überbewertet. 2006 ist die Profitabilität der 30 Dax-Unternehmen deutlich höher als um die Jahrtausendwende, und das KGV ist daher günstiger. Das zeigt erneut: Börsendaten müssen immer hinterfragt werden, wenn sie dem Anleger wirklich helfen sollen. Bei gleichem Indexstand kann der Dax mal teuer, mal günstig sein. Es kommt eben immer darauf an, was tatsächlich im Korb ist.

Volatilität: Die »Flatterhaftigkeit« von Aktien

Die Dividendenrendite oder das KGV geben Anhaltspunkte für die Abschätzung künftiger Erträge bei einem langfristigen Engagement in einer bestimmten Aktienanlage. Sie sagen aber nichts darüber aus, welchen Kursrisiken diese Aktie ausgesetzt ist. Um zu einer ausgewogenen Anlageentscheidung zu kommen, benötigen Investoren daher weitere Entscheidungshilfen, die ihnen Informationen über das Verhältnis von Chancen und Risiko bestimmter Anlageformen geben. Zur Beurteilung von Aktien wurden verschiedene Kennzahlen entwickelt, die zusammengefasst als Risikomaße bezeichnet werden. Volatilität und der Betafaktor (siehe folgendes Unterkapitel) sind die wichtigsten unter diesen Warnlämpchen.

Die Volatilität drückt das Ausmaß der Renditeschwankungen eines bestimmten Papiers über einen bestimmten Zeitraum aus. Der Begriff der Volatilität kommt ursprünglich aus dem Italienischen und bedeutet so viel wie »Flatterhaftigkeit«. In der Regel wird die Volatilität einer Aktie über einen Zeitraum von einem Jahr in Prozenten ausgedrückt; ihre Berechnung beruht auf der so genannten Standardabweichung. Eine Darstellung in absoluten Zahlen ist aber auch möglich. Diese Kennziffer wird von der Deutschen Börse AG börsentäglich berechnet. Die Berechnung beruht auf der so genannten Standardabweichung.

Die täglich berechnete Volatilität bezieht sich immer auf den Kurs an diesem Tag. Wird also beispielsweise an einem bestimmten Tag für die Siemens-Aktie eine Volatilität von 15 Prozent bezogen auf ein Jahr errechnet, so bedeutet dies, dass die Rendite, die ein Investor mit der Aktie im Jahresverlauf erzielen konnte, im Durchschnitt 15 Prozent um den Kurs an diesem Tag schwankte. Die Volatilität gibt allerdings keinen Hinweis darauf, ob die Renditen positiv oder negativ waren, sodass allein aus der Volatilität noch kein Rückschluss darauf gezogen werden kann, ob die Aktie im Jahresverlauf nur gestiegen, nur gefallen oder gar ständig zwischen 15 Prozent über und 15 Prozent unter dem aktuellen Kurs geschwankt ist. Die Volatilität gibt nur an, wie groß die Schwankungen waren, aber nicht, in welche Richtung sie gingen. Allgemein kann man sagen, dass das Risiko, aber auch die Ertragschancen einer Anlage mit zunehmender Volatilität steigen.

Beispiel

An einem bestimmten Tag wird für die Aktie der Deutschen Bank AG ein Kurs von 72 Euro festgestellt. Gleichzeitig wird auf Basis der Kurse des letzten Jahres eine Volatilität von 20 Prozent errechnet. Für den Anleger bedeutet dies, dass der Kurs der Aktie der Deutschen Bank im Durchschnitt 20 Prozent um den an diesem Tag erreichten Kurs schwankte. Es wird mit dieser errechneten Volatilität keine Aussage darüber getroffen, ob die Renditen positiv oder negativ waren, der Kurs der Aktie also gestiegen oder gefallen ist.

Die Volatilität einer Aktie ist in der Regel umso höher, je enger der Markt ist – je mehr Umsatz also im Verhältnis zur Zahl und zum Wert der vorhandenen Aktien gemacht wird. Wenn nur wenige Aktien für den Handel zur Verfügung stehen, können selbst kleinere Kauf- oder Verkaufsorders zu starken Kursausschlägen führen.

Umgekehrt ist es bei »marktbreiten« Werten, also bei Aktien von Unternehmen mit hoher Markt- oder Börsenkapitalisierung. Um hier die Kurse kräftig zu bewegen, müssen massive Kauf- oder Verkaufsaufträge vorliegen. Manipulationen sind daher bei diesen Papieren nur schwer möglich. Die Höhe der Börsenkapitalisierung ergibt sich aus der Zahl der umlaufenden Aktien multipliziert mit ihrem Kurs.

Beispiel

Wenn von einer Gesellschaft 10 000 Aktien umlaufen und ihr Kurs an einem bestimmten Tag bei 345 Euro liegt, dann beträgt die gesamte Börsenkapitalisierung 3 450 000 Euro. Das ist der Börsenwert der Gesellschaft an diesem Tag. Diese Summe müsste aufgebracht werden, um das gesamte Unternehmen über die Börse aufzukaufen. Allerdings: Steigt oder sinkt der Kurs am nächsten Tag, verändert sich auch die Börsenkapitalisierung, also der Marktwert des Unternehmens.

Achtung!

Bei engen Märkten beziehungsweise geringer Börsenkapitalisierung können Empfehlungen »vertraulicher Börsenbriefe« und ähnlicher Quellen leicht zu einer »self-fulfilling prophecy« führen: Wenn sie zu Kauf oder Verkauf raten, steigen oder fallen die Kurse tatsächlich angesichts der dadurch ausgelösten hohen Orders. Das bestätigt die Empfehlung und veranlasst beim nächsten Mal noch mehr Anleger, diese Ratschläge zu befolgen.

Auf diese Art erwerben sich einige Börsengurus den Ruf großer Weitsicht und den Anschein der Unfehlbarkeit. Anfänger können dabei böse hereinfallen. Denn ebenso schnell, wie die Kurse manchmal hochgejubelt werden, können sie auch wieder fallen. Besonders oft geschah dies bei den am ehemaligen »Neuen Markt« gehandelten Aktien. Das Nachsehen haben diejenigen, die den Ratschlägen vertrauensvoll gefolgt sind. Deshalb untersucht die Börsenaufsicht derartige Fälle, aber dann ist der Schaden meist schon entstanden.

Der Betafaktor: Abweichler erkennen

Neben der Volatilität wird häufig auch der Betafaktor einer Aktie angegeben. Der Betafaktor drückt aus, wie sich die Rendite der betreffenden Aktie verhält, wenn sich die Rendite des Gesamtmarkts um 1 Prozent verändert. Hierbei werden in der Regel Wertpapier-Indizes als Maß für die Veränderung des Gesamtmarktes verwendet. In Deutschland zieht man meist den Dax als Maß für den Gesamtmarkt der deutschen Aktien heran. Wird also beispielsweise für eine Aktie ein Betafaktor von 1,7 errechnet, so bedeutet dies, dass sich der Wert der Aktie um 1,7 Prozent positiv oder negativ verändert, wenn sich der Wert aller Aktien des Gesamtmarktes um 1 Prozent nach oben oder unten verändert. Für spekulative Anleger ist das ein wichtiger Hinweis, denn er zeigt, welche Aktien meist »überreagieren«, wenn es an der Börse auf- oder abwärts geht.

Meist wird der Betafaktor einer Aktie ebenso wie die Volatilität als Durchschnittswert über ein Jahr errechnet. Wenn eine Aktie einen Betafaktor von 2,1 hat, so bedeutet dies, dass sich die Aktie im Durchschnitt 2,1-mal so stark wie der Gesamtmarkt verändert hat. Die Einzelwerte können an den 250 Börsentagen im Jahr aber weit von diesem Wert abweichen. Der Aussagewert des Betafaktors ist für sich allein genommen daher relativ gering. Aus diesem Grund wird der Betafaktor einer Aktie meist in Zusammenhang mit dem Korrelationskoeffizienten dieses Papiers betrachtet.

Korrelationskoeffizient: Auf die Richtung kommt es an

Der Korrelationskoeffizient ist ein statistisches Maß, das angibt, wie stark der Zusammenhang zwischen der Renditeänderung einer Aktie und der Renditeänderung des Gesamtmarktes ist. Mithilfe des Korrelationskoeffizienten lässt sich also eine Aussage darüber treffen, ob ein vermeintlicher Zusammenhang zwischen der Renditeentwicklung einer Aktie und dem Gesamtmarkt tatsächlich besteht oder lediglich zufällig ist. Zusätzlich gibt der Korrelationskoeffizient an, ob dieser Zusammenhang positiv oder negativ ist. Der Wert kann dabei nur zwischen dem Wert +1 und -1 schwanken.

Beispiel

Hat eine Aktie beispielsweise einen Betafaktor von 1,7 und einen Korrelationskoeffizienten von +1, so bedeutet dies, dass die Aktie in der Vergangenheit tatsächlich immer um 1,7 gestiegen ist, wenn der Gesamtmarkt (gemessen am Dax, Stoxx oder Nikkei) um 1 Prozent gestiegen ist. Wichtig für den Anleger: Für die Zukunft lässt sich mit hoher Wahrscheinlichkeit ein ähnliches Verhalten des jeweiligen Aktienkurses vorhersagen. Umgekehrt bedeutet ein Korrelationskoeffizient von -1, dass der Wert dieser Aktien um 1,7 Prozent fällt, wenn der durchschnittliche Wert aller Aktien im Markt um 1 Prozent steigt. Würde für die Aktie ein Korrelationskoeffizient von null errechnet, so bedeutet dies, dass der Betafaktor von 1,7 ein rein zufälliger Durchschnittswert ist, der keine Aussage über die tatsächliche Entwicklung der Aktie im Verhältnis zur Steigerung des Gesamtmarkts um 1 Prozent erlaubt. Die Aktien können dann also um einen beliebigen Prozentsatz steigen, sinken oder sich auch gar nicht verändern.

Je näher der Korrelationskoeffizient den Werten +1 oder -1 kommt, desto höher ist der Aussagewert des Betafaktors. Je weiter der Korrelationskoeffizient sich dem Wert null nähert, desto geringer wird der Zusammenhang zwischen Marktrendite und Rendite der betrachteten Aktie.

Theoretisch lassen sich mithilfe von Betafaktoren und Korrelationskoeffizienten völlig risikolose Aktienportefeuilles zusammenstellen. Dazu müssen Aktien mit positiven und negativen Korrelationskoeffizienten, aber mit gleichen Betafaktoren in einem Portefeuille kombiniert werden. Die Kursschwankungen solcher Papiere würden sich genau ausgleichen, sodass sich der Wert des Portefeuilles über die Laufzeit nicht verändern würde – völlig unabhängig davon, wie sich der gesamte Aktienmarkt entwickelt.

In der Realität ist eine solche risikolose Kombination allerdings kaum vollständig möglich, da sich keine Aktien finden lassen, die einen Korrelationskoeffizienten von genau +1 oder -1 aufweisen. Zudem sind die Betafaktoren im Zeitablauf nicht konstant. Da sie aber immerhin Anhaltspunkte liefern, können diese Kennziffern sinnvoll genutzt werden. Insbesondere Manager von Fonds wenden sie an, um ihre verschiedenen Fondstypen an die Bedürfnisse unterschiedlicher Anlegerkreise anzupassen.

Es ist leider auch nicht möglich, dauerhaft Gewinne zu erzielen, indem man die Aktien auswählt, die meist schneller steigen als der Markt. Denn dafür gehen sie in der Regel auch schneller in den Keller, wenn die Kurse fallen. Aber immerhin: Wer das weiß, kann versuchen rechtzeitig auf- oder abzuspringen, wenn der Zug sich in Bewegung setzt.

WISO rät

Früher hatten nur Profis die Möglichkeit, den Instrumentenkasten der Aktienanalyse zu nutzen. Die dazu erforderlichen umfangreichen Berechnungen können private Anleger kaum selber durchführen. Heute können auch Kleinanleger die verschiedenen Indikatoren nutzen. Sie finden sie kostenlos bei verschiedenen Stellen im Internet. Nutzen Sie dieses Angebot. Es hilft bei der Auswahl aussichtsreicher Kandidaten für Ihr Depot.

Wie man selbst Aktienanalyse betreibt

Wer selbst Aktienanalyse betreiben will, findet in den Zeitungen, Wirtschaftsmagazinen und Fachblättern eine Fülle von Informationen. Dazu gehören neben Meldungen über Umsatz- und Gewinnentwicklung, Investitionsvorhaben, Übernahmepläne oder Forschungsergebnisse auch wichtige Kennziffern wie Marktkapitalisierung, Aktionärsstruktur, Volatilität, Kurs-Gewinn-Verhältnis und vieles mehr. Durch die Auswertung solcher Daten kann man sich etwas näher an das mögliche Kurspotenzial einer Aktie herantasten.

Befindet sich zum Beispiel der größte Teil der Aktien eines Unternehmens in der Hand weniger Aktionäre oder einer Familie, können selbst kleinere Käufe oder Verkäufe den Kurs an der Börse heftig in Bewegung bringen, da nur wenige Papiere für den Handel zur Verfügung stehen – wenn der Großaktionär das nicht dadurch verhindert, dass er durch die Abgabe von Aktien aus seinem Bestand oder durch gezielte Zukäufe den Kurs »pflegt«.

Wenn dagegen bei einem marktbreiten Papier viele Aktionäre für eine ständige Bewegung bei Angebot und Nachfrage sorgen, kann keiner von ihnen den Kurs in seinem Sinn beeinflussen. Bei kleinen Unternehmen dagegen, von denen relativ wenige Aktien im Handel sind, können durch Kaufempfehlungen von Börsendiensten, positive oder negative Berichte in Tageszeitungen oder durch Gerüchte (wie sie auch im Internet immer häufiger verbreitet werden) starke Kursbewegungen ausgelöst werden. Aus dieser Schwankungsbreite ergeben sich für rasch entschlossene Anleger Chancen für schnelle Kursgewinne. Sie bergen aber auch hohe Risiken für Anleger, die zum falschen Zeitpunkt kaufen oder verkaufen.

Außerdem können gute oder schlechte Nachrichten aus dem politischen Bereich jederzeit für einen Stimmungswechsel an der Börse sorgen. Auf die Euphorie von gestern kann morgen schon eine Torschlusspanik folgen – und wenige Tage später wieder eine nüchterne Einschätzung. Ob man es nun wahrhaben will oder nicht: Emotionen bestimmen die Entwicklung an der Börse oft stärker als alle Fakten. Deshalb können Anleger, die sich mehr auf ihr Gefühl als auf Analysen verlassen, hin und wieder bessere Renditen erzielen als die hoch bezahlten Experten der Banken und Fonds, die über ihren Charts brüten. Allerdings sollten Sie sich in solchen Fällen immer fragen, ob es nicht in Wirklichkeit der Zufall war, der Ihnen geholfen hat. Das kann Sie davor bewahren, übermütig zu werden und zu glauben, das Spiel an der Börse nun zu beherrschen. Schon mancher hat sein ganzes Vermögen verloren, weil er nach ein paar gelungenen Spekulationen davon überzeugt war, er könne nun den Markt richtig einschätzen.

Umgekehrt kann aber auch jemand, der sich darum bemüht, die Chancen von Aktien aufgrund seiner Analysen ganz rational einzuschätzen, bei seinen Anlageentscheidungen schwere Fehler machen. Denn er übersieht möglicherweise, dass die Mehrzahl der Aktionäre oft emotional an das Thema herangeht und sich daher von positiven oder negativen Unternehmensergebnissen oder Konjunkturdaten kaum beeindrucken lässt.

WISO rät

Nutzen Sie an der Börse die Möglichkeiten der Analyse und die Techniken der Risikoabsicherung, aber Sie sollten gleichzeitig auch ein Gespür dafür entwickeln, wohin »der Hase laufen könnte«.

Ein Aktionär, der sich durch seine Tageszeitung und die Wirtschaftsmeldungen von Radio und TV über sein Unternehmen informiert, kann sich der Meinung renommierter Börsenbeobachter und Analysten anschließen. Er kann aber auch seine eigenen Kursprognosen entwickeln und dazu fundamentale Daten heranziehen: Da wird zum Beispiel berichtet, dass bei einem Unternehmen der Vorstandschef wechselt, dass sich die Auftragslage verbessert hat, dass eine Fusion erwartet wird, dass ein Personalabbau geplant ist. Eine Analyse mit diesen Daten ergibt ein vollständigeres Bild als nur die reine Kurvenbetrachtung. Aber auch die Charts sollte man durchaus zurate ziehen – schon allein deswegen, weil andere das auch tun und sich möglicherweise danach richten.

Wie der Markt dann tatsächlich auf Meldungen und Charts reagiert, zeigt sich schon bald an Angebot und Nachfrage. Bieten aufgrund einer schlechten Nachricht viele Anteilseigner ihre Aktien an und gibt es wenige Käufer für das Papier, fällt der Kurs. Das geht so lange, bis sich zu einem niedrigeren Kurs genügend Interessenten für die angebotene Menge an Aktien finden – und umgekehrt.

Der Blick auf steigende oder fallende Kurse allein sagt aber bei vielen Aktien noch nicht alles darüber aus, wie es um Angebot und Nachfrage bestellt ist. Deshalb sind bei Aktien kleinerer Unternehmen oder von Gesellschaften, von denen nur ein geringer Teil des Aktienkapitals an der Börse gehandelt wird, den Schlusskursen des Tages oft noch Kürzel wie B, G oder T angehängt. Sie geben Hinweise auf den Handelsverlauf und erläutern das Verhältnis von Angebot und Nachfrage bei der Kursbildung. Hier die wichtigsten Kurszusätze und ihre Bedeutung:

- B = Brief: Zum aufgeführten Kurs wurden Papiere zum Verkauf angeboten, es lagen aber keine Kaufaufträge vor.
- G = Geld: Zu dem entsprechenden Kurs wollen zwar einige Anleger kaufen, aber niemand will verkaufen.
- BB: Nur ein Teil der Verkaufsaufträge wurde ausgeführt: Das Angebot überstieg die Nachfrage.
- BG: Nicht alle Kaufaufträge konnten erfüllt werden: Es gab zu viele Kaufinteressenten.
- T = Taxe: Der Kurs wurde lediglich geschätzt, da keine Umsätze zustande kamen.

Bei Gesellschaften, die im Dax, MDax oder TecDax gelistet sind, gibt es derartige Zusätze nicht. Hier sind immer viele Käufer und Verkäufer am Markt. Während des Börsenhandels ist das Angebot bei diesen Papieren daher immer so groß, dass Kauf- und Verkaufsorders jederzeit problemlos abgewickelt werden können. Es handelt sich um so genannte »marktbreite« Papiere. Bei Aktien dagegen, die nur im Rahmen des »Prime Standard« und

»General Standard« oder im Freiverkehr (siehe das entsprechende Kapitel auf Seite 63) gehandelt werden, ist die Zahl der jeweiligen Käufer und Verkäufer meist sehr viel geringer. Gelegentlich kommt tagelang überhaupt kein Abschluss zustande

Wurde der Kurs einer seltener gehandelten Aktie nur taxiert, also geschätzt, kann es bedeuten, dass bei dieser Aktie kein Abschluss zustande kam, weil ein Angebot oder eine Nachfrage nach diesen Papieren fehlte oder die Preisvorstellungen von Anbieter und Nachfrager zu weit auseinander lagen. Denn bei Kauf- und Verkaufsaufträgen, die bei der Bank aufgegeben oder per Internet durchgeführt werden, können Sie durch Limits den Höchst- oder Mindestpreis bestimmen, zu dem Sie kaufen oder verkaufen wollen (siehe dazu das Kapitel *Limits: Dem Risiko Grenzen setzen* auf Seite 95). Bei Aktien kleiner Gesellschaften kann es daher vorkommen, dass Interessenten unter Umständen mehrere Tage warten müssen, bis sich ein Anbieter findet, der diese Aktie verkaufen möchte. Ähnliches kann geschehen, wenn die Mehrzahl der Anteile fest bei einem oder mehreren Großaktionären liegt.

Aktuelle Kursinformationen

Natürlich kann man dem Rat des erfahrenen Spekulanten André Kostolany folgen: Aktien kaufen, vergessen und dann nach ein paar Jahren schauen, was daraus geworden ist – nämlich nach seinen Erfahrungen in der Mehrzahl der Fälle ein hübscher Gewinn. Kostolany ist zwar schon vor Jahren verstorben, aber dieser einfach zu befolgende Ratschlag wird immer noch gern zitiert und von manchem Sparer auch befolgt. Aber es spricht manches dafür, die Kurse etwas genauer im Auge zu behalten, um gegebenenfalls rasch handeln zu können. Denn sonst kann es auch passieren, dass Sie wach werden und das ganze schöne Geld ist weg.

Die Kurse lassen sich heute auf vielfältige Weise beobachten. Neben den Tageszeitungen mit ihren oft sehr ausführlichen Übersichten gibt es heute viele andere und sehr viel schnellere Medien. Dazu gehören neben der aktuellen Berichterstattung im Fernsehen und dem Videotext der TV-Sender auch die Kursabfrage per Mobiltelefon oder Blackberry sowie die vielfältigen Möglichkeiten, aktuelle Börseninformationen den Internetseiten der Sender, von Banken und Sparkassen und zahlreichen Finanzdienstleistern zu erhalten. Sie können diese Informationen jederzeit abrufen, wenn Sie über eine entsprechende technische Ausstattung und einen Zugang zum Internet verfügen. Sie können in Echtzeit oder mit einer kleinen Zeitverzögerung feststellen, zu welchem Kurs die von Ihnen gesuchte Aktie aktuell gehandelt wird und ob die Kursangabe eines der oben genannten Zusatzkürzel trägt.

Je nach Ausstattung Ihres Programms können Sie auch feststellen, wie viele Käufer oder Verkäufer zurzeit bereit sind, eine bestimmte Aktie zu einem von Ihnen festgelegten Preis zu kaufen oder zu verkaufen. Sie können sogar erkennen, ob in diesem Moment in Stuttgart für das Papier ein etwas höherer Preis geboten wird als beispielsweise in Frankfurt oder auf »Xetra«, dem Computerhandelssystem der Deutschen Börse. Sie können dann dort kaufen oder verkaufen, wo es für Sie im Augenblick am günstigsten ist.

Achtung!

Dieses »Do-it-yourself« empfiehlt sich allerdings nur für Anleger, die bereits über ausreichende Erfahrungen verfügen und den Umgang mit dem PC, dem Internet und in den erforderlichen Softwareprogrammen perfekt beherrschen. Andernfalls kann es zu bösen und teuren Irrtümern kommen.

Weniger erfahrene Anleger sollten die Abwicklung der Aufträge ihrem Berater bei der Bank überlassen, können unter Umständen aber schon während ihres Telefongesprächs mit ihm erfahren, ob und zu welchem Kurs das Geschäft zustande gekommen ist.

Sehr hilfreich ist es, wenn man sich bei einem der vielen Anbieter im Internet ein virtuelles Depot einrichtet. Je nach Ausgestaltung dieser oft kostenlos angebotenen Dienste werden neben den aktuellen Kursen gleich auch die jeweiligen Gewinne oder Verluste bei einzelnen Aktien angegeben oder die Wertentwicklung des gesamten Depots berechnet. Diese Möglichkeit bieten wir Ihnen auch auf den Börsenseiten des ZDF. Noch besser geht es mithilfe der Software von WISO-Börse, die dem Nutzer zudem umfangreiche Analysemöglichkeiten bietet.

Nützliche Software

WISO hilft beim Verwalten: Das Softwareprogramm WISO-Börse bietet Ihnen nicht nur die Möglichkeit, ein Probedepot zu führen und erst einmal ohne jedes Risiko das Aktiengeschäft zu üben. Sie können auch die Entwicklung der Aktien genauestens verfolgen – egal ob Sie sie tatsächlich besitzen oder nur virtuell kaufen und verkaufen.

WISO rät

Wenn Sie noch zögern, ob Sie einen Teil Ihres sauer verdienten Geldes an der Börse investieren sollen, können Sie sich vorher selbst ein wenig testen und den Umgang mit Wertpapieren auf einer »Spielwiese« üben – mit Aktien, die Sie noch gar nicht besitzen.

Sie haben so die Möglichkeit, kostenlos und unverbindlich Aktien zu kaufen und zu verkaufen, dies aber unter ganz realen Bedingungen. Ob Sie ein gutes Händchen bei der Auswahl haben, sehen Sie schon bald an der »Performance«, also an der Wertentwicklung des von Ihnen zusammengestellten Depots. Dabei empfiehlt es sich, mit Beträgen zu arbeiten, die Sie auch tatsächlich zur Verfügung haben – zum Beispiel 1 000 oder 10 000 Euro. Schon beim Übungsdepot sollten Sie dabei auf eine ausgewogene Zusammensetzung Ihres Aktienkorbes achten: Es sollten sowohl Risikopapiere als auch Renditetitel darin enthalten sein. Welches Risiko Sie bei Ihren Anlageentscheidungen eingehen, liegt in hohem Maße an der Mischung des Depots.

WISO-Börse bietet neben einem umfangreichen Analyseinstrumentarium zudem auch die Gewissheit, dass Ihr Depot vor Einblicken oder Eingriffen Unbefugter vollkommen geschützt ist. Bei der Nutzung von Online-Depots bestimmter Anbieter bleibt nämlich bei vielen Nutzern immer die Sorge, Unbefugte oder gar Ganoven könnten ihre Nase hineinstecken oder Viren, Trojaner und anderes digitales Ungeziefer einschleusen.

Welche Aktien man kaufen und wie viel Geld man in Risikopapiere investieren sollte

Egal, ob Sie nur zur Übung ein Depot anlegen oder tatsächlich ins Aktiengeschäft einsteigen: Machen Sie es wie beim Autofahren und vergessen Sie nie, den Sicherheitsgurt anzulegen. Gehen Sie also mit einem Teil Ihres Geldes immer auf »Nummer sicher«. Eine der vielen Faustregeln für Sparer und Anleger lautet: Hundert minus Lebensalter ergibt den Teil Ihres Kapitals, den Sie in börsennotierte Wertpapiere investieren können. Ein 30-Jähriger könnte demnach mit 70 Prozent seines Geldes an der Börse investiert sein, und ein 60-Jähriger sollte nicht mehr als 40 Prozent seiner Ersparnisse an der Börse anlegen.

Das ist aber nur eine grobe Faustregel. Wer bald in Rente geht oder schon den dritten Lebensabschnitt erreicht hat, sollte grundsätzlich das Risiko in engen Grenzen halten und sein Vermögen so umschichten, dass sein Erspartes überwiegend in einem sicheren Hafen liegt. Dafür empfehlen sich zum Beispiel festverzinsliche Wertpapiere wie Bundesanleihen oder Pfandbriefe oder auch so genannte Rentenfonds (siehe das Kapitel *Geldanlage in Fonds* auf Seite 163). Sie haben zudem den Vorteil, dass man sie so einrichten kann, dass jeden Monat von dem Ersparten ein von Ihnen festgelegter Betrag auf Ihr Konto fließt und so die Rente oder die Pension aufbessert. Wie auch immer Sie sich im Einzelnen entscheiden: Ein guter Anlagemix besteht immer aus einer Mischung verschiedener Geldanlagen und Risikoklassen. Das mindert die Gefahr von Verlusten, sichert Ihnen aber gleichzeitig die Chance auf höhere Erträge.

Defensiv spekulieren

Die Informationen und die Analyseinstrumente, die heute jedem Anleger im weltweiten Netz zur Verfügung stehen, können Ihnen helfen, Chancen zu erkennen und irrationale Entscheidungen zu vermeiden. Sie müssen sich nicht mehr – manchmal im wahrsten Sinne des Wortes »blind« – auf die Vorschläge mehr oder weniger qualifizierter Berater bei den Kreditinstituten verlassen, aufgrund sehr lückenhafter Informationen Aktien kaufen oder einfach auf gut Glück investieren.

Doch alle bisher genannten Informations- und Analysemöglichkeiten bieten keine absolute Gewissheit. Sie brauchen deshalb auch im Zeitalter von Computer, Handy und Internet beides: kühle Analyse und »Näschen«. Da beides keine 100-prozentig zuverlässigen Instrumente sind, kann auch die Beachtung einiger Regeln dabei helfen, das Vermögen an der Börse wachsen zu lassen – denn so wie ein Autofahrer, dem Leben und Gesundheit wichtiger sind als ein paar Sekunden Zeitersparnis, mit einer defensiven Fahrweise sicherer an sein Ziel kommt, unterscheidet sich auch ein besonnener Anleger von einem Zocker durch seine defensive Verhaltensweise bei Investitionsentscheidungen. Dazu gehören folgende Regeln:

- Investieren Sie regelmäßig und unbeirrt von allen Tagesschwankungen monatlich einen festen Betrag in Werte, die Sie sich vorher sorgfältig angesehen haben. Das gilt vor allem dann, wenn Sie Vermögensbildung vor allem im Hinblick auf eine ausreichende finanzielle Absicherung im dritten Lebensabschnitt betreiben.

- Nutzen Sie die vorhandenen Analyseinstrumente, ohne ihnen sklavisch zu verfallen oder blind zu vertrauen.
- Setzen Sie nicht alles auf eine Karte, sondern verteilen Sie Ihre Spargelder so gut wie möglich auf Immobilien, festverzinsliche Wertpapiere und Aktien und ein paar ergänzende Investments (wie zum Beispiel Gold).
- Vertrauen Sie bei Aktien nicht auf ein Unternehmen, eine Branche oder ein Land allein, sondern bilden Sie einen Korb (oder investieren Sie in Investmentfonds), um eine ausreichende Risikostreuung zu erreichen.
- Bleiben Sie gegenüber Anlageberatern, die große Versprechungen machen, immer misstrauisch.
- Verlieren Sie bei den üblichen Schwankungen an der Börse nicht gleich die Nerven und verkaufen Sie solide Werte nicht panikartig.
- Vertrauen Sie bei zeitweiligen Rückschlägen auf den langfristig bisher immer aufwärts gerichteten Börsentrend.
- Und: Genießen Sie trotz aller Vorsorge für das Alter, für Arbeitslosigkeit oder Krankheit auch das Leben. Denn »das letzte Hemd hat bekanntlich keine Taschen«, und Vermögensbildung ist kein Selbstzweck.

Denken Sie immer daran, trotz aller Informationen und Analysen: Die Börse lässt sich nicht zu 100 Prozent berechnen. Von dem Tag an, wo dies möglich würde, gäbe es die Börse nicht mehr. Ohne unterschiedliche Erwartungen über die Kursentwicklung von morgen wäre das Börsengeschäft bald tot, da dann alle immer gleichzeitig kaufen oder verkaufen wollten. Aber es gibt zahlreiche Instrumente, mit denen man das Risiko begrenzen kann.

Aktien mit Rabatt und andere Sonderangebote

Die jahrelange Baisse, die nach 2000 die Börse lähmte, hatte nicht nur negative Auswirkungen: Sie hat zu einer großen Kreativität bei der Entwicklung neuer Finanzprodukte geführt. Um die ängstlich gewordenen Anleger dazu zu bewegen, ihr auf Giro-, Spar- und Festgeldkonten oder in Geldmarktfonds geparktes Geld wieder an der Börse oder in Immobilien und anderen Werten anzulegen, wurden Angebote entwickelt, die vor allem das stark gestiegene Sicherheitsbedürfnis befriedigen sollen. Auch als es wieder aufwärts ging, bastelten die Konstrukteure munter weiter an Finanzprodukten, die Anlegern neben guten Erträgen möglichst hohe Sicherheit bieten sollen. Aber viele sind nur schwer zu durchschauen, und nicht alle halten, was sie versprechen. Die Vor- und Nachteile stellen wir Ihnen in diesem Kapitel anhand einiger typischer Beispielprodukte dar.

Mit den Kundenwünschen ändert sich auch das Angebot. Waren in den Zeiten überbordender Spekulation vor allem Finanzprodukte gefragt, die – wie Optionen oder Futures – einen noch schnelleren Profit versprachen als der simple Kauf von Aktien, so suchten viele Anleger in den Jahren der Baisse und danach vor allem nach Anlagemedien mit Discount, Rabatt und Garantien aller Art. Dazu kamen angesichts der zeitweise sehr niedrigen Zinsen diverse Angebote für Anleger, die händeringend nach alternativen Möglichkeiten suchten, ihr Geld mittel- bis kurzfristig einigermaßen rentabel zu parken, um so auf bessere Zeiten zu warten. Da die Zinsen Mitte 2003 nur knapp über 2 Prozent lagen, waren manche in diesem Bereich wiederum zu erstaunlichen Risiken bereit. Ihnen kamen alternative Finanzprodukte, die hohe Renditen versprachen, gerade recht. Um 1 oder 2 Prozentpunkte mehr zu ergattern, setzten sie oft ihre Ersparnisse aufs Spiel, beispielsweise durch die Anlage in »exotischen« Anleihen.

Dass die manchmal ziemlich fantasievoll ausgestatteten Produkte ebenso wie jedes andere Risiko-Papier vor einem Kauf genau geprüft werden sollten, zeigen die folgenden Beispiele. Sie machen deutlich, dass einige dieser Angebote in bestimmten Situationen durchaus ihre Reize haben, dafür aber auch Risiken bergen – die allerdings auf den ersten Blick oft nicht zu erkennen sind. Und im Übrigen gilt auch hier: Was für den einen Anleger durchaus sinnvoll sein kann, ist für einen anderen Sparer angesichts seines Zeithorizonts, seiner Vermögensstruktur und seiner geringen Risikobereitschaft absolut ungeeignet.

Kombiprodukte: Wenn Aktien und Festgeld gemischt werden

Zu den Papieren, die zeitweise »wie warme Semmeln« weggingen, gehören so genannte »Kombiprodukte«, die unter Namen wie Plusinvest, Rendite Plus, Anlage-Kombi oder Spar+Chance vertrieben werden. Sie locken mit Traumrenditen von 5 oder 6 Prozent, was angesichts der Tatsache, dass die Banken und Sparkassen zur gleichen Zeit kaum mehr für die von ihnen an Häuslebauer und andere Schuldner vergebenen Kredite bekamen, wie ein Geschenk an die verehrte Kundschaft wirkt. Doch Banken machen im Allgemeinen keine Geschenke. Sie wollen und müssen Geld verdienen. Deshalb sollte sich jeder Sparer, der sich von hohen Zinsen anlocken lässt, genau ansehen, was da so alles im Kombi-Paket steckt.

Bei dem Angebot Spar+Chance ist das neben »Spar«, einer Festanlage zu 6 Prozent, gleichzeitig die Verpflichtung, die »Chance« zu finanzieren: nämlich den Kauf von Anteilen an einem Aktienfonds. Die bieten die Chance, neben hohen Zinsen bei den Fondsanteilen von Kurssteigerungen zu profitieren. Doch das Angebot hat neben solchen Möglichkeiten gleich mehrere Pferdefüße. Denn der Anleger geht natürlich auch das Risiko ein, dass der Wert der Fondsanteile sinkt, wenn es an der Börse während der Laufzeit des Kombiprodukts (meist drei bis sechs Monate) abwärts geht. Außerdem werden hier zwei Anlageformen in einen Topf geworfen, die nicht zusammenpassen: Es wird eine Langfristanlage (Aktienfonds) mit einer Kurzfristanlage (Festgeld) kombiniert. Und schließlich muss auch noch auf einen unschönen Trick der Verkäufer hingewiesen werden: den hohen Ausgabenaufschlag.

Achtung!

Der hohe Zins wird durch den Ausgabenaufschlag bei den Fondsanteilen oft wieder aufgefressen. Die Ausgabenaufschläge bei den angebotenen Fonds liegen zwischen 1,5 und 5 Prozent und werden nur gelegentlich durch einen Rabatt für die Erwerber von Kombiprodukten gemildert.

Der Kauf derartiger Papiere ist deshalb nur dann sinnvoll, wenn der Anleger innerhalb der drei bis sechs Monate, für die er sein Geld festlegen will, steigende Kurse für Aktien und damit auch für die Fondsanteile erwartet. Aber dann kann man eigentlich gleich Fondsanteile kaufen. Das hat zudem den Vorteil, dass der Anleger selber entscheiden kann, welchen Fonds er wählt und ob er sich für einen Fonds mit geringem oder gar keinem Ausgabeaufschlag entscheidet (siehe dazu das Kapitel *Geldanlage in Fonds* auf Seite 163). Bei den Kombiprodukten dagegen gibt es immer nur eine beschränkte Auswahl an Fonds.

Puts und Calls: Mit Verkaufs- und Kaufoptionen Geld verdienen

Eine Möglichkeit, die Profis gerne nutzen, um auch in flauen Börsenzeiten Gewinne zu machen, ist bei vielen privaten Anlegern kaum bekannt, manchen vielleicht auch nicht so recht geheuer: das Spekulieren mit so genannten »Puts« (Verkaufsoptionen) und »Calls« (Kaufoptionen) an der Terminbörse. Dabei ist es eigentlich ganz einfach, lukrativ und – bei vernünftiger Handhabung – sogar ohne großes Risiko.

Calls

Call ist die englische Bezeichnung für »Kaufoption«. Der Käufer erwirbt damit das Recht – hat aber nicht die Pflicht –, während der Laufzeit die angebotenen Wertpapiere (den Basiswert) zu den festgelegten Konditionen zu kaufen. Dabei geht es aber nicht wie bei Optionsscheinen (siehe im Abschnitt *Optionsscheine: Mit Hebel und Risiko*, Seite 29) nach dem Prinzip »alles oder nichts«. Während bei Optionsscheinen möglicherweise sehr hohe Gewinne mit dem ebenfalls hohen Risiko erkauft werden, bei einer Fehleinschätzung der Entwicklung den gesamten finanziellen Einsatz zu verlieren, kann dies bei der hier geschilderten Strategie nicht passieren. Denn hier verpflichten Sie sich gegen eine entsprechende Prämie zwar, zu einem späteren Zeitpunkt eine bestimmte Aktie zu kaufen. Diese Geschäfte finden aber in der Regel statt, wenn die vertraglich vereinbarten Bedingungen eintreten. Totalverluste sind deshalb nicht zu erwarten, dafür allerdings auch keine so hohen Gewinne. Aber »Kleinvieh macht auch Mist«, und in diesem Fall kann daraus mit der Zeit sogar ein ansehnlicher Haufen werden. Wie das funktioniert, wird am einfachsten an Beispielen klar.

Beispiel

Sie besitzen 300 DaimlerChrysler-Aktien, die Sie zum Kurs von 55 Euro erworben haben. Sie erwarten in den kommenden Wochen stagnierende oder sogar sinkende Kurse und sehen daher keine großen Möglichkeiten, mit den Papieren in absehbarer Zeit einen größeren Gewinn zu machen. Sie können dann prüfen (beziehungsweise durch Ihren Bankberater prüfen lassen), welcher Preis (Prämie genannt) an der Terminbörse dafür geboten wird, dass Sie sich verpflichten, Ihre Aktien zu einem späteren Termin zu einem festgelegten Preis (beispielsweise 60 Euro) zu verkaufen. Diese Prämie beträgt zurzeit der Anfrage 2 Euro. Sie entschließen sich zu diesem Geschäft und verkaufen einen Call auf Ihre Aktien. Dieser gibt dem Erwerber das Recht, Ihre Aktien zum Preis von 60 Euro zu erwerben, sobald dieser Kurs an der Börse erreicht oder überschritten wird. Dafür zahlt er Ihnen eine Prämie von insgesamt 600 Euro (300 Aktien mal 2 Euro), weil er im Gegensatz zu Ihnen erwartet, dass der Kurs von DaimlerChrysler in absehbarer Zeit über 60 Euro steigt. Steigt er tatsächlich auf 65 Euro, hat der Käufer Ihres Aktienpaketes ein gutes Geschäft gemacht, weil er insgesamt nur 62 Euro je Aktie gezahlt hat. Aber auch Sie können zufrieden sein, weil Sie je Aktie einen Gewinn von 7 Euro gemacht haben (60 Euro plus 2 Euro Prämie je Aktie bei einem Kaufkurs von 55 Euro). Bleibt der Kurs dagegen bis zum Verfallstermin der Option unter den vereinbarten 60 Euro, können Sie die Prämie von 600 Euro und Ihre Aktien behalten. Der Käufer will die Papiere nicht, weil er sie billiger an der Börse erwerben kann. Seine Prämie bekommt er nicht zurück. Seine Spekulation auf stärker steigende Kurse ist also nicht aufgegangen.

Wenn Sie wollen, können Sie Ihre Aktien gleich anschließend wieder an der Terminbörse anbieten und erneut eine Prämie kassieren. Vielleicht ist sie diesmal – je nach den Erwartungen der anderen Marktteilnehmer und der Laufzeit der Option – höher oder niedriger. So können Sie unter Umständen durch mehrfachen Verkauf eines Calls auf Ihre Aktien im Laufe der Zeit eine ansehnliche Rendite erzielen. Es gibt aber einen Haken bei solchen Geschäften:

Achtung!

Die auf Termin verkauften Aktien bleiben bis zum Verfallstermin des Kontrakts gesperrt. Sie können sie also in der Zwischenzeit nicht verkaufen. Und Sie können auch bei stark steigenden Kursen keinen höheren als den vereinbarten Preis erzielen.

Es gibt allerdings immer die Möglichkeit, den Call »zurückzukaufen«, wenn sich in der Zwischenzeit die Stimmung an der Börse sehr stark ändert. Sie werden dann aber mehr als den ursprünglich kassierten Betrag auf den Tisch legen müssen. Denn bei steigenden Kursen steigt auch der Wert einer Option. Doch wenn Sie erwarten, dass der Kurs über 70 Euro steigt, kann sich das Gegengeschäft durchaus lohnen.

Puts

Wenn Sie mit sinkenden Kursen rechnen, dann aber zugreifen wollen, weil Sie der Aktie mittel- oder langfristig eine Erholung zutrauen, können Sie versuchen, mit einem Put Geld zu verdienen. In diesem Fall kassieren Sie eine Prämie dafür, dass Sie sich verpflichten, eine Aktie an einem festgelegten Zeitpunkt zu einem bestimmten Kurs zu kaufen. Der Besitzer zahlt in diesem Falle dafür, dass Sie ihm das Risiko abnehmen, einen Verlust zu machen. Ihre Chance liegt darin, dass der vereinbarte Kurs nicht erreicht wird, denn dann können Sie die vereinnahmte Prämie behalten. Falls Sie die Aktie erwerben müssen, ist sie einschließlich der vereinnahmten Prämie für Sie billiger als am Markt. Sie kann also noch etwas weiter sinken, ehe Sie in die Verlustzone kommen.

Beispiel

Sie erwerben einen Put, der Sie verpflichtet, die zurzeit mit 85 Euro notierte E.ON-Aktie an einem späteren Termin für 80 Euro zu erwerben. Dafür erhalten Sie vom Besitzer eine Prämie von 85 Cent. Dieser sichert sich so dagegen ab, dass er für seine (vielleicht einmal für 75 Euro erworbenen) Aktien weniger als 80 Euro erlöst, behält aber die Chance, sie bei steigenden Kursen auch teurer zu verkaufen. Sie dagegen erlösen bei einem Paket von 200 Aktien zunächst einmal 170 Euro. Bleibt der E.ON-Kurs über 80 Euro, können Sie die Prämie behalten. Sinkt er auf 80 Euro, müssen Sie zwar kaufen, haben unter Einrechnung der Prämie aber nur 79,15 Euro gezahlt. Wenn Sie damit rechnen, dass der Kurs sich bald wieder erholt, können Sie die Aktie behalten und später mit Gewinn verkaufen. Glauben Sie, dass die E.ON-Aktie weiter fallen wird, können Sie rasch wieder verkaufen und kommen vielleicht sogar noch mit einem kleinen Gewinn oder mit einem geringen Verlust davon. Wenn die E.ON-Aktie beim Verfallstermin über dem Put-Kurs von 80 Euro notiert, können Sie das Spiel – ähnlich wie bei einem Call – auch mehrfach wiederholen. Allerdings ist es nicht mit allen Aktien möglich (siehe weiter unten).

Wann lohnen sich Puts und Calls?

Sie sollten solche Geschäfte mit Puts und Calls nur dann machen, wenn Sie bei einem »Zwangsverkauf« nicht in die Gefahr geraten, schlecht abzuschneiden. Das bedeutet: Bei einem Call dürfen Sie nicht das Risiko eingehen, teuer eingekaufte Aktien billig loszuwerden und anschließend zusehen zu müssen, wie der Kurs immer weiter klettert. Und bei einem Put müssen Sie immer prüfen, ob Sie auch über genügend bare Reserven verfügen, um die Aktien gegebenenfalls tatsächlich erwerben zu können. Denn es wäre sehr gefährlich, in dieser Situation auf Kredit zu kaufen. Besser ist es, in einem solchen Fall die Notbremse zu ziehen.

WISO rät

Bevor Sie Kredite aufnehmen müssen, sollten Sie stattdessen ein entsprechendes Gegengeschäft machen, um sich so von der Kauf- oder Verkaufsverpflichtung zu befreien. Faustregel: Besser rechtzeitig ein kleiner als später ein großer Verlust.

Puts und Calls werden an der Terminbörse Eurex gehandelt. Die Laufzeiten der Kontrakte liegen meist zwischen einem und mehreren Monaten. Die Höhe der Prämien hängen von der Börsenlage, der jeweiligen Aktie und der aktuellen Börsensituation ab. So kann ein Call auf SAP oder Siemens bei gleicher Laufzeit einmal 80 Cent und ein anderes Mal 2,50 Euro betragen. Sie können nicht einzelne Aktien »veroptionieren«, sondern müssen immer ganze Kontrakte (mit jeweils 50 oder 100 Stück) kaufen und verkaufen.

Das Spiel lässt sich allerdings nicht mit jeder beliebigen Aktie machen. Die Zahl der Aktien, mit denen solche Geschäfte gemacht werden können, ist begrenzt, da nur »marktbreite« Papiere – wie die großen Dax-Werte – dafür infrage kommen. Denn nur dafür finden Sie genügend Interessenten, die bereit sind, die gegenteilige »Wette« über den Kursverlauf abzuschließen. Dabei handelt es sich allerdings nicht um Wetten, wie sie üblicherweise in Wettbüros abgeschlossen werden. Der Handel mit Puts und Calls und andere Termingeschäfte (das sind Geschäfte, die erst zu einem späteren Zeitpunkt ausgeführt werden) dienen vor allem der Risikoabsicherung. Sie geben Käufern und Verkäufern die Sicherheit, dass sie die zugrunde liegenden Wertpapiere oder eine Handelsware zu einem bestimmten Zeitpunkt zu einem vorher festgelegten Preis kaufen oder verkaufen können – zum Beispiel, um vertragliche Zahlungsverpflichtungen erfüllen zu können oder (bei Warentermingeschäften) um sich eine ausreichende Versorgung mit Rohstoffen zu sichern. Das Risiko, dass sich in der Zwischenzeit der Preis stark ändert, nehmen ihnen die »Spekulanten« ab – die dafür aber gut bezahlt werden müssen.

Zertifikate: Den ganzen Markt kaufen

Es gibt eine einfache und zudem noch recht preiswerte Möglichkeit, den Risiken auszuweichen, die mit dem Kauf einzelner Aktien verbunden sind. Sie können nämlich in so genannte Indexzertifikate investieren. Ihr Kurs spiegelt den Wert der im Index enthaltenen Wertpapiere wider und folgt daher exakt dem Auf und Ab des jeweiligen Barometers. Es gibt nicht nur Zertifikate auf den Dax oder Stoxx, sondern auch auf zahlreiche andere Indizes. Die Käufer von Zertifikaten müssen sich also nur Gedanken darüber machen, in welche Richtung sich der Index beziehungsweise der gesamte Markt bewegt. Analysen einzelner Aktien, eine Beurteilung der Fähigkeiten des jeweiligen Managements oder der konjunkturellen Entwicklung in einzelnen Branchen (wie Auto, Chemie, Medien, Versorger) erübrigen sich also.

Es kann also nicht passieren, dass der Anleger von einem allgemeinen Aufschwung nicht profitiert, weil er ausgerechnet die »Fußkranken« erwischt hat. Umgekehrt kann er sich natürlich auch nicht darüber freuen, »Outperformer« zu besitzen, die der allgemeinen Kursentwicklung davonlaufen. Auch auf Kursgewinne, die oft mit Fusionen und Übernahmen verbunden sind, können Käufer von Indexpapieren nicht hoffen.

Indexzertifikate ähneln in vieler Hinsicht Aktienfonds. Man zahlt beim Kauf von Zertifikaten aber keine Gebühren, bekommt aber dafür auch keine Dividende. Die Rendite hängt also allein von der Wertentwicklung des Zertifikats ab.

Neben den Indexzertifikaten, die exakt ihrem jeweiligen Vorbild angepasst sind, gibt es zahlreiche Spezialitäten. Sie nennen sich Strategie-Zertifikate, Bonus-Zertifikate, Discount-Zertifikate (siehe weiter unten), Sprint- oder Airbag-Zertifikate. Der Fantasie der Banken und Brokerhäuser, die für ihre Kunden derartige Papiere entwickeln, sind kaum Grenzen gesetzt. Einige dieser Kreationen vermindern das Risiko des Anlegers, andere hingegen steigern es. Spiegelbildlich dazu ändern sich natürlich auch die Gewinnaussichten.

Der große Charme von Indexzertifikaten besteht an sich darin, dass sie im Gegensatz zu Fondsanteilen keine Ausgabenaufschläge haben und auch keine Managementgebühren erhoben werden. Zwar werden sie dafür auch nicht aktiv gemanagt, aber das muss nicht unbedingt ein Nachteil sein. Denn wie die Erfahrung zeigt, schaffen es auch viele Fonds nicht, besser als der Dax, der Stoxx oder eine andere Benchmark zu sein.

Achtung!

Passen Sie bei den Kosten auf! Je fantasievoller Zertifikate ausgestattet sind, umso größer ist die Gefahr, dass vor allem die Banken daran verdienen. Denn sie sind immer so konstruiert, dass der Anbieter in jedem Fall daran verdient, das Risiko aber allein bei Ihnen als Sparer liegt.

Wenn Sie nicht genau einschätzen können, ob ein bestimmtes Finanzprodukt aus der riesigen Familie der Zertifikate wirklich auf Ihre Bedürfnisse hin maßgeschneidert ist, dann bleiben Sie besser bei einem der schlichten Indexzertifikate. Die kosten wenig und bieten auch wenig erfahrenen Anlegern die Chance, an einem allgemeinen Kursaufschwung teilzunehmen. Wer auf eine langfristig nach oben gerichtete Tendenz vertraut, kann es in diesem Fall wieder mit André Kostolany halten: Kaufen, vergessen und nach einigen Jahren den Gewinn kassieren.

WISO rät

Schauen Sie, ob Ihr Zertifikat eine zeitlich begrenzte Laufzeit hat oder endlos ist. Falls es zu einem bestimmten Zeitpunkt ausläuft, sollten Sie aufpassen: Wenn es mit dem jeweiligen Tageswert zurückgezahlt wird, kann es sein, dass Sie »auf dem falschen Fuß« erwischt werden.

Beispiel

Wer Ende 2001 der Meinung war, nun sei der Kursrutsch endlich beendet und daher biete sich die Chance, durch den Kauf eines am Stoxx orientierten Zertifikats auf bequeme Art an der allgemeinen Erholung der europäischen Börsen teilhaben zu können, musste viel Geduld aufbringen. Wer beispielsweise ein Euro Stoxx-50-Indexzertifikat der Commerzbank zum Kurs von 38 Euro erwarb, musste zusehen, wie sein Wert im Gleichschritt mit dem Index immer weiter in den Keller ging. Da das Zertifikat 2003 auslief, drohte ein herber Verlust, denn zu diesem Zeitpunkt waren zwei Drittel des Einsatzes verloren. Die Bank bot den Anlegern deshalb an, das Papier in ein Endlos-Zertifikat umzutauschen. Wer dieses Angebot annahm und danach drei Jahre mit dem Verkauf warten konnte, erzielte Anfang 2006 schließlich als Lohn der Angst doch noch einen ansehnlichen Gewinn.

Das zeigt: Indexzertifikate sind zwar bequeme und beim Kauf und Verkauf billige Papiere, aber risikofrei sind sie ebenso wenig wie die ihnen zugrunde liegenden Aktienkörbe.

Discount-Zertifikate: Aktien mit Rabatt

Banken, Sparkassen oder Brokerhäuser bieten ihren Kunden verschiedene Möglichkeiten, Aktien auf dem Umweg über ein Zertifikat zu einem deutlich unter dem jeweiligen Börsenkurs liegenden Preis zu kaufen. Dieser Abschlag kann 7, 10, 20 oder mehr Prozent betragen. Möglich wird dieser Rabatt dadurch, dass hinter dem Kauf in Wirklichkeit zwei Geschäfte stecken: Der Kauf einer Aktie in Kombination mit dem Verkauf einer Kaufoption (Short Call). Die dabei erzielte Verkaufsprämie verbilligt den Kaufpreis der Aktie für den Anleger. Ihr Kurs kann also bis zur Höhe des Rabattbetrags fallen, ohne dass dem Anleger ein Verlust entsteht.

Dafür ist der mögliche Gewinn für den Anleger nach oben begrenzt. Denn die Kaufoption gibt ihrem Erwerber das Recht, die Aktie, auf die das Zertifikat lautet, später zu einem festgelegten Preis zu erwerben. Das lohnt sich immer dann, wenn zum festgelegten Zeitpunkt der Kurs der Aktie über dem Optionspreis liegt. Erwerber einer mit Rabatt erworbenen Aktie nehmen daher nur bis zu einer bestimmten, vorher vereinbarten Obergrenze an Kurssteigerungen teil. Alles, was über dieser Grenze (dem Cap) liegt, kassiert der Käufer des Short Calls, der schließlich auch etwas für sein Geld haben will.

Beispiel

Ein Anleger kauft ein Discount-Zertikat auf Aktien der Deutschen Bank. Der aktuelle Kurs liegt bei 60 Euro. Bei einem Rabatt von 20 Prozent muss er dafür nur 48 Euro bezahlen. Die Aktie kann bis zu diesem Preis fallen, ohne dass für ihn ein Verlust entsteht. Wenn er das Zertifikat vorher verkauft, macht er trotz fallender Kurse sogar noch einen Gewinn. Steigt dagegen der Kurs, profitiert der Anleger davon nur bis zum vereinbarten Cap (von beispielsweise 70 Euro). Dieser Betrag wird ihm bei Fälligkeit des Zertifikats ausgezahlt. Die Differenz von 22 Euro zum tatsächlichen Kurs von 92 Euro kassiert der Käufer der Option. Liegt der Kurs dagegen bei Fälligkeit nur bei 68 Euro, macht der Besitzer des Zertifikats immer noch einen Gewinn von 20 Euro. Der Erwerber des Call dagegen geht leer aus. Da er die Aktie billiger an der Börse erwerben kann, lohnt sich die Ausübung der Kaufoption für ihn nicht.

Der Nachteil von Discount-Zertifikaten: Bei stark steigenden Kursen muss der Käufer zusehen, wie ihm mögliche Gewinne oberhalb des Cap davonlaufen. Die Rabatt-Aktien haben gegenüber dem direkten Kauf der entsprechenden Aktie dafür aber auch einige Vorteile zu bieten:

- Bei stagnierenden oder nur leicht steigenden Kursen entwickeln sie sich besser als die Aktie.
- Das Verlustrisiko ist geringer. Es setzt erst ein, wenn der Kursabschlag »verbraucht« ist.
- Dividendenzahlungen werden nicht besteuert, da sie im Kurs enthalten sind.
- Nach Ablauf der Laufzeit von zwölf oder 18 Monaten ist ein eventueller Kursgewinn steuerfrei.
- Die Zertifikate können ebenso wie die Aktie täglich im Börsenhandel ge- und verkauft werden, wenn der Anleger vor Ablauf der Frist aussteigen will. Im Laufe der Zeit baut sich der Discount immer weiter ab, bis er bei Fälligkeit schließlich bei null liegt. Solange die Aktie unterhalb des maximal erreichbaren Gewinns liegt, nähern sich die Kurse des Zertifikats und der Aktie immer mehr an.

Discount-Zertifikate sind also eine interessante Alternative zum Direktkauf, wenn Sie als Anleger damit rechnen, dass die Kurse nur mäßig steigen oder leicht fallen werden. Sie sind also in schwachen Börsenzeiten interessanter als in einer Periode steigender Kurse.

Sie können übrigens eine sehr ähnliche Strategie anwenden, wenn Sie die Aktie kaufen und gleichzeitig eine Verkaufsoption für die gleiche Aktie verkaufen. Die dafür kassierte Prämie verbilligt die Aktie, begrenzt aber zugleich Ihren Gewinn, da Sie die Aktie bei Fälligkeit zum vereinbarten Kurs an den Inhaber des Call verkaufen müssen – wenn der sie haben will. Das wird immer dann der Fall sein, wenn zu diesem Zeitpunkt der Kurs über dem vereinbarten Optionspreis liegt.

WISO rät

Vor dem Kauf eines Discount-Zertifikats müssen Sie prüfen, ob der Discount-Abschlag auch fair ist. Oft ist der Abschlag zu gering, um die begrenzte Gewinnmöglichkeit zu kompensieren. Je geringer der Discount ist und je kürzer die Restlaufzeit, umso geringer ist Ihre Chance, mit dem Kauf eines Discount-Zertifikats besser zu fahren als mit dem Direktkauf.

Aktienanleihen: Das Zwitter-Modell

Dieser Wertpapier-Mix beruht auf einer ähnlichen Konstruktion wie die Discount-Zertifikate. Auch hier stehen Optionsgeschäfte im Hintergrund. Bei Aktienanleihen (Anleihen mit Aktienandienungsrecht) handelt es sich um sehr hoch verzinste Anleihen. Hierbei hat die Bank das Recht, bei Fälligkeit entweder den nominalen Anleihebetrag zurückzuzahlen oder dem Anleger stattdessen eine bestimmte Zahl an Aktien zu vorher festgelegten Bedingungen zu übertragen. Die Aktie, die statt Geld zur Rückzahlung verwendet werden kann, wird in den Anleihebedingungen festgelegt.

Die Bank, die die Anleihe ausgibt, geht kein Risiko ein, der Kunde dagegen kann unter dem Strich trotz der »Traumzinsen« erhebliche Verluste erleiden. Bei Aktienanleihen, die es erst seit 1998 auf dem deutschen Markt gibt, locken die emittierenden Banken nämlich mit Zinsen, die weit höher sind als der zurzeit übliche Marktzins. Zinssätze von 12, 16 oder mehr Prozent sind keineswegs ungewöhnlich.

Auf den ersten Blick sind Aktienanleihen ganz normale Anleihen. Sie lauten auf einen bestimmten Nominalbetrag, werden an der Börse zum jeweiligen Tageskurs gehandelt, haben feste Termine für Zinszahlungen und werden zu einem bestimmten Termin eingelöst. Ungewöhnlich sind nur der hohe Zinssatz und das Recht der ausgebenden Bank, die Rückzahlung wahlweise in bar oder durch Herausgabe einer vorher festgelegten Zahl von Aktien zu leisten. Das gibt ihr die Möglichkeit, die für sie jeweils günstigere Variante zu wählen.

Der Zeichner der Anleihe erhält also maximal den Nominalbetrag der Anleihe plus der fälligen Zinsen. Das kann eine gute Rendite bringen. Bei einem ungünstigen Kursverlauf der zugrunde liegenden Aktie dagegen werden ihm die Papiere ins Depot gelegt. Das kann bei einem Verkauf an der Börse zum Zeitpunkt der Rückzahlung zu einem beträchtlichen Verlust führen, der selbst die hohen Zinszahlungen übersteigt.

Beispiel

Die Y-Bank bietet eine mit 16 Prozent verzinste Anleihe an, deren Laufzeit 18 Monate beträgt. Ein Anleger investiert 1 000 Euro. Die Bank behält sich vor, am Ende der Laufzeit entweder diese Summe zurückzuzahlen oder wahlweise 18 Aktien eines Autokonzerns in das Depot des Anlegers zu legen. Dafür wird am Ausgabetag ein Basiswert von 55,56 Euro (also 1 000 geteilt durch 18) zugrunde gelegt. Das entspricht dem Nominalwert der Anleihe. Da der tatsächliche Börsenkurs zu diesem Zeitpunkt bei rund 45 Euro lag, muss die Bank dafür lediglich 810 Euro investieren. Im günstigsten Fall erhält der Anleger nach 18 Monaten insgesamt 1 000 Euro plus 240 Euro an fälligen Zinsen, also 1 240 Euro. Wenn die zugrunde liegende Aktie in der Zwischenzeit im Kurs über diesen Betrag hinaus gestiegen ist (also bei 68,88 Euro oder darüber liegt) wird die Bank sie an der Börse verkaufen und den 1 240 Euro übersteigenden Gewinn für sich behalten. Liegt der Kurs der Aktie unter 68,88 Euro (beispielsweise bei 59 Euro), wird der Gläubiger der Anleihe mit 18 Aktien abgefunden. Er kann sie für insgesamt 1 062 Euro verkaufen und muss sich dann mit einer realen Verzinsung abfinden, die nur bei 6,2 statt der erhofften 16 Prozent liegt. Falls der Kurs in der Zwischenzeit auf 52 Euro gesunken ist, kann der Anleger insgesamt nur noch 936 Euro erlösen und macht einen Verlust. Allerdings hat er die Chance, mit dem Verkauf der Aktien so lange zu warten, bis der Kurs wieder steigt. In diesem Fall kann aus dem Verlust doch noch ein Gewinn werden, aber die Aktie kann natürlich auch weiter fallen.

WISO rät

Mit Aktienanleihen können Sie Anlageerfolge erzielen, wenn die Marktzinsen niedrig sind und die Aktienkurse sich nur wenig bewegen, also während der Laufzeit der Anleihe »seitwärts« gehen.

Ansonsten gilt: Fällt der Kurs der zugrunde liegenden Aktie, verlieren Sie Geld. Steigt der Kurs der Aktie, entgeht Ihnen ein Teil des Gewinns. Lassen Sie sich deshalb von scheinbar hohen Zinsen nicht blenden. Wie die Rendite tatsächlich ausfällt, wissen Sie erst am Ende der Laufzeit.

WISO rät

Spezielle Gewinnmöglichkeiten bestehen für spekulative Anleger, die eine Aktienanleihe nicht bei der Ausgabe erwerben, sondern später an der Börse. Wenn sich nämlich der Kurs der zugrunde liegenden Aktie (oder bei Doppelanleihen der schwächsten Aktie) während der Laufzeit ungünstig entwickelt, können Sie die Anleihe kaufen, wenn Sie mit einer Kurserholung rechnen. Denn dann winkt tatsächlich eine Superverzinsung.

Eine Variante der Aktienanleihen besteht darin, dass die Bank bei der Rückzahlung (sofern sie nicht in bar erfolgt) zwischen zwei Möglichkeiten, also zwei Aktien, wählen kann – zum Beispiel zwischen einer VW- und einer Lufthansa-Aktie. Die Wahl hat aber nicht der Anleger, sondern die Bank. Und die wird die Aktie wählen, die für sie am günstigsten ist.

Steuerliche Aspekte bei Aktienanleihen

Zinsen müssen versteuert werden. Kursgewinne, die beim direkten Erwerb der Aktien vom Anleger erzielt werden, können dagegen nach Ablauf der Spekulationsfrist von zwölf Monaten steuerfrei kassiert werden. In der Zwischenzeit vereinnahmte Dividenden würden (im Gegensatz zu Zinsen) nach dem Halbeinkünfteverfahren (siehe das Kapitel *Wie man Steuervorteile richtig nutzt* auf Seite 230) nur zur Hälfte besteuert. Umgekehrt können Verluste, die dadurch entstehen, dass die Bank zur Tilgung der Anleihe dem Kunden Aktien ins Depot legt, steuerlich nicht geltend gemacht werden. Abgesehen davon, dass die Spekulationsfrist in der Regel abgelaufen ist, hat dies das Bundesfinanzministerium bereits Anfang 2000 klargestellt. Bei Lieferung von Aktien am Ende der Anleihe-Laufzeit beginnt zudem die Spekulationsfrist von neuem. Der Anleger müsste also ein weiteres Jahr warten, ehe er Gewinne nicht mit dem Finanzamt teilen muss oder weitere Verluste gegen Gewinne mit anderen Aktien verrechnen kann.

Diese Beispiele aus dem breiten Angebot von Finanzprodukten auf Aktienbasis zeigen, dass derartige Angebote in bestimmten Situationen reizvoll sein können, dass aber auch bei weitem nicht alles Gold ist, was auf dem Markt der Finanzprodukte glänzt.

Als Anleger sollten Sie immer daran denken, dass die verschiedenen Finanzprodukte so konstruiert sind, dass der Anbieter (Banken, Sparkassen, Finanzdienstleister) in jedem Fall verdient. Ob Sie als Käufer einen Profit machen, hängt dagegen ebenso wie bei jeder anderen Spekulation davon ab, ob Ihre Erwartungen hinsichtlich der künftigen Marktentwicklung in Erfüllung gehen. Je komplizierter die Konstruktion eines Finanzprodukts ist, umso sorgfältiger sollten Sie prüfen, ob Sie eine reelle Chance haben, eine angemessene Rendite zu erzielen.

WISO rät

Lassen Sie sich deswegen immer ausführliche Informationen zu den angebotenen Produkten geben, mündlich und schriftlich. Prüfen Sie, ob in seriösen Zeitungen, im Internet oder bei der Stiftung Warentest kritische Auseinandersetzungen mit diesem Finanzprodukt zu finden sind.

Dadurch werden Sie objektiver über Stärken, Schwächen und verborgene Fallstricke informiert, als dies vom Anbieter zu erwarten ist. Je glanzvoller das Schaufenster dekoriert ist, umso sorgfältiger sollten Sie prüfen, was wirklich dahintersteckt. Denn dass zum Beispiel bei einer angebotenen Verzinsung von 18 oder 25 Prozent irgendwo ein Haken sein muss, ist doch klar. Banken verschenken kein Geld.

Der »aufgeklärte Anleger«: Erst unterschreiben, dann kaufen

Seit einigen Jahren erlaubt es der Gesetzgeber den Kreditinstituten und Finanzdienstleistern nur dann, ihren Kunden Termingeschäfte anzubieten, wenn die Privatanleger vorher unterschrieben haben, dass sie mit den damit verbundenen Risiken vertraut sind oder darüber ausreichend aufgeklärt wurden. Und da Vater Staat seine Bürger offenbar für vergesslich hält, müssen die Banken oder Sparkassen ihren Kunden alle zwei Jahre ein Papier mit der Überschrift »Wichtige Informationen über Verlustrisiken bei Finanztermingeschäften« vorlegen und erneut unterzeichnen lassen.

Liegt Ihnen dies nicht bis zum festgesetzten Termin vor, dürfen die Banken oder Sparkassen für die betreffenden Kunden keine neuen Optionsgeschäfte mehr ausführen – gleichgültig ob es sich um Puts und Calls, Aktienoptionen, Devisen- oder Warentermingeschäfte handelt und unabhängig davon, ob der Kunde in den vergangenen Jahren bereits wie ein Weltmeister mit diesen Finanzinstrumenten hantiert hat.

Ob der Kunde wirklich versteht, was er da unterschreibt, ist in manchen Fällen zweifelhaft. Für die Banken und sonstigen Finanzdienstleister dagegen hat das Papier die angenehme Folge, dass Schadensersatzansprüche wegen Falschberatung schwerer durchzusetzen sind: Der Kunde hat ja selbst per Unterschrift bestätigt, dass er genau weiß, was er tut. Ob die Fürsorge des Gesetzgebers wirklich den Interessen des Kunden gerecht wird, hängt daher vor allem davon ab, ob die Anleger nur dann unterschreiben, wenn sie auch wirklich alles verstanden haben.

WISO rät

Lassen Sie sich nur dann auf etwas kompliziertere Wertpapiergeschäfte ein, wenn Sie auch wirklich verstanden haben, worum es dabei geht und wie das jeweilige Finanzprodukt konstruiert ist. Denn sonst bleibt Ihnen verborgen, wo die Chancen und Risiken wirklich liegen und wo Fallstricke verborgen sein könnten.

Sie können sonst im Bedarfsfall auch nicht rechtzeitig die Notbremse ziehen – nach dem Motto: Der erste Verlust ist immer der geringste Verlust.

Geldanlage in Fonds

Es gibt viele gute Gründe, nicht immer alles selber machen zu wollen, sondern Fachleute zu beauftragen. Das gilt für Reparaturen im Haus ebenso wie an der Börse: Nicht jeder hat die Lust, die Zeit, den Mut oder die notwendige Geschicklichkeit, um an der Wasser- und Stromleitung herumzubasteln – oder auf eigene Faust sein Glück an der Börse zu versuchen. Manche wollen sich auch nicht ständig mit dem Thema Geld beschäftigen, aber trotzdem etwas Vernünftiges damit anfangen. Viele wissen inzwischen, dass sie sich nicht allein auf die staatliche oder betriebliche Altersversorgung verlassen dürfen, um im dritten Lebensabschnitt ausreichend abgesichert zu sein. Sie wollen deshalb regelmäßig einen festen Betrag von ihrem Einkommen abzweigen und anlegen, um langfristig ein ausreichendes finanzielles Polster zu schaffen. In allen diesen Fällen ist es sinnvoll, sich mit den Möglichkeiten zu beschäftigen, die das Fondssparen bietet.

Die Angebote im Bereich der Investmentfonds sind heute so vielfältig, dass Sparer auch hier die »Qual der Wahl« haben. Doch die Quälerei lohnt sich in zweifacher Hinsicht. Denn einerseits gibt es heute für jeden Anlegertyp maßgeschneiderte Lösungen, andererseits sind die Qualitätsunterschiede gewaltig. Deshalb ist ohne ausreichende Information und Beratung die Gefahr groß, dass das sauer verdiente Geld in die falschen Fonds investiert wird oder gar unseriösen Geschäftemachern in die Hände fällt. Das in Jahrzehnten gebildete Sparkapital kann dann auf Nimmerwiedersehen verschwunden sein. Berichte über Opfer von Anlagebetrügern können Sie fast täglich in der Zeitung lesen.

Rausch und Krise – die Hausse der späten 90er Jahre und die Baisse an den Aktienmärkten, die danach vom Frühjahr 2000 bis in den März 2003 anhielt – haben zu einer nachhaltigen Verunsicherung der Anleger geführt. Das gilt nicht nur für diejenigen, die ihr Geld durch den Kauf von Aktien direkt an der Börse anlegen. Es gilt auch für die Fondssparer. Denn die Fonds, die ihrerseits das bei den Sparern eingesammelte Kapital im In- und Ausland in Unternehmensanteile investieren, wurden von der weltweiten Börsenkrise fast ebenso gebeutelt wie Privatanleger. Das galt natürlich in erster Linie für Aktienfonds. Die Fonds, die einen Index abbilden, rauschten ebenso in die Tiefe wie die zugrunde liegenden Indizes Dax, Stoxx, Nemax oder Dow Jones.

Noch schlimmer traf es Branchenfonds, die auf die falschen Wirtschaftszweige gesetzt hatten. Wer in den Jahren 2000 bis 2003 entnervt ausstieg, hat daher oft herbe Verluste hinnehmen müssen. Wer dagegen cool blieb, sein Investment durchhielt oder – besser noch – weiter monatlich eine feste Summe anlegte, konnte später die Früchte ernten. Denn die Erholung der Börsen, die ab 2005 weltweit wieder richtig in Schwung kamen, sorgte dafür, dass viele Fonds ihre Verluste nicht nur aufholten, sondern auch wieder in die Gewinnzone kamen. Von diesem Aufschwung profitierten natürlich besonders die Anleger, die erst nach dem Kurseinbruch mit einmaligen oder regelmäßigen monatlichen Zahlungen Aktien oder Fondsanteile kauften.

WISO rät

Investmentfonds eignen sich vor allem für Sparer mit mittel- und langfristigen Anlagezielen. Wegen des oft bei 5 Prozent liegenden Ausgabeaufschlags ist ein schneller Ein- und Ausstieg, wie es beim Kauf einzelner Aktien möglich ist, hier nicht zu empfehlen. Der Anlageerfolg stellt sich oft erst nach einigen Jahren ein.

Der Kauf von Fondsanteilen ist vor allem dann sinnvoll, wenn monatlich ein festgelegter Betrag gespart wird. Während es beispielsweise schwierig ist, jeden Monat für 50 Euro einzelne Aktien zu kaufen, macht die regelmäßige Anlage einer solchen Summe bei Fonds kein Problem, da auch Bruchteile von Anteilen erworben werden können. Angenommen ein Fondsanteil wird im September für 19,22 Euro ausgegeben und im Oktober für 21,12 Euro, dann werden Ihnen für Ihren Sparbetrag im ersten Fall 2,6 Anteile gutgeschrieben, im zweiten Fall 2,36 Anteile.

Anleger, die eine nervenschonendere Form der Geldanlage in so genannten Rentenfonds bevorzugen, haben sich in den Jahren nach 2000 sicherlich zu ihrer Entscheidung gratuliert. Denn Fonds, die in festverzinsliche Wertpapiere investieren, wurden von dem Einbruch an den Aktienmärkten natürlich nicht unmittelbar in Mitleidenschaft gezogen. Bei ihnen wurde der langfristige Wertzuwachs allerdings dadurch beeinträchtigt, dass das Zinsniveau über einen längeren Zeitraum hinweg ungewöhnlich niedrig war. Doch was kurzfristig richtig war, muss deshalb langfristig noch lange nicht stimmen. Besonders dann, wenn das wichtigste Sparziel die finanzielle Absicherung im dritten Lebensabschnitt ist, können nur Vergleiche über einen langen Zeitraum zeigen, ob Aktien Renten schlagen oder umgekehrt.

Untersuchungen belegen, dass Aktien oder in Aktien investierende Fonds über zehn, 20 oder besser noch 30 Jahre hinweg gesehen dem Anleger einen größeren Vermögenserfolg bescheren als sichere Rentenpapiere (wie Bundesschatzbriefe, Bundes- und Unternehmensanleihen), eine Kapitallebensversicherung oder gar das Sparbuch. Dabei muss allerdings beachtet werden, dass das Ergebnis solcher Analysen immer sehr stark davon abhängt, welche Zeiträume für den Vergleich gewählt werden. Auf die Frage, welche Anlageform bei Anlage von 5 000 Euro über Anlagezeiträume von jeweils 20 Jahren mehr Rendite brachte, kann es daher unterschiedliche Antworten geben, wie die folgenden Beispiele zeigen. Hier die Ergebnisse eines historischen Renditevergleichs »Aktien gegen Renten«, die der renommierte Finanzwissenschaftler Richard Stehle von der Berliner Humboldt-Universität für WISO zusammengefasst hat. Da der Euro im betrachteten Zeitraum noch kein Zahlungsmittel war, wurden die Beispiele in Mark gerechnet:

Beispiel

Von 1961 bis 1980 – dem schlechtesten 20-Jahreszeitraum für deutsche Aktien seit Kriegsende – lag die Rente mit 26 500 Mark vorn. Wären die 10 000 Mark in Aktien investiert worden, hätte das Vermögen nach 20 Jahren nur 16 400 Mark betragen. Das entspricht einer jährlichen nominalen Verzinsung von 2,5 Prozent bei Aktien und von rund 5 Prozent bei Renten.

Von 1973 bis 1992, zwei Jahrzehnte, in denen mit Aktien wie mit Renten durchschnittliche Erträge erzielt wurden, gewannen Aktien das Rennen mit einem Endergebnis von 60 600 Mark. Mit Renten waren angesichts der damaligen Zinsen dagegen auch bei optimaler Anlage nur 44 400 Mark zu erwirtschaften. Das entspricht einer jährlichen nominalen Verzinsung von 9,4 Prozent bei Aktien und 7,7 Prozent bei den Rentenpapieren. Auch wenn der Unterschied auf den ersten Blick nicht besonders groß erscheinen mag: Innerhalb von 20 Jahren führt er zu einem um 16 200 Mark höheren oder geringeren Ertrag.

Von 1981 bis 2000 – einem der besten 20-Jahreszeiträume für Aktien im vergangenen Jahrhundert – liegt die Aktienrendite noch deutlicher vor der Rentenrendite: Einem Endkapital von 199400 Mark bei Aktien stehen gerade einmal 42500 Mark bei Renten gegenüber. Das entspricht einer jährlichen nominalen Verzinsung von 16,1 Prozent bei Aktien und von rund 7,5 Prozent bei einer Anlage der ursprünglich 10000 Mark in Anleihen. Selbst wenn der Aktionär in der nachfolgenden Börsenkrise wieder die Hälfte seines Kapitals verloren hätte, stünde er immer noch besser da als der »Rentier«.

Wenn man Vergleichsrechnungen aus der Perspektive des Jahres 2006 anstellt, sieht das Ergebnis wieder etwas anders aus. Nach Berechnungen des Bundesverbandes Deutscher Investmentgesellschaften konnten Anleger, die in einem Zeitraum von zehn Jahren monatlich 50 Euro in europaweit investierende Aktienfonds angelegt hatten, Anfang 2006 über ein Vermögen von 7114 Euro verfügen. Bei insgesamt eingezahlten 6000 Euro entspricht das einer jährlichen Rendite von 3,3 Prozent. Wer stattdessen die gleiche Summe ein Jahrzehnt lang in Rentenfonds investiert hatte, konnte auf seinem Konto 7300 Euro verbuchen. Das waren 18 Euro mehr und entspricht einer Rendite von gut 4 Prozent.

Doch auch hier gilt wieder: Wer einen längeren Zeitraum betrachtet, kommt bei der Aktienanlage besser weg. Auf 20 Jahre gesehen brachten europaweit investierende Aktienfonds nämlich eine Rendite von 7 Prozent. Auf der Langstrecke von 30 Jahren schafften sie sogar 8,1 Prozent. International investierende Rentenfonds schneiden mit 5,8 beziehungsweise 6,3 Prozent in den gleichen Zeiträumen wieder deutlich schlechter ab. Wenn auch offene Immobilienfonds in die Betrachtung einbezogen werden, erwirtschafteten sie für ihre Anleger über zehn Jahre gerechnet 2,7 Prozent. Über Zeiträume von 20 und 30 Jahren betrachtet waren es 4,3 und 5,1 Prozent. Langfristig gesehen steht die Aktie trotz aller Rückschläge also immer wieder ganz oben auf dem Siegertreppchen.

Fazit: Investmentsparen lohnt sich – bei Aktien- wie bei Rentenfonds. Aber es lohnt sich noch mehr, unter den Guten nach den Besten zu suchen. Denn nur die schaffen es, den »Index« zu schlagen – also höhere Zuwächse zu erzielen als die Börse insgesamt.

Niemand kann genau vorhersagen, wie lange die guten und die schlechten Jahre an der Börse jeweils dauern. Zudem sind nicht immer alle Börsen weltweit im gleichen Maß betroffen. Auch wenn die großen Trends heute meist global sind, gibt es regionale Unterschiede. In Japan hat es länger als ein Jahrzehnt gedauert, bis sich die Börse einigermaßen von dem schweren

Rückschlag nach dem Kursfeuerwerk der 70er und 80er Jahren erholte. In Deutschland und den europäischen Nachbarländern folgte dagegen nach der Baisse von 2000 schon ab Mitte 2003 wieder ein kontinuierlicher Kursanstieg.

WISO rät

Wenn Sie auf »Nummer sicher« gehen wollen, haben Sie bei einer Anlage Ihrer Ersparnisse in Fondsanteilen durch eine Aufteilung der Sparbeträge auf Aktien- und Rentenfonds die Möglichkeit, zweigleisig zu fahren. Das bietet die Möglichkeit, die zur Ergänzung der monatlichen Rente oder aus anderen Gründen benötigten Beträge in schlechten Börsenzeiten dem Rentenfonds zu entnehmen und in guten auf den Aktienfonds zurückzugreifen.

Fast parallel dazu entwickelte sich auch die Zahl der Investmentfondsbesitzer. Während Anfang 1997 nur 2,3 Millionen Bundesbürger Anteile an Fonds besaßen, erreichte ihre Zahl Mitte des Jahres 2001 einen vorläufigen Rekordwert von fast 10,2 Millionen. Drei Jahre später waren es dagegen nur noch 8 Millionen. Ende des ersten Quartals 2006 zählte die Branche laut BVI (Bundesverband Investment und Asset Management) wieder rund 11 Millionen Bundesbürger, die regelmäßig in Investmentfonds investieren. Dazu trug auch die wachsende Zahl von Riester-Fondssparplänen und das Fondssparen mit vermögenswirksamen Leistungen bei. Das zeigt: Die Vertrauenskrise an den Kapitalmärkten in den Jahren zwischen 2000 und 2003 hatte auch für das Fondssparen dramatische Folgen, denn gleichzeitig gingen auch die investierten Beträge deutlich zurück – obwohl eigentlich das Gegenteil rational gewesen wäre, denn so billig waren Aktien und Fondsanteile lange nicht mehr zu haben.

Investmentfonds: Was ist das eigentlich?

Fondssparen gibt es seit 1950 in Deutschland. Es begann mit dem Fondra, einem Mischfonds für Aktien und Renten mit Anlageschwerpunkt in Deutschland. Wer seit seiner Auflage monatlich 100 Mark oder später rund 51 Euro in den Fondra einzahlte, konnte bisher pro Jahr über 10 Prozent

Rendite einstreichen. Daran änderte auch der Börsencrash zwischen 2000 und 2003 nichts. Mit dem Fondra begann zwar die Erfolgsstory der Investmentfonds in Deutschland, doch der wirkliche Durchbruch kam erst in den späten 90er Jahren. Seitdem boomt die Branche und erzielt gewaltige Zuwachsraten. Das Jahr 2000 brachte den absoluten Rekord. Mit Mittelzuflüssen von netto mehr als 114 Milliarden Mark wurden erstmals mehr als 40 Prozent der privaten Ersparnisse in Investmentfonds investiert. Überraschend daran ist eigentlich nur, dass der Boom so spät kam. Denn mit Fondssparplänen konnten Anleger in den vergangenen Jahrzehnten auf relativ sichere Weise und auch mit kleinen Beiträgen ein Vermögen bilden.

Nach deutschem Recht ist ein Investmentfonds ein Sondervermögen. Es wird von einer Kapitalanlagegesellschaft (KAG) verwaltet und von einer unabhängigen Depotbank verwahrt. In einem Investmentfonds sammelt eine Kapitalanlagegesellschaft die Gelder vieler Anleger, um sie gewinnbringend anzulegen. Dabei ist die KAG laut Gesetz zu einer Risikomischung verpflichtet. Deutsche KAGs unterliegen dem Gesetz über Kapitalanlagegesellschaften (KAGG) und dem Gesetz über das Kreditwesen (KWG).

Alle Vermögensgegenstände des Fonds zusammengenommen ergeben den so genannten Inventarwert. Dieser wird durch die Anzahl der ausgegebenen Anteilscheine geteilt und ergibt so den Fondspreis oder Inventarwert je Anteil, den Anteilswert also. Mit dem Kauf von Inventarteilen, in der Regel »Investment-Zertifikate« genannt, erwirbt der Anleger einen bestimmten Anteil am Fondsvermögen. Die KAG ist verpflichtet, die ausgegebenen Anteile jederzeit im Rahmen der Vertragsbedingungen zum Anteilswert zurückzunehmen. Der Fondsanleger ist also jederzeit liquide, weil er bei Bedarf in kurzer Zeit an sein Geld kommt.

Eine KAG ist gesetzlich verpflichtet, zur Information der Anleger über jeden ihrer Fonds jährlich einen Rechenschaftsbericht vorzulegen. Darin sind vor allem enthalten:

- die Vermögensaufstellung,
- die Aufwands- und Ertragsrechnung,
- die Höhe einer eventuellen Ausschüttung,
- Informationen zur Geschäfts- und Fondsentwicklung.

Die KAG setzt sich Anlageziele, beispielsweise einen Index wie den Dax oder einen aus der Euro-Stoxx-Familie zu schlagen. Dazu trifft sie Kauf- und Verkaufsentscheidungen zur Auswahl der Aktien oder Anleihen, von denen sie sich Wertsteigerungen erwartet. Die Anlagepolitik wird stets für einen gewissen Zeitraum festgelegt. Sie wird von einem Anlageausschuss der KAG getroffen und ist für das Fondsmanagement verbindlich. Im Vordergrund müssen dabei laut Gesetz immer die Interessen der Anteilseigner stehen. Nach dem KAGG gibt es Anlagegrenzen für das Fondsvermögen. Dadurch soll der Grundidee des Investmentsparens Rechnung getragen werden, nämlich der Risikostreuung durch eine Vielzahl von Anlagen.

Hinter den Kapitalanlagegesellschaften stehen in der Regel Banken, Versicherungen, Sparkassen, Privatbanken und private Vermögensgesellschaften. Die marktbeherrschenden deutschen Kapitalanlagegesellschaften sind die Activest-Gruppe (HypoVereinsbank), die ADAM-Gruppe (Allianz Dresdner Asset Management), die Cominvest-Gruppe (Commerzbank), die Deka (Sparkassen), die DWS (Deutsche Bank) und Union Investment (Raiffeisen- und Volksbanken). Diese sechs Fondsgesellschaften halten allein über 85 Prozent der Marktanteile. Daneben gibt es eine Vielzahl von ernst zu nehmenden Anbietern wie Sal. Oppenheim oder das Bankhaus Metzler. Außerdem sind viele ausländische Anbieter auf dem deutschen Markt aktiv. Dazu gehören Fidelity, Templeton, Morgan Stanley, Flemings, Barings, die UBS oder Goldmann Sachs mit zum Teil sehr erfolgreichen Fonds.

Bei Kauf und Verkauf sind die Fonds (mit Ausnahme börsennotierter Fonds) schwerfälliger als Aktien. In der Regel wird der Preis der Anteile nur einmal täglich festgestellt. Wenn Sie einen Verkaufsauftrag erst am Nachmittag erteilen, erfahren Sie oft erst am nächsten Tag, zu welchem Preis Sie die Anteile losgeworden sind.

Achtung!

> Wenn Sie aufgrund einer schlechten Nachricht noch rasch verkaufen wollen, ehe es zu einem allgemeinen Kursrutsch kommt, der auch den Wert Ihrer Fondsanteile mit nach unten zieht, ist das meist nicht möglich.

Fondsbesitzer, die ihre Anlagen schnellstmöglich zu Geld machen oder neue Anteile kaufen wollen, sind dadurch gegenüber Aktienbesitzern benachteiligt. Auch das zeigt, dass Fondssparen sich eher für längerfristig orientierte Anleger als für kurzfristig denkende Spekulanten eignet.

Fondsmanager: Zum Erfolg verdammt?

Die große Zahl von Fondsangeboten schafft in der Investmentbranche einen ungeheuren Konkurrenzdruck – zum Nutzen der Anleger. Denn: Fonds und Fondsmanager, die zum Beispiel deutlich hinter der Dax-Entwicklung hinterherhinken, verschwinden vom Markt. Den jeweiligen Index in der Performance zu schlagen, das ist das Ziel aller Fondsmanager. Daran werden sie gemessen und dabei wird ihnen ununterbrochen »auf die Finger geschaut«. Die Berichterstattung in den Medien und im Internet über die Börsen, die einzelnen Aktiengesellschaften und die Investmentbranche hat stark zugenommen. Das liefert den Anlegern mehr Informationen und sorgt für mehr Markttransparenz. Dieser Trend wird in den kommenden Jahren wohl andauern. Dafür sorgt auch das wachsende Interesse an der »Riester-Rente« mit ihren staatlichen Zuschüssen, bei der sich die Sparer oft für eine Fondsanlage entscheiden.

Hinzu kommt ein günstigeres Umfeld. Seit Ende der 90er Jahre haben sich die Entwicklungschancen des Investmentplatzes Deutschland deutlich verbessert. Das sorgte auch beim Fondsangebot für Schwung. Zu den wichtigsten Neuerungen zählen:

- die Zulassung so genannter Altersvorsorge-Sondervermögen (AS) nach dem Vorbild der angelsächsischen Pension-Funds mit einem Sparplan in der Ansparphase und einem Auszahlungsplan in der Rentenphase;
- die Zulassung von verschiedenen Fondstypen, die bisher nur über Luxemburg angeboten werden konnten;
- die Zulassung von reinen Indexfonds, die bis dahin nur von ausländischen Gesellschaften angeboten werden durften;
- die Erleichterung der Arbeit der Fondsmanager durch erweiterte Anlagemöglichkeiten in derivaten Instrumenten wie den so genannten Hedge-Fonds.

Mit Investmentfonds Vermögen bilden

Die Wertzuwächse, die von einzelnen Fonds in den vergangenen Jahren erzielt wurden, lagen oft weit über den Ergebnissen, die Aktiensparer mit ihren selbst zusammengestellten Depots schafften. Spätestens seit dem Jahr 2000 zeigt sich allerdings, dass auch Fondsmanager nur »mit Wasser kochen«. Im Rückblick gesehen war es beim Kursfeuerwerk der Jahre 1998 bis

2000 keine allzu große Kunst, beim Fondsvermögen hohe Zuwächse zu erzielen. In dieser geradezu euphorischen Börsenphase garantierte fast jeder Kauf von Anteilen an Investmentfonds automatisch hohe Wertzuwächse. Es herrschte eben »Goldgräberstimmung«. Da kam es kaum noch auf die Anlagestrategie und die Qualität der Fondsmanager an.

Doch das hat sich seit Mitte 2001 dramatisch geändert. Es zeigt sich, dass ein Investmentfonds, der in einem Jahre lang glänzend abgeschnitten hat, schon kurz darauf zu den Verlierern gehören kann. Deshalb gilt auch für Sie als Investmentfondssparer, dass Sie die richtige Geldanlage nicht dem Zufall überlassen dürfen. Sie müssen

- wissen, in welchen Fondstyp Sie investieren,
- sich entscheiden, wie Sie Ihr Geld sinnvoll aufteilen,
- sich ein Urteil über die Qualität des Managements bilden,
- sich überlegen, ob Sie sporadisch oder regelmäßig Fondsanteile erwerben wollen,
- die unterschiedlich hohen Verwaltungskosten berücksichtigen.

WISO rät

Vergessen Sie die Kosten nicht: Gute Renditen sind auch deshalb wichtig, weil das Verdienen für Sie erst anfängt, wenn der Fonds seine Kosten gedeckt hat. Denn die Kosten für Management, Vertrieb oder Depotverwaltung zahlen Sie immer – egal, ob der Fonds Zuwächse erwirtschaftet oder Verluste macht.

Die Zahl der Fonds wächst. Die Angebote der Finanzdienstleister werden immer vielfältiger. Tausende in- und ausländischer Investmentfonds werden in Deutschland angeboten. Jahr für Jahr kommen weitere hinzu. Selbst Experten kennen längst nicht mehr alle Länder-, Regionen-, Branchen- oder Themenfonds. Noch weniger kann der durchschnittliche Anleger das Angebot überschauen. Wie soll er das Management oder gar die Wertentwicklung und die Durchschnittsrendite der einzelnen Fonds vergleichen und die Chancen ihrer künftigen Wertentwicklung einschätzen? Um sich im Fonds-Dschungel zurechtzufinden, braucht der interessierte Anleger deshalb zuverlässige Wegweiser.

So wie der Aktionär, der sich seine Papiere an der Börse selber aussucht, mit Sorgfalt wählen und sich Informationen beschaffen muss, sollte auch der

Investmentsparer bei der Auswahl der für ihn geeigneten Fonds vorgehen. Wie wichtig dies ist, zeigt sich, wenn die Renditen der verschiedenen Fonds verglichen werden. Denn da gibt es erhebliche Unterschiede.

WISO rät

Verschaffen Sie sich zunächst einen Überblick, ehe Sie Ihr Geld in einem Investmentfonds anlegen. Glauben und vertrauen Sie weder Ihrer Bank noch einem unabhängigen Finanzberater blindlings – vor allem nicht in Bezug auf die Wachstumsprognosen, die in den Prospekten der Fondsgesellschaften stehen. Die sind immer aus der Vergangenheit errechnet und lassen sich nicht automatisch in die Zukunft projizieren.

Lassen Sie sich Zeit! Kaufen Sie auf keinen Fall nach dem ersten Gespräch mit ihrem Bankberater oder einem unabhängigen Finanzberater. Informieren Sie sich zuerst umfassend. Es lohnt sich.

Informationsquellen zum Thema Investmentfonds

Die Prospekte der Fondsanbieter sind wichtig, da sie grundlegende Angaben zu den jeweiligen Investmentfonds enthalten. Sie müssen zwar nach bestem Wissen und Gewissen gegeben werden, aber sie sagen nichts darüber aus, ob es nicht noch bessere Angebote gibt. Solche Hinweise und Vergleiche finden Sie an anderen Stellen. Es gibt eine umfangreiche Literatur zum Thema Geldanlage. Die Berichterstattung in den Medien wird angesichts des wachsenden Interesses der Leser immer weiter ausgebaut – und sie ist auch für den durchschnittlichen Anleger verständlicher geworden. An jedem Kiosk können Sie zwischen zahlreichen Publikationen mit Finanzinformationen wählen. Die Wirtschaftspresse bietet regelmäßige Fonds-Rubriken mit Performance-Vergleichen und hält ihre Leser über die Neuigkeiten auf dem Laufenden.

Auch das Internet bietet eine Fülle von Basisinformationen. Direktbanken und Finanzdienstleister bieten im Internet Serviceangebote über Fonds und deren Leistungen. Fonds-Führer in Buch- oder Broschürenform schlüsseln Tausende von Fonds nach Kriterien auf wie Fondsstruktur, Kostenanalyse, Bewertung auf Basis der Risikostreuung und der Rendite, Verfügbarkeit des investierten Kapitals, Vertriebs- und Marketingaktivitäten der Fondsgesellschaft. Sehr hilfreich sind auch die Rankings, die von spezialisierten Instituten erstellt werden (siehe weiter unten).

WISO rät

Die Kosten für aktuelle Fonds-Ratgeber liegen meist im zumutbaren Rahmen. Ihr Kauf ist meist eine lohnende Investition! Bereits wenige Stunden Lektüre helfen bei der Investitionsentscheidung. Das gilt auch für den Fonds-Dauertest der Stiftung Warentest, die regelmäßig weit über 4000 Fonds prüft. Die Ergebnisse werden sowohl in der monatlich erscheinenden Zeitschrift als auch im Internet (www.finanztest.de/fondsfinder) publiziert. Dort können Sie nach den besten Angeboten suchen oder prüfen, wie Ihre Fonds im Vergleich abschneiden.

Die Zeit dafür sollte Ihnen Ihr Geld wert sein. Mit solchem Wissen versehen gehen Sie auch mit besseren Voraussetzungen in ein Beratungsgespräch bei Ihrer Bank oder Sparkasse. Es fällt den Beratern schwerer, Ihnen die hauseigenen Produkte zu verkaufen, wenn Sie Ihnen unter Hinweis auf die Testergebnisse nachweisen, dass es wesentlich bessere Angebote gibt. Auch Wirtschaftsmagazine wie *Capital* oder *Wirtschaftswoche* veröffentlichen Fondsvergleiche. Regelmäßig, ausführlich und neutral informiert *Finanztest*, eine monatlich erscheinende Publikation der Stiftung Warentest, über die Qualität von Aktien-, Renten- und Mischfonds. Auch die Tageszeitungen berichten in ihrem Wirtschaftsteil über die Wertentwicklung der verschiedenen Fonds, stellen Vergleiche an, geben Hinweise zur Qualität des Managements und weisen auf neue Fondsangebote hin.

Ehe Sie sich für einen bestimmten Investmentfonds entscheiden, dem Sie Ihr Geld anvertrauen wollen, sollten Sie sich in den folgenden Kapiteln einen Überblick darüber verschaffen, welche Arten von Fonds es gibt, wie sie ihre Gelder anlegen und welche Risiken und Chancen damit verbunden sind.

Fonds: Welcher Typ passt zu Ihnen?

Am Fondsmarkt kann der private Anleger in Deutschland mittlerweile aus rund 10000 Fonds wählen. Da gleicht das Herausfinden des passenden Finanzprodukts der Suche nach der Stecknadel im Heuhaufen. Zu viele Fonds unterscheiden sich nämlich nur wenig, und viele neue Finanzprodukte bringen keine wirklichen Neuerungen. Der Fondsmarkt in Deutschland ist gesättigt. Immer mehr Investmentfonds werden wegen zu geringer Mittelzuflüsse, zu wenig Volumen oder mangelndem Erfolg geschlossen. Doch an dem Fondsdschungel aus der Sicht des privaten Anlegers ändert das gar nichts, denn es wachsen immer wieder neue Fonds nach.

Wer trotzdem mit Erfolg eine Anlagestrategie entwickeln und verfolgen will, kann mit Systematik schon einiges erreichen. Deshalb folgt hier eine Auswahl der Fondstypen, die Sie kennen sollten. Die Charakterisierung dieser unterschiedlichen Arten und eine anschließende Bewertung soll für Sie eine erste Orientierungshilfe sein. Denn wenn Sie die verschiedenen Fondstypen richtig einordnen können, sind Sie schon ein ganzes Stück weiter.

Zunächst muss zwischen Publikumsfonds und Spezialfonds unterschieden werden. Die beiden Fondstypen definieren den Kreis der Anleger. Publikumsfonds werden für Privatanleger aufgelegt, also für die breite Öffentlichkeit. Spezialfonds dagegen sind für Großinvestoren wie Unternehmen, Versicherungen, Stiftungen, Unterstützungskassen und dergleichen gedacht. Es gibt auch da wieder Ausnahmen wie besondere Fonds für mittelständische Unternehmen oder kommunale Einrichtungen. Hier interessieren jedoch nur die für jedermann zugänglichen Publikumfonds.

Aktienfonds

Wer auf die Börse setzt, aber nicht alles auf eine Karte setzen will, dem bieten Aktienfonds Chancen für ein gutes Investment. Das Geld der Anleger wird dabei ausschließlich oder überwiegend in Aktien angelegt. Der Sparer investiert sein Geld in einen Korb aus vielen verschiedenen Aktien, die von der jeweiligen Fondsgesellschaft ausgewählt werden. Die Verteilung des Fondsvermögens durch den oder die Fondsmanager sollte möglichst breit geschehen, in der Regel auf mindestens 20 unterschiedliche Aktien. Damit sind die Anleger gegen negative Entwicklungen bei einzelnen Aktien besser geschützt als beim Kauf einzelner Aktien.

Bei aktiv gemanagten Fonds, die nicht einfach den Dax oder Stoxx durch Kauf der im Index enthaltenen Werte nachbilden, schichtet das Fondsmanagement die im Portefeuille enthaltenen Aktien regelmäßig um. Im Idealfall steigt man also bei Negativkandidaten vorzeitig aus, realisiert bei hohen Kursständen Gewinne und steigt bei Werten mit begründetem Kurspotenzial ein. Das erhöht die Chancen auf einen Wertzuwachs der Anteile, kann aber natürlich auch schief gehen. Der risikoscheue Anleger muss hier gewarnt werden. Die hohen Kursschwankungen an den Börsen machen deutlich, wie nahe Gewinne und Verluste zeitlich nebeneinander liegen können.

Das gilt besonders dann, wenn es sich um Fonds handelt, die auf einzelne Branchen oder bestimmte Regionen spezialisiert sind. Ein gutes Beispiel dafür sind Fonds, die sich auf Werte in Südostasien spezialisiert haben. Nach einem schier endlos erscheinenden Boom folgte in Japan von 1990 an ein lang anhaltender Katzenjammer. Auch wer zu Beginn des neuen Jahrtausends in der Erwartung, dass die Baisse doch irgendwann ein Ende finden müsse, auf den Nikkei, den Index für die großen japanischen Standardaktien setzte, wurde immer wieder enttäuscht. Selbst ausgebuffte Profis finden da keineswegs immer den richtigen Zeitpunkt für den Ein- und Ausstieg. Die Asienfonds brachen auch nach 2000 kräftig ein, erholen sich aber seit 2004 wieder umso kräftiger. Der Vorteil eines Investments in solche speziellen Fonds liegt darin, dass ihr Management sich auf »exotischen«, aber chancenreichen Märkten besser auskennt als ein einzelner Anleger.

Wichtig ist der Anlageschwerpunkt des jeweiligen Aktienfonds. In Deutschland investierende Aktienfonds sind stark von der Entwicklung der Heimatbörse abhängig. Die großen Unternehmen, die so genannten »Blue Chips«, wie Allianz, DaimlerChrysler, Deutsche Bank, BASF oder Siemens sind einem wirtschaftlich interessierten Anleger in der Regel bekannt. Eine Ausrichtung des Fonds auf solche Werte schafft also ein gewisses Maß an Vertrauen beim Anleger.

Riskanter wird es bei internationalen Aktienfonds. Hier haben auch Wechselkursänderungen Einfluss auf den Anlageerfolg. Je exotischer der Anlegerschwerpunkt wird, desto schwerer können Sie die ökonomische Situation des jeweiligen Landes, der Region oder der jeweiligen Branche einschätzen – und desto schlimmer können die unangenehmen Überraschungen werden.

WISO rät

Lassen Sie sich nicht von plakativen Sprüchen über die Erfolgsaussichten der Tigerstaaten oder in Osteuropa und ähnlichen Allgemeinplätzen beeindrucken. Sobald Sie nämlich Anteile gekauft haben, zahlen Sie die Kosten für Management, Vertrieb, Depot – unabhängig davon, ob der Fonds nun gewinnt oder verliert.

Die hohen Wertzuwächse, die in Osteuropa oder Lateinamerika investierende Fonds 2005 und 2006 erzielten, zeigen allerdings auch, dass Fonds für ihre Kunden hohe Vermögenszuwächse erreichen können.

Nebenwertefonds und Dividendenfonds

Unter den vielen Sonderformen, die es im Bereich der Aktienfonds gibt, spielten die Nebenwertefonds in den vergangenen Jahren eine besondere Rolle. Hier handelt es sich um Fonds, deren Manager darauf spezialisiert sind, unter den kleinen und mittelgroßen deutschen und europäischen Unternehmen die Perlen zu finden. Zwischen 2003 und 2006 erwirtschafteten viele dieser Nebenwertefonds für ihre Anleger deutlich bessere Ergebnisse als die Fonds, die im Bereich von Dax und Stoxx nach lohnenden Anlagemöglichkeiten fahnden. Die Dynamik der Nebenwerte spiegelt auch der MDax wider, der im Frühjahr 2006 einen höheren Punktestand erreichte als der Dax. Er profitierte davon, dass kleinere und mittlere Unternehmen, die nicht so stark im Blickfeld der Anleger stehen, seit Jahren deutlich unterbewertet waren. Ihre Fähigkeit, ein stärkeres organisches Wachstum zu generieren als die großen Konzerne, wird von Anlegern immer wieder unterschätzt.

WISO rät

Ein weiteres Argument für die Investition in Nebenwerte ist neben der überdurchschnittlichen Wertentwicklung, dass die Kurse der Perlen unter ihnen keinen so starken Kursschwankungen unterliegen wie die der Schwergewichte im europäischen Aktienmarkt.

Eine spezielle Form der Nebenwertefonds sind solche, die nach Unternehmen mit besonders hoher Dividendenrendite suchen. Hier winken den Anlegern neben einer Wertsteigerung ihrer Anteile außerdem noch hohe Ausschüttungen. Ein Beispiel dafür ist der ADIG Selection Dividende, der als »Stockpicker« in Europa nach Unternehmen Ausschau hält, die überdurchschnittlich hohe Erträge ausschütten. Seit seinem Start im Januar 2004 stieg der Wert der Selection-Anteile innerhalb von zwei Jahren von knapp 48 auf 66 Euro (37 Prozent), und die Anleger konnten sich zudem 2006 über eine Ausschüttung von rund 5 Euro je Anteil freuen.

Auch bei den Nebenwerten gibt es Angebote für Anleger mit geringer, mittlerer und mit hoher Risikoneigung. In der unteren Klasse finden sich Mischfonds, die Aktien und Rentenpapiere enthalten. Manche Fonds konzentrieren sich bei der Suche nach den »Hidden Champions«, also wenig bekannten mittelständischen Spitzenunternehmen, auf Deutschland (wie der FPM Stockpicker Germany). Andere suchen in der gesamten EU nach den Outperformern (wie Uni&SmallCaps Europa) oder sind weltweit unterwegs (wie Global Advantage EM High Trust).

Thesaurierende und ausschüttende Investmentfonds

Nach Beendigung des Fondsgeschäftsjahres werden die dem Fonds zugeflossenen Erträge (Zinsen, Dividenden, Bezugsrechte) an die Anteilinhaber ausgeschüttet. Das geschieht entweder durch Barauszahlung (ähnlich wie bei der Bardividende einer Aktie) oder durch die Gutschrift zusätzlicher Fondsanteile. Der Anleger hat bei manchen Fonds auch die Wahl, ob er Barzahlung oder zusätzliche Fondsanteile will. Bei »thesaurierenden Fonds« werden die Erträge weder ausgeschüttet noch in zusätzlichen Anteilen gutgeschrieben. Sie fließen dem Fondsvermögen zu und erhöhen so den Fondswert. Davon profitiert auch der Anleger.

Ob Erträge ausgeschüttet werden oder nicht, ist nicht von ausschlaggebender Bedeutung. Auf die Qualität des Fondsmanagements lässt dies keinen Rückschluss zu. Vielen Anteilseignern ist es eben lieber, am Ende des Geschäftsjahres noch einen Fondsanteil mehr auf dem Papier zu haben, als sich damit zu trösten, dass beim thesaurierenden Fonds die Erträge dem Fondsvermögen zufließen und so den Wert des einzelnen Fondsanteils erhöhen.

Branchenfonds

Bei Branchenfonds handelt es sich in der Regel um Aktienfonds, die das Geld ihrer Kunden nur in bestimmte Wirtschaftsbereiche investieren. Beispiele dafür sind: Energiefonds, Finanzwertfonds, Telekomfonds, Medienfonds, Ökofonds, Pharmafonds, Biotechnologiefonds, Internetfonds oder Technologiefonds. Die Fondsmanager versuchen dabei, die besten Einzelwerte einer bestimmten Branche im eigenen Land oder weltweit für das Fondsvermögen zu kaufen. Das setzt Spezialwissen und Spezialrecherche beim Fondsmanagement voraus. Anleger sind oft überfordert, wenn es darum geht, die Chancen von einzelnen, oft noch kleinen Unternehmen einer Branche in Europa, Fernost, Südamerika oder den Vereinigten Staaten einzuschätzen. Wer an den Wachstumschancen in solchen Branchen teilhaben will, ist deshalb gut beraten, nicht auf eigene Faust zu investieren, sondern die Auswahl Spezialisten zu überlassen. Der Konkurrenzdruck hat dafür gesorgt, dass der Grad der Spezialisierung und damit die Qualität der Fondsmanager in den vergangenen Jahren gestiegen ist. Das macht Branchenfonds für Sie als Anleger zunehmend attraktiver.

Als Variante werden auch so genannte Themenfonds aufgelegt. Sie investieren in Unternehmen, die von besonderen Trends profitieren. Die Fondsgesellschaften setzen dabei auf Trends wie Sport und Unterhaltung. Sie konzentrieren sich auf Werte, die von Kindern und Jugendlichen in ihrem Konsumverhalten bevorzugt werden. Themenfonds für Jugendliche setzen zum Beispiel auf Aktien von Sony, Nintendo oder Time Warner. Doch ob es wirklich genug »trendige« Aktien für einen Themenfonds gibt, ist im Einzelfall nicht einfach zu beurteilen. Noch schwerer einzuschätzen ist, ob ein solcher Trend wirklich trägt und für zusätzliche Umsätze und Gewinne bei den Unternehmen sorgt, die ein solcher Fonds im Korb hat.

WISO rät

Wenn Sie in solche Fonds investieren, sollten Sie auch selber die Entwicklung verfolgen und die Besonderheiten des jeweiligen Wirtschaftssektors ein wenig kennen.

Fonds können zwar eine Risikostreuung betreiben, und Misserfolge einzelner Unternehmen drücken sich daher im Anteilswert der Fonds nicht so deutlich aus wie beim Kurs der entsprechenden Aktie an der Börse. Aber wenn sich die Branche insgesamt nicht erwartungsgemäß entwickelt, sinken auch die Fondsanteile im Wert. Die Erfahrung zeigt: Branchenfonds unterliegen zum Teil erheblichen Schwankungen. Die hohen Kursverluste der Internet-Aktien in der jüngsten Vergangenheit haben das drastisch vor Augen geführt.

Je enger also die Anlageziele definiert sind, umso stärker hängt die Wertentwicklung der jeweiligen Fonds am Schicksal der jeweiligen Unternehmen. Wenn es einmal nach unten geht, dauert die Erholung oft sehr lange – wie das Beispiel vieler Medienfonds zeigt.

WISO rät

Sie sollten deshalb auch hier nicht alles auf eine Karte setzen. Wenn Sie die Chancen von Branchenfonds nutzen wollen, sollten Sie Ihre Mittel auf mehrere Fonds verteilen, die ihren Anlegeschwerpunkt in unterschiedlichen Wirtschaftszweigen haben.

Dachfonds

Hierbei handelt es sich um Fonds, die ihre Mittel nicht direkt an der Börse investieren, sondern in verschiedenen anderen Fonds anlegen. Sie sind in Deutschland erst seit 1998 aufgrund des 3. Finanzmarktförderungsgesetzes erlaubt. Hinter dem Dachfonds (im Englischen »Fund of Funds«) verbirgt sich also eine Familie von Aktien-, Renten- und vielen anderen Fonds. Da das Management in schon bestehende Investmentfonds investiert, beteiligen sich die Anleger an einer Vielzahl breit gefächerter Wertpapierdepots.

Dachfonds gibt es für Aktien mit internationalem Anlageschwerpunkt oder auch für bestimmte Branchen. Diese Investmentidee soll konservative Sparer anlocken. Geworben wird mit dem Prinzip der Risikostreuung. Das Konzept: Dachfonds kombinieren spekulative mit weniger riskanten Anlagen. Mögliche Verluste eines Investments sollen im Falle eines Falles mit Gewinnen aus anderen Fonds ausgeglichen werden. Der Gesetzgeber hat zudem einige Sicherungen eingebaut. Danach darf ein Dachfonds höchstens 20 Prozent des Fondsvermögens in einen einzelnen Unterfonds investieren. Auf dem Markt sind bereits viele Varianten von Dachfonds, die je nach persönlicher Risikoneigung des Anlegers ausgerichtet sind. Die Anbieter werben mit Begriffen wie »vorsichtigen«, »risikoneutralen« und »wagemutigen« Dachfonds.

Der Vorteil dieser Anlageform kann darin liegen, dass die Risikostreuung, die jeder Fonds schon per Definition bietet, noch einmal gesteigert wird. Gleichzeitig werden aber die Renditeaussichten verringert, denn auch hier gilt: Sicherheit kostet Rendite. Es kann sein, dass erfolgreiche Fonds die Verluste der weniger erfolgreichen Mitglieder der Fondsfamilie ausgleichen müssen. Ob Dachfonds sinnvoll und nötig sind, ist deshalb umstritten. Kritiker halten Dachfonds für intransparent, weil der Anleger den Überblick über die vielen Unterfonds verliere. Zudem entstehen zusätzliche Verwaltungskosten. So meinen viele, dass Dachfonds eher ein Produkt kreativer Fondsanbieter und Marktstrategen in den Investmenthäusern sind als eine wirkliche Bereicherung der Fondslandschaft.

Achtung!

Passen Sie auf jeden Fall bei den unterschiedlichen Ausgabeaufschlägen auf: Sie variieren zwischen 1 und 4 Prozent. Die Gebühren liegen bei jährlich 0,5 Prozent des angelegten Betrages, aber nur bei Dachfonds mit Produkten aus dem eigenen Haus.

Garantiefonds

Wenn die Fondsgesellschaft dem Anleger eine Mindestausschüttung, einen Mindestrücknahmepreis oder eine Garantie auf den Kapitalerhalt gibt, spricht man von Garantiefonds. Kursausschläge des Fonds werden damit nach unten begrenzt. Garantie bedeutet für den Anleger zum Beispiel, dass sein eingesetztes Kapital zu 100 Prozent oder leicht darunter zurückgezahlt wird. Um diese Zusage einlösen zu können, sichert sich der Fonds gegen Kursverluste ab. Der Anleger zahlt dafür in der Regel mit Abschlägen auf die Kursgewinne (ähnlich wie bei Discount-Zertifikaten auf Aktien, siehe das Kapitel *Aktien mit Rabatt und andere Sonderangebote*). Er ist also nur zu einem Teil am erwirtschafteten Gewinn beteiligt. Garantie kostet eben Rendite. Der Garantiegeber muss schließlich Kapital für den Garantiefall vorhalten und verlangt für die Übernahme des Risikos eine angemessene Prämie.

Die Marketingstrategen der Fondsbranche studieren die Mentalität der Anleger und entwickeln auf der Basis dieses Wissen ihre Produktpalette. Der Anleger, der zu ängstlich ist für einen Aktienfonds, soll mit einem Garantiefonds geködert werden. Das Sicherheitsdenken wird angesprochen und gleichzeitig eine Garantie vorgegaukelt, die es so eigentlich gar nicht gibt: Wer sich an einem Garantiefonds beteiligt, geht durchaus Risiken ein. Die für den Kauf fällige Gebühr ist meist verloren. Beträgt also der Ausgabeaufschlag 3 Prozent, gibt es in einem solchen Fall zum Beispiel statt 20 000 Euro nur 19 417 Euro zurück. Hinzu kommt der Zinsverzicht, denn eine festverzinsliche Anlage hätte im selben Zeitraum zusätzliches Geld erwirtschaftet.

Achtung!

Viele Garantiefonds geben die Rückzahlungsgarantie nur für einen bestimmten Zeitpunkt. Für die Zeit davor gilt das nicht.

Deswegen sollten Sie sich selbst ein paar Fragen beantworten, bevor Sie sich auf Garantiefonds einlassen:

- Wird Ihr Kapital zu 100 Prozent garantiert oder nur zu 90 oder 80 Prozent?
- Steht die Garantie in angemessenem Verhältnis zu der eingeschränkten Teilnahme an steigenden Aktienkursen?
- Gilt die Garantie nur zum Laufzeitende des Fonds, können Sie also bei einer zwischenzeitlichen Veräußerung durchaus Verluste erleiden?
- Wird der Ausgabeaufschlag mit abgesichert oder nicht?
- Gibt es Einschränkungen für die Garantie, etwa wenn die Kurse besonders stark fallen?

WISO rät

Statt eines Garantiefonds können Sie sich eigentlich gleich eine Bundesanleihe zulegen. Dann wissen Sie wirklich »garantiert«, wann Sie wie viel Geld zurückerhalten.

Gegen Garantiefonds spricht, dass die Gewinne begrenzt sind, dass bei vorzeitigem Verkauf der Kapitalschutz entfallen kann und dass Verluste dann natürlich nicht ausgeschlossen sind. Für Garantiefonds spricht, dass die Verluste begrenzt sind. Gerade in turbulenten Börsenzeiten raubt das Investment dem Anleger dann nicht den Schlaf.

Geldmarktfonds

Geldmarktfonds sind eine kurzfristige Anlageform für Gelder, die nicht als Festgeld bei der Bank »geparkt« werden sollen. Seit 1994 sind Geldmarktfonds in Deutschland zugelassen. Vor allem in unruhigen Börsenzeiten rückt diese als verhältnismäßig sicher geltende Anlagemöglichkeit verstärkt ins Blickfeld der Anleger.

Anders als Festgeld kennt der Geldmarktfonds keine starren Anlagezeiträume. Das Kapital ist täglich verfügbar, und die Zinsen orientieren sich an den kurzfristigen Geldmarktsätzen. Aufgrund der sehr kurzen Restlaufzeiten bestehen praktisch keine Kursrisiken. Die vom Gesetzgeber maximal erlaubte Restlaufzeit von zwölf Monaten wird in den meisten Fällen deutlich unterschritten. Ausgabeaufschläge werden in der Regel keine erhoben.

Die Geldmarktfonds sind eine echte Alternative zu allen anderen Formen der kurzfristigen Geldanlage geworden. Um dem Anleger das bieten zu können, was sie versprechen, investieren die Geldmarktfonds in großem Stil in

- kurzfristige Termingelder (Tages- und Monatsgelder),
- Pfandbriefe (Anleihen zur Finanzierung von Hypotheken),
- Commercial Papers (kurzfristige Schuldentitel von Unternehmen),
- Floater (kurzfristige Anleihen mit variablem Zins).

Die Geldmarktfonds profitieren von ihrem starken Marktauftritt. Sie erhalten bessere Konditionen als Kleinanleger, da sie in großem Stil investieren. Viele Kleinanleger machen aus dem Geldmarktfonds einen starken Großanleger mit entsprechenden Renditevorteilen. Davon profitiert der Einzelne mit seinen Fondsanteilen.

Die Anleger begrüßen sie offenbar als liquide Anlageform. Der Vorteil: Diese Anlage lässt alle Dispositionsmöglichkeiten seitens des Anlegers offen. Das Geld ist jederzeit frei verfügbar, sozusagen von einem Tag auf den anderen, und gewährt – jedenfalls statistisch betrachtet – in der Regel etwas mehr Rendite als das Sparbuch.

WISO rät

Dieser Fondstyp kann attraktiv sein, wenn Sie Ihr Geld nur mal eben kurz »parken« wollen. Das kann beispielsweise sein, wenn Sie nach einer Gewinnmitnahme ein wenig warten wollen, bis sich wieder eine günstige Einstiegschance an der Börse ergibt, oder Sie noch ein wenig Zeit benötigen, um sich endgültig für die eine oder andere langfristige Fondsstrategie zu entscheiden.

Indexfonds

»Das Vorbild immer im Auge behalten«, lautet die Devise aller Indexfondsmanager. Denn die von ihnen erzielten Renditen werden immer mit der Wertentwicklung des betreffenden Marktes (Aktien- oder Rentenmarkt) verglichen. Dabei vergleicht man die Wertentwicklung oder Performance des Fonds mit einem Index. Je nach Ausrichtung des Fonds kann das der Dax, Stoxx, Dow Jones, ein Branchenindex oder der MSCI-Index der Weltaktienmärkte sein. Das gilt natürlich besonders für einen Indexfonds, der es sich zum Ziel gesetzt hat, sich bei seiner Vermögensanlage exakt an dem Aktienkorb zu orientieren, der dem jeweiligen Index zugrunde liegt. Kursgewinne der einen oder anderen Aktie, die Ausgabe neuer Aktien, eine neue Gewichtung dieser Papiere im Index oder gar der Austausch der im Index enthaltenen Aktien sind daher die Signale, auf die der Manager eines Indexfonds reagieren muss.

1975 legte die amerikanische Fondsgesellschaft Vanguard den ersten Publikumsfonds auf den S&P 500 auf. In Großbritannien und den USA fließen bereits ein Großteil der Anlagegelder in diese Produkte. Auch in Deutschland hat sich das in Indexfonds angelegte Vermögen in den vergangenen Jahren deutlich erhöht.

Da Fondsmanager bei einem Indexfonds nicht die ihrer Meinung nach aussichtsreichsten Titel kaufen, sondern versuchen müssen, die Indexstruktur nachzubilden, liefert ein solcher Fonds seinen Anlegern im Idealfall die gleiche Performance wie der zugrunde liegende Index. Wenn zum Beispiel ein Aktien-Indexfonds den Dax abbilden soll, muss er anteilsmäßig die 30 wichtigsten deutschen Aktien im Fondsvermögen haben. Das war allerdings in Deutschland bis Mitte 2002 nur schwer zu verwirklichen. Denn bis dahin durfte ein Indexfonds nicht mehr als 10 Prozent seines Vermögens in einem Einzeltitel anlegen. So schrieb es das Gesetz über Kapitalanlagegesellschaften (KAGG) vor. Daraus ergab sich ein Problem, wenn beispielsweise ein Wert wie die T-Aktie innerhalb des Dax ein deutlich höheres Gewicht hatte. Der Fondsmanager durfte diese Entwicklung nicht vollständig nachvollziehen, sondern musste dieses Dax-Schwergewicht in seinem Fonds untergewichten. Deshalb waren deutsche Indexfonds bis zum Finanzmarktförderungsgesetz von 2002 nur »indexnahe« Fonds. Für alle, die noch einen dieser alten Fonds im Depot haben, gelten weiterhin diese einschränkenden Bestimmungen – es sei denn, die vertraglichen Regelungen sind nachträglich geändert worden.

Egal, ob alte oder neue Welt – Indexfonds sind bei Anlegern sehr beliebt. Dafür gibt es gute Gründe:

- Indexfonds sind kostengünstiger zu betreuen als andere, weil die Fondsmanager weniger Wertpapier-Transaktionen im Fonds abwickeln.
- Damit entstehen den Anlegern deutlich weniger Kosten als bei den so genannten »aktiv gemanagten« Fonds.
- Die jährlichen Ertragsvorteile von bis zu 2 Prozent allein aufgrund der deutlich niedrigeren Transaktionskosten schlagen sich in einer entsprechend besseren Wertentwicklung nieder.

Das könnte dadurch ausgeglichen werden, dass die Manager der aktiven Fonds leichter »Rosinen picken«, also die Werte ins Depot nehmen können, bei denen sie die stärksten Kurssteigerungen und hohe Dividenden erwarten. Doch Fehlanzeige: Statistiken belegen, dass bisher nur eine deutliche Minderheit der aktiv gemanagten Fonds den Vergleichsindex schlägt. Die Zahlen schwanken je nach Jahr und Quelle zwischen 10 und 25 Prozent. Gleichzeitig gibt es viele aktiv gemanagte Fonds, die deutlich schlechter abschneiden als der Vergleichsindex.

WISO rät

Sie sollten sich fragen, ob Ihnen die – vergleichsweise geringe – Chance, mit einem aktiv gemanagten Fonds über dem Durchschnitt liegende Erträge zu erzielen, die höheren Kosten wert ist. Dabei gilt es auch zu beachten, dass Sie bei Fonds, die hinter dem Index herhinken, die (wenig erfolgreichen) Aktivitäten des Managements ebenfalls mit höheren Gebühren bezahlen müssen, da sie nicht erfolgsabhängig sind.

Auch wenn Sie sich bei Ihren Anlageentscheidungen auf die Fonds konzentrieren, die sich an einem Index orientieren, besteht an Angeboten kein Mangel. Mit Indizes aus dem Bereich der Euro-Stoxx-Indexfamilie, dem SDax in Deutschland für kleinere Unternehmen oder dem TecDax für die 30 größten Aktien aus den Wachstumsbranchen können Anleger mittlerweile fast in jeder Region oder Branche investieren, ohne sich den Risiken eines Missmanagements bei aktiven Fonds auszusetzen.

WISO rät

Wenn Sie also auf eine positive Entwicklung der Börse wetten, sich aber nicht auf einzelne Werte oder Branchen einlassen wollen, dann ist ein »passiv« geführter Indexfonds das Richtige für Sie.

Voraussetzung ist aber, dass der Anleger keinen Wert auf einen Sieg über das jeweilige Börsenbarometer legt. Denn das kann per Definition kein Indexfonds schaffen. Die Wertentwicklung hinkt dem Index eher ein wenig nach. Dafür sorgen schon die Kosten (wie der marktübliche Ausgabeaufschlag und die Verwaltungsgebühr) des Fondsmanagements. Der Fonds muss außerdem, je nach Börsenentwicklung, mehr oder weniger häufig Transaktionen vornehmen, um den Index möglichst genau nachbilden zu können. Diese Kosten drücken ebenfalls die Wertentwicklung, sind aber geringer als bei aktiv gemanagten Aktienkörben.

Börsengehandelte Indexfonds

Anleger, denen einzelne Investmentfonds zu risikoreich sind, können auf börsengehandelte Fonds zurückgreifen. Darunter befinden sich spezielle Aktienfonds und zahlreiche Indexfonds. Sie sind erst seit 2001 auf dem Markt. Vor allem die börsengehandelten Indexfonds sind nichts anderes als eine kostengünstige Variante der schon länger existierenden indexnahen Fonds, die oben beschrieben wurden. Die Deutsche Börse AG hat eine Handelsplattform für diese neuen Finanzprodukte geschaffen und will damit an den Erfolg dieser Anlageform in den USA anknüpfen. Auf den Internetseiten der Deutschen Börse AG (http://boerse-frankfurt.com) werden die Preise ständig aktualisiert. Sie finden Sie im Segment XTF. Das ist eine Abkürzung für Exchange Traded Funds, also börsenmäßig handelbare Investmentfonds (http://www.zertifikateboerse.de). Die XTF werden genauso gehandelt wie Aktien und haben wie diese eine Wertpapierkennnummer. Der Unterschied liegt darin, dass der Anleger mit einer Aktie Anteile an einem Unternehmen erwirbt. Mit einem XTF dagegen kauft er Anteile an einem Index wie dem Dax, dem MDax, Euro-Stoxx oder einem Rentenindex. Der Unterschied zu herkömmlichen Investmentfonds besteht darin, dass deren Anteilspreise nur einmal am Tag festgelegt werden – und das manchmal recht spät. Der Wert der Anteile nicht börsennotierter Fonds wird anhand der Kurse der in ihrem Portefeuille enthaltenden Wertpapiere errechnet.

Ganz anders bei den XTF: Sie werden wie eine Aktie gehandelt. Bei diesen Finanzprodukten richtet sich der aktuelle, laufend ermittelte Kurs nach Angebot und Nachfrage. Banken, die als so genannte Designated Sponsors auftreten, verpflichten sich zu einem fortlaufenden Handel während des gesamten Börsentages. So können Anleger theoretisch sogar »Day-Trading« mit diesen Indexfonds betreiben, also mehrmals am Tag kaufen und verkaufen, um zu versuchen, an den Kursschwankungen zu verdienen.

Börsengehandelte Indexfonds können ab einem Volumen von einem Stück geordert werden. Dabei entspricht der Wert eines Zertifikats einem Hundertstel des zugrunde liegenden Indizes. Auf dem Niveau von 5 800 Punkten würde damit ein Dax-Anteil rund 58 Euro kosten.

Beim Kauf von Indexfonds über die Börse fällt kein Ausgabeaufschlag wie bei einem herkömmlichen Investmentfonds an. Der Spread oder Aufschlag, also der Unterschied zwischen Kauf- und Verkaufspreis, ist vergleichsweise niedrig. Die jährliche Managementgebühr für die Verwaltung und Betreuung der Fonds liegt bei maximal 0,5 Prozent des Fondsvermögens. Auch das ist deutlich niedriger als bei den herkömmlichen Indexfonds.

Für Transparenz sorgt die laufende Veröffentlichung der Preisspannen bei Kauf und Verkauf der börsengehandelten Indexfonds und die Tatsache, dass der Nettoinventarwert der Fonds alle 15 Sekunden an der Börse neu errechnet und den Anlegern zur Verfügung gestellt wird.

WISO rät

Klassische Indexfonds sowie die börsengehandelten Indexfonds (XTF) sind für einen langfristig angelegten Vermögensaufbau durchaus geeignet. Sie streuen Ihr Risiko damit auf den gesamten Aktien- oder Rentenkorb des Index.

Wer sich für diese Art von Investmentsparen entscheidet, sollte dennoch nicht alles auf eine Karte setzen. Dax und Stoxx können sich durchaus unterschiedlich entwickeln. Neben dem Aktienfonds sollte auch einer stehen, der sich auf den Rentenindex bezieht. So betreiben Sie eine angemessene Risikostreuung in Ihrem Depot, profitieren einerseits von den Wachstumschancen bei Aktien und können andererseits auf die größere Sicherheit der Anleihen vertrauen.

Länderfonds und Regionenfonds

Bei regional definierten Fonds beschränken sich deren Manager bei ihrer Anlagestrategie auf ein bestimmtes Land oder eine bestimmte Region. Sie halten also Ausschau nach den besten Werten in der Schweiz oder in den USA, in Großbritannien oder Frankreich oder beobachten eine Region wie Lateinamerika, Asien oder Osteuropa. Je nach der »Reife« des jeweiligen Börsenplatzes ist bei dieser Anlagepolitik unter Umständen mit rasanten Kursgewinnen und Kursverlusten zu rechnen. Ein Beispiel dafür sind die beachtlichen Kurssteigerungen, die 2005 und 2006 die Fonds erzielten, die auf die Aktienmärkte in Lateinamerika, Osteuropa oder Indien fokussiert waren.

WISO rät

Eine Anlage in Regionalfonds sollten Sie sorgfältig durchdenken. Sie sollten prüfen, ob sich dort tatsächlich überdurchschnittliche Wachstumschancen bieten.

Ein weiterer wichtiger Punkt: Bei Länder- und Regionenfonds spielt die Währung eine entscheidende Rolle. Der schönste Anstieg eines Index in Brasilien oder Australien bringt dem in Euro rechnenden Anleger wenig, wenn die schwache Währung des jeweiligen Landes einen Großteil der Erträge wieder auffrisst. In Euroland fällt dieses Risiko weg – beispielsweise bei Fonds, die in kleinere und mittlere europäische Unternehmen mit hoher Dividendenrendite investieren wie ADIG Selection Dividende. Andere gegen Währungsschwankungen immune Fonds sind beispielsweise der MSCI Euroland, der zwischen Anfang 2001 und 2006 trotz des Crashs eine Wertsteigerung um über 62 Prozent schaffte, oder BWK-Dividendenstrategie-Euro, der seinen Anlegern in dieser Zeit einen Vermögenszuwachs von 76 Prozent bescherte.

Mischfonds

Diese Fonds mischen Aktien- und Rentenpapiere. Das kann sehr hilfreich sein, wenn ein langfristiger Vermögensaufbau geplant ist – beispielsweise für eine spätere private Rente. Im Gegensatz zu reinen Aktien- oder Rentenfonds enthält das Depot eines Mischfonds beide Wertpapiergattungen. Das Management versucht, die größeren Gewinnchancen bei Aktien mit der höheren Sicherheit einer Anlage in Rentenpapiere zu kombinieren. »Sicherheit plus Gewinn« – so könnte die Hauptformel für die Anlage in einen Mischfonds lauten, und zwar in dieser Reihenfolge.

Aus der Zwitterkonstruktion dieses Fondstyps ergibt sich logischerweise eine besondere Anlagestrategie. Die Anlageschwerpunkte variieren je nach der Situation an den Aktien- und Rentenmärkten. Die Struktur eines Mischfonds setzt sich gewöhnlich zusammen aus:

- öffentlichen Anleihen,
- Pfandbriefen,
- Kommunalobligationen,
- Geldmarktpapieren,

- Aktien aus allen Branchen, Ländern und Regionen,
- Barreserven,
- Sonstigem.

Allerdings ist »Mischfonds« ein weiter Begriff, hinter dem sich höchst unterschiedliche Chance-Risiko-Profile verbergen können. Welches für Sie – oder die aktuelle Situation – am besten geeignet ist, müssen Sie aus der konkreten Situation heraus entscheiden. Und das können Sie am besten, wenn Sie wissen, was jeweils hinter den Anlagekonzepten steckt. Grundsätzlich gibt es bei den Mischfonds drei verschiedene Gruppen:

- gemischte Fonds mit offensiver Ausrichtung, also hohem Aktienanteil;
- gemischte Fonds mit ausgeglichenen Anteilen von Renten und Aktien;
- gemischte Fonds mit defensiver Ausrichtung, also hohem Rentenanteil.

Sie können bei einigen Gesellschaften schon am Namen erkennen, welche der drei Strategien dort verfolgt wird. Bei den Fonds der schweizerischen UBS sieht das zum Beispiel so aus:

- »Growth« signalisiert einen höheren Aktienanteil (rund 65 Prozent).
- »Balanced-Fonds« steht für eine ausgeglichene Mischung zwischen Aktien (rund 45 Prozent) und Renten.
- »Yield« meint einen niedrigen Aktienanteil (rund 25 Prozent).

Statt »Yield« für einen niedrigen Aktienanteil verwenden viele Anbieter auch den Namenszusatz »Income«.

Die Diversifikation bei gemischten Fonds soll dem Investmentgedanken in besonderer Form Rechnung tragen. Dieser Zwitter unter den Fondstypen ermöglicht es den Fondsverwaltern, nahtlos zwischen Aktien und Rentenpapieren zu wechseln. Beim Management von Mischfonds ist das Geschick der Manager besonders gefragt. Denn in Zeiten florierender Aktienmärkte heißt es, früh genug den Aktienanteil hochzufahren, und in Zeiten fallender Zinsen sollte bereits vorher der Rentenanteil verstärkt worden sein, um an den damit verbundenen höheren Anleihekursen zu partizipieren.

WISO rät

Mischfonds sind vor allem in unsicheren Börsenzeiten interessant. Sie sind besonders für passive Sparer geeignet, denen Kenntnisse und Zeit fehlen, um sich selber den geeigneten Mix aus Aktien- und Rentenfonds zusammenzustellen.

Dass dies durchaus zum gewünschten Erfolg führen kann, zeigt die beachtliche Wertentwicklung vieler Mischfonds.

Beispiel

So erreichte der defensiv operierende französische Carmignac Patrimoine zwischen 2001 und 2006 eine durchschnittliche jährliche Verzinsung von stolzen 7,6 Prozent. Dass ein offensiv agierender Mischfonds wie Trend-Universal-Global in der gleichen Zeit nur einen Zuwachs von durchschnittlich 0,9 Prozent schaffte, zeigt, wie groß die Unterschiede je nach Anlagestrategie in einem bestimmten Zeitraum sein können. Anders sieht die Rechnung nämlich schon wieder bei Anlegern aus, die erst Anfang 2005 bei einem der beiden Fonds investiert haben. Denn in diesem Jahr schaffte Trend-Universal-Global eine Wertsteigerung von 29,3 Prozent, Carmignac Patrimoine brachte es »nur« auf 21,4 Prozent. Beide Fonds lagen damit allerdings weit vor der großen Mehrzahl ihrer Konkurrenten, die 14 oder 18 Prozent zulegten. Manche bescherten ihren Kunden trotz kräftig steigender Aktienkurse nur einstellige Renditen.

Viele Anleger mussten sich sogar fragen, ob sie mit einem reinen Rentenfonds (siehe weiter unten) nicht nur auf der sichereren Seite gewesen wären, sondern auch noch mehr verdient hätten. Denn viele dieser Fonds erreichten zwischen 2001 und 2006 mit durchschnittlichen Wertzuwächsen von gut 6 Prozent höhere Renditen als die Mischfonds, deren Ergebnis von den Aktien mit in den Keller gezogen wurde. Bei offensiv ausgerichteten Mischfonds war das Anlageergebnis über den Zeitraum von fünf Jahren gerechnet sogar leicht negativ. Selbst bei den Aktienfonds wurde die große Mehrzahl zwischen 2000 und 2005 von den Rentenfonds geschlagen. Erst wenn Zeiträume von 20 und 30 Jahren betrachtet werden, liegt die Aktie als Vermögensanlage aus der Perspektive des Jahres 2006 wieder klar vorn.

Hier zeigt sich wieder einmal, welche Rolle es spielt, ob ein Anleger eher ein lang- oder ein kurzfristiges Anlageziel vor Augen hat. Ebenso deutlich zeigt es sich, wie wichtig bei Fonds ein gutes Management ist. Wie die regelmäßigen Fondsvergleiche etwa der *FAZ* oder die ausführlichen Vergleichstabellen zeigen, die *Finanztest* regelmäßig veröffentlicht, sind die Renditeunterschiede außerordentlich groß.

WISO rät

Auch wenn Erfolge in der Vergangenheit keine Garantie dafür sind, dass das Management eines Fonds auch in den kommenden Jahren wieder so erfolgreich agiert, so geben Fondsvergleiche doch wichtige Hinweise darauf, wo Anleger mit ihrem Geld am besten aufgehoben sind. Nutzen Sie also die Möglichkeit, die Ihnen Fondstests und Fondsanalysen bei der Suche nach dem besten Wirt für Ihr Geld bieten.

Für welchen Fondstyp generell und welchen Fonds speziell Sie sich entscheiden, sollte aber auch davon abhängig gemacht werden, wie Sie die künftige Entwicklung an den Wertpapiermärkten einschätzen. Denn wie Sie oben gesehen haben, schneiden die verschiedenen Fondstypen in Zeiten von Hausse oder Baisse höchst unterschiedlich ab. T-Shirt oder dicker Pullover? Auch hier entscheiden Sie sich im Winter anders als im Sommer!

WISO rät

Sieht alles nach einem Aufschwung an den Börsen aus, versprechen Aktienfonds die besten Erträge. Wenn sich die Hausse ihrem Höhepunkt zu nähern scheint, sollten Sie Gewinne durch Verkauf (zumindest teilweise) realisieren und in Rentenfonds umschichten. Damit kommen Sie in der Regel am besten durch den Börsenwinter.

Wer einen Mischfonds wählt, sollte die Vertragsbedingungen genau lesen und folgende Fragen klären:

- Wie hoch ist der Aktien- und der Rentenanteil?
- Investiert der Fonds in Euroland oder auch in fremden Währungsgebieten?
- Setzt er seine Schwerpunkte in bestimmten Ländern oder Branchen?

Häufig sind die Mischfonds bei der Wahl ihrer Anlagen eingeschränkt. Was nutzt die schönste Aktienhausse, wenn der Fondsvertrag nur einen maximalen Aktienanteil von einem Drittel erlaubt? Nur bei flexibler Anlagepolitik bringt der Mischfonds in guten Börsenzeiten auch volle Leistung. In Zeiten sinkender Aktienkurse sind die Anleger gut dran, deren Fonds einen hohen

Rentenanteil haben (müssen). Denn einen plötzlichen Absturz wie 1987 oder 2000 sehen Fondsmanager ebenso wenig voraus wie andere Anleger auch.

Rentenfonds

Sie sind die Klassiker unter den Investmentfonds und waren jahrzehntelang bei den Mittelzuflüssen klar die Nummer eins. Doch die Aktienfonds haben sie sogar im risikoscheuen Deutschland eingeholt. In Großbritannien, den USA oder Frankreich liegen Aktienfonds in der Gunst der Anleger schon seit langem vorn, denn die Rendite ist bei Rentenfonds meist geringer. Aber die geringen Kursschwankungen bei den Papieren, in die sie investieren – Staatsanleihen, Unternehmensanleihen, Kommunalobligationen oder Pfandbriefe –, führen auch bei den Ausgabe- und Rücknahmepreisen der Rentenfonds zu mehr Stabilität als bei Aktienfonds und machen diesen Fondstyp attraktiv für vorsichtige Anleger.

Bei der beliebten Frage, ob Aktien die Renten schlagen – oder umgekehrt – hängt die Antwort immer von dem betrachteten Zeitraum ab. Wenn darin ein Börsencrash wie zu Beginn des neuen Jahrtausends eingeschlossen ist, können Zinspapiere durchaus die Dividendenwerte schlagen.

Beispiel

Der BVI (Bundesverband Investment und Asset Management) hat berechnet, dass Anleger, die zwischen 1996 und 2006 monatlich 50 Euro in europaweit investierende Aktienfonds angelegt haben, in dieser Zeit ein Vermögen von 7114 Euro aufgebaut haben. Bei eigenen Einzahlungen von insgesamt 6000 Euro entspricht dies einer jährlichen Rendite von 3,3 Prozent. Wer die gleiche Summe stattdessen ebenfalls zehn Jahre lang in Rentenfonds investiert hatte, besaß am Ende des betrachteten Zeitraums 7300 Euro. Das entspricht einer Rendite von über 4 Prozent. Wird dagegen ein Zeitraum von 20 Jahren betrachtet, brachten europaweit investierende Aktienfonds fast 7 Prozent Rendite. Bei 30 Jahren waren es mehr als 8 Prozent. Die international investierenden Rentenfonds schneiden mit 5,8 und 6,3 Prozent bei dieser längerfristigen Betrachtung deutlich schlechter ab.

Dabei muss noch berücksichtigt werden, dass die Unterschiede in der durchschnittlichen Rendite sich im realen Vermögenszuwachs umso deutlicher bemerkbar machen, je länger der Anlagehorizont eines Sparers ist, weil sich dann der Zinseszinseffekt erst voll auswirken kann.

Die Manager der Rentenfonds müssen vor allem den Kapitalmarktzins und seine Entwicklung vorausahnen. Der Zins spielt die entscheidende Rolle für den Wert der Anteile. Sinkende Zinsen bedeuten steigende Kurse für die bereits im Portefeuille des Fonds liegenden, höher verzinslichen Papiere, steigende Zinsen hingegen fallende Kurse – und das wirkt sich entsprechend auf den Wert der Anteile aus.

Das gilt vor allem für die Rentenfonds, die in inländische Anleihen investieren. Bei den Rentenfonds mit internationaler Ausrichtung müssen zusätzlich die Währungsrisiken und -chancen eingeschätzt werden. Die Wechselkurse haben entscheidenden Einfluss auf den Wert der Anteile. Der Euro hat für Anleger, die in Rentenfonds investieren, das Spielfeld stark erweitert. Denn durch die Währungsunion entstand der zweitgrößte Markt der Welt für verzinsliche Wertpapiere. Hier decken Tausende von Emittenten, Staaten, Organisationen, Unternehmen und Kommunen ihren Finanzbedarf, ohne dass Wechselkursänderungen in die Rechnung einbezogen werden müssen.

Rentenfondsmanager nehmen dem Anleger viel Arbeit ab. Die Märkte für verzinsliche Wertpapiere sind komplexer geworden. Heute reicht es nicht mehr aus, sich für kurze oder lange Laufzeiten zu entscheiden und auf den Heimatmarkt zu setzen. Auf der Suche nach ertragsstarken Anleihen schauen die Fondsteams sowohl auf gesamtwirtschaftliche Faktoren als auch auf titelspezifische Merkmale. Das heißt: In den Entscheidungsprozess fließen beispielsweise auch Währungseinschätzungen oder Erwartungen hinsichtlich des Wirtschaftswachstums eines Landes ein. Dazu kommen die Bonitätsanalysen einzelner Schuldner.

Erst wenn die Fondsmanager sich eine Meinung zu Märkten gebildet und einen Überblick über alle relevanten Emissionen verschafft haben, wählen sie die Anleihen aus, die sie für den Fonds erwerben. Gegen Schwankungen an den Renten- und Devisenmärkten sichern sie sich gegebenenfalls durch Termingeschäfte mit Zins- und Währungsderivaten ab. Die Bandbreite von Rentenfonds, die ähnlich wie Mischfonds in sehr unterschiedlichen Risikoklassen spielen, ist sehr breit. Es gibt

- geldmarktnahe Fonds,
- Rentenfonds mit kurz oder lang laufenden, festverzinslichen Wertpapieren,
- in Euro-Anleihen anlegende Fonds,

- internationale Rentenfonds,
- Fonds mit Hochzinsanleihen (auch »Schrottanleihen« oder »Junk-Bonds« genannt),
- Investmentfonds, die Anleihen aus EU-Beitrittsländern kaufen.

Wer eine Anlage sucht, die nur geringen Wertschwankungen unterliegt, weil vor allem die Werterhaltung des Geldes angestrebt wird, sollte Rentenfonds mit kurz laufenden Anleihen wählen. Dagegen können Anleger, die auch bei der Rentenanlage stärkere Wertschwankungen akzeptieren, überdurchschnittliche Renditen erzielen. Die Chance dazu bieten so genannte »High-Yield-Fonds«, die in Hochzinsanleihen aus aufstrebenden Schwellenländern und in Anleihen von Unternehmen investieren. Deren Bonität genügt zwar nicht den allerhöchsten Ansprüchen. Aber für das größere Risiko müssen sie mit höheren Zinsen bezahlen.

Bei der Vielfalt der neuen Anlagemöglichkeiten wird es immer wichtiger, die Spreu vom Weizen zu trennen. Für den Fondsmanager hat neben dem klassischen Aufbau von Fonds mit festverzinslichen Wertpapieren nach Länder- und Währungskriterien auch die sorgfältige Auswahl von Einzelwerten und die Analyse der Emittenten und ihrer Kreditwürdigkeit eine wachsende Bedeutung.

Noch ziemlich neu am Markt sind Rentenfonds, die in Anleihen mit Inflationsschutz investieren – ein Anleihetyp, der 2006 auch erstmals für eine Bundesanleihe gewählt wurde. Der Grundgedanke dabei: Die Inflation nagt im Laufe der Zeit an der Kaufkraft unserer Ersparnisse. Deshalb bieten die Anleiheschuldner eine Realzinsanleihe, bei der die laufende Verzinsung und der spätere Rückzahlungsbetrag der Inflationsrate entsprechend steigen. Möchte der Anleger sein Geld vorzeitig zurück und verkauft deshalb die Anleihe über die Börse, profitiert er ebenfalls vom Inflationsschutz, da er bereits von Beginn an besteht und im Kurs enthalten ist.

WISO rät

Es ist durchaus sinnvoll, Rentenfonds als eine Art Gegengewicht zu den riskanteren Aktienfonds im Depot zu haben. Um den richtigen Zeitpunkt für den Einstieg zu finden, sollten Sie die Zinsentwicklung beobachten, um nicht gerade dann Geld in Rentenfonds zu investieren, wenn die Zinsen auf einem Tiefpunkt sind.

Wenn Sie sich allerdings dazu entschließen, jeden Monat eine feste Summe anzulegen, spielt diese Überlegung keine so große Rolle. In diesem Fall kaufen Sie die Fondsanteile mal zu einem niedrigeren und mal zu einem höheren Preis. Daraus ergibt sich dann ein akzeptabler Durchschnitt.

Schwellenländerfonds

Dieser Aktienfondstyp setzt zum Beispiel auf die Entwicklung von Volkswirtschaften in ehemaligen Entwicklungs- und Schwellenländern wie Brasilien, Malaysia, Südkorea oder Thailand. »Emerging Markets« lautet der international gebräuchliche Begriff für diese aufsteigenden Volkswirtschaften mit zum Teil hohen Wachstumsraten. Wer sich nicht beruflich oder aus anderen Gründen intensiv mit diesen Märkten beschäftigt, sollte die Anlage seiner Gelder erfahrenen Fondsmanagern überlassen. Aber selbst diese sind nicht gefeit gegen böse Überraschungen, wie verschiedene »Asienkrisen« in der Vergangenheit gezeigt haben. Allerdings kam es danach auch stets wieder zu Erholungen. Wer starke Nerven hatte und nach einem kräftigen Preisrückgang in Fonds investierte, die ihre Gelder in Korea, Indien, China oder Brasilien anlegen, konnte sich 2005 und 2006 über eine kräftige Wertsteigerung seiner Anteile freuen.

Beispiel

So schaffte beispielsweise der Fidelity Pacific, der in den fünf Jahren davor seinen Anlegern wegen des Einbruchs nach dem Jahr 2000 gerade einmal 4,2 Prozent einbrachte, 2005 einen Wertzuwachs von 52 Prozent. Und wer Mitte 2005 Geld in den Asian Equity Fund von Morgan Stanley steckte, konnte im Frühjahr 2006 seine Anteile mit einem Gewinn von rund 40 Prozent zurückgeben.

Die besten unter den in Europa und den USA investierenden Aktienfonds meldeten zwar 2005 ebenfalls ansehnliche Zuwachsraten, konnten aber mit den in Asien erwirtschafteten Wertsteigerungen nicht mithalten.

Die Emerging Markets sind hoch empfindlich. Auch die jungen »Tigerstaaten« können in ökonomische Schwierigkeiten geraten. Die oft hohe kurzfristige Verschuldung aufstrebender Volkswirtschaften macht sie anfällig für Liquiditätskrisen. Das kann leicht in eine jahrelange Rezession münden. Japan ist dafür ein besonders krasses Beispiel, auch wenn es kein

Schwellenland ist. Auf einen schier endlos erscheinenden Aufschwung der Gesamtwirtschaft und des Aktienmarktes, die mit immer neuen Rekorden aufwarteten, folgte in den 90er Jahren eine Dauerkrise. Der Nikkei büßte mehr als die Hälfte seines Wertes ein und war auch 2006 immer noch weit unter seinen früheren Höchstständen. Diese Risiken müssen bei Emerging-Market-Fonds immer beachtet werden.

WISO rät

Schwellenländerfonds können hohe Gewinne bringen. Aber ohne ausreichende Informationen darüber, mit wem man sich auf Chancensuche begibt, und ohne die notwendige Risikobereitschaft sollten Sie lieber in heimische Märkte investieren.

Hedge-Fonds

Anders als die klassischen Investmentfonds, deren Anlagemöglichkeiten vom Gesetz und den jeweiligen vertraglichen Bestimmungen meist eng begrenzt sind, investieren Hedge-Fonds außer in Aktien und Anleihen auch in Währungen und Rohstoffe, handeln mit Optionen und hoch riskanten Futures. Zudem dürfen Hedge-Fonds Leerverkäufe tätigen (also Wertpapiere verkaufen, die sie gar nicht besitzen) und auf Kredit investieren. Das Ziel der Hedge-Fonds-Strategie ist es, unabhängig von der Marktentwicklung eine hohe Rendite zu erwirtschaften – also auch bei fallenden Börsenkursen.

Seit den 90er Jahren wächst die Branche weltweit. Heute gibt es schätzungsweise 7000 solcher Fonds in aller Welt. Das Anfang 2004 in Kraft getretene Investmentmodernisierungsgesetz gab der Finanzbranche die Möglichkeit, auch in Deutschland solche Produkte anzubieten. Im März 2004 kam der erste deutsche Dach-Hedge-Fonds auf den Markt. Hedge-Fonds waren ursprünglich für vermögende Anleger gedacht. Oft werden Mindesteinlagen im sechsstelligen Bereich verlangt. Dadurch sind sie für die meisten Privatanleger als Direktinvestment zu teuer. Über Hedge-Fonds-Zertifikate kann man sich aber auch schon mit vergleichsweise kleinen Beträgen von 100 Euro beteiligen und von verschiedenen Hedge-Fonds-Strategien profitieren. Mit dem Geld, das die Banken durch den Verkauf der Zertifikate bei kleineren Anlegern einsammeln, beteiligen sie sich in großem Stil an

Dach-Hedge-Fonds, die ihrerseits in verschiedene einzelne Hedge-Fonds investieren und dadurch das Risiko breiter streuen.

Da sich ein Anlageerfolg meist erst nach einigen Jahren erzielen lässt, muss neben dem Risiko der Anlage auch bedacht werden, dass das investierte Geld für längere Zeit gebunden ist. Die Zertifikate können zwar nach einer gewissen Frist täglich zurückgegeben werden, in den ersten Jahren aber meist nur mit Verlust. Denn die in Aussicht gestellte Rendite wird erst am Ende der (zum Beispiel zehnjährigen) Laufzeit erreicht.

Achtung!

Hedge-Fonds tragen zwar den Begriff »Schutz« im Namen (»hedge« heißt Schutz), doch sollten Sie dies nicht für bare Münze oder gar als Garantie für einen Erhalt Ihres eingesetzten Kapitals nehmen.

Ob Hedge-Fonds eine »Wunderwaffe« oder ein »Teufelszeug« sind, lässt sich nicht generell beantworten. Tatsache ist, dass bei dieser Form der Investmentanlage hohe Kursgewinne ebenso möglich sind wie der Totalverlust des eingesetzten Kapitals. Ob sich für Kleinanleger der Versuch lohnen kann, über den Kauf von Zertifikaten einen Teil von diesem Kuchen zu ergattern, lässt sich erst beurteilen, wenn genügend Erfahrungen mit dieser Form der Geldanlage vorliegen.

WISO rät

Investieren Sie in jedem Fall immer nur »Spielgeld« – und auch davon nicht die ganze Summe – in Hedge-Fonds und ähnlich riskante Finanzinstrumente. Nehmen Sie also kein Geld, das Sie für die Rente oder Ähnliches fest eingeplant haben.

Ob Hedge-Fonds ihren Anlegern tatsächlich überdurchschnittlich hohe Renditen einbringen, ist auch in der Branche umstritten. Abgesehen davon, dass 2005 weltweit 848 Fonds aufgegeben werden mussten, gibt es auch keine verlässlichen Statistiken über den Anlageerfolg. Anders als bei Aktien und Renten gibt es keine sauber errechneten Indizes, die als Maßstab dafür dienen können, ob die Manager besser oder schlechter waren als der Markt. Es lässt sich auch nur schwer erkennen, ob die erwirtschaftete Rendite mit der

Leistung des Managements zusammenhängt oder ob stark steigende Aktienkurse oder Wechselkursveränderungen dem Hedge-Fonds den Erfolg »in die Kasse gespült haben«. Niemand weiß also genau, ob das Management einen »Alpha« erzielt hat. So nennen Fachleute den Teil der Rendite, der durch Leistung und nicht durch die allgemeine Marktentwicklung erzielt wurde.

Immobilienfonds

»Anlegen in inflationsgeschützte Sachwerte« oder: »Wer an Immobilien verdienen will, braucht sich nicht gleich ein Haus zu kaufen«. So wird von der Branche um Anleger geworben. Die Zielgruppe ist klar: Wer sich kein eigenes Haus leisten kann, soll auch mit kleineren Anlagesummen an der Ertragskraft von Grund- und Hauseigentum beteiligt werden. Die Motive der Anleger für ein Investment im Immobiliensektor sind stets die gleichen. Die Immobilie stellt einen Sachwert dar und bietet ein gewisses Maß an Wertbeständigkeit und Inflationsschutz. Wer sich nicht durch den direkten Erwerb einer Immobilie zu sehr binden will, wem die dazu erforderlichen Mittel fehlen oder wer einfach seine Anlagen mit Blick auf Risiko und Rentabilität streuen will, dem können Immobilienfonds einiges bieten.

Dazu kommt das Steuerargument: Seit Anfang 2000 sind Veräußerungsgewinne aus Immobilien erst nach zehn Jahren (bis dahin waren es zwei Jahre) von der Spekulationssteuer befreit. Damit sind die Wertsteigerungen von Immobilien innerhalb der ersten zehn Jahre nach dem Erwerb weitgehend uninteressant geworden, da der Anleger seinen Gewinn aus einem Immobiliengeschäft mit dem Fiskus teilen muss. Wer innerhalb von fünf Jahren drei oder mehr Immobilien verkauft, dem unterstellen die Finanzbehörden sogar einen gewerbsmäßigen Handel – mit allen steuerlichen Konsequenzen. Außerdem fallen beim Kauf von Grundstücken oft Maklercourtagen und immer Grunderwerbssteuern und Notargebühren an. Hinzu kommt viel Schreibkram und Bürokratie. Außerdem besteht in diesem Bereich ein hohes Maß an Unsicherheit, da die geltenden Steuergesetze häufig geändert werden.

Das alles fällt weg, wenn das Grundstück indirekt gekauft wird, indem Anteile an einem Immobilienfonds erworben werden. Immobilienfonds investieren in Häuser, Bürogebäude oder Einkaufscenter. Wenn es an geeigneten Objekten fehlt oder in Zeiten sinkender Renditen im Immobilienbereich, darf ein großer Teil des Fondsvermögens auch in Wertpapiere und Anleihen oder liquide angelegt werden.

Wenn Sie überlegen, ob Sie Ihre Ersparnisse statt in Aktien- oder Rentenfonds lieber in Immobilienfonds investieren sollen – oder wegen der Risikostreuung eine Mischung aus allen diesen Fondsarten anstreben –, dann ist es sehr wichtig, den Unterschied zwischen offenen und geschlossenen Immobilienfonds zu kennen und zu beachten. Sonst können Sie böse Überraschungen erleben.

Offene Immobilienfonds

Offene Immobilienfonds sind unter staatlicher Aufsicht stehende Investmentfonds, die von Grundstücksinvestmentgesellschaften treuhänderisch verwaltet werden. Der Zusatz »offen« bei Immobilienfonds bedeutet, dass der Anleger seine Anteile jederzeit über seine Bank zu einem aktuellen Marktpreis wieder verkaufen kann. Es bedeutet auch, dass er sich nicht an einer speziellen Immobilie beteiligt, sondern an einem großen Pool in Deutschland, in Europa oder sogar in der ganzen Welt. Offene Immobilienfonds investieren in viele verschiedene Objekte. Ein Großteil der Anlegergelder wird in Gewerbeimmobilien (bebaute Geschäfts- und Mietwohngrundstücke) investiert. Das restliche Geld dient als Liquiditätsreserve für Neuinvestitionen.

Offene Immobilienfonds veröffentlichen Halbjahresberichte und einmal im Jahr einen Rechenschaftsbericht. In beiden findet man eine komplette Vermögensaufstellung und Angaben zu den Objekten, in die der Fonds investiert hat. Diese Berichte werden dem Anleger auf Verlangen zur Verfügung gestellt. Oftmals veröffentlichen die einzelnen Gesellschaften darüber hinaus zusätzliche Informationen, beispielsweise über neu erworbene Objekte.

Die ausschüttungsfähigen Erträge stammen vor allem aus Miet- und Zinseinnahmen. In Zeiten sinkender Renditen auf dem Immobilienmarkt darf ein großer Teil des Fondsvermögens auch in Wertpapiere und Anleihen, Tagesgeld oder Geldmarktfonds angelegt werden.

Nur die »offenen« Immobilienfonds dürfen den geschützten Namen »Investmentfonds« führen. Die geschlossenen Immobilienfonds dürfen sich »nur« Fonds (also ohne den Zusatz »Investment«) nennen. Die Fondsgesellschaften sind auch sonst an strenge Anlegerschutzvorschriften gebunden. Ein Fonds (nach dem Wortlaut des Gesetzes ist er ein »Grundstück-Sondervermögen«) besteht aus mindestens zehn, meist jedoch mehr als 50 unterschiedlichen Einzelobjekten. Keines der Einzelobjekte darf 15 Prozent des gesamten Fondsvermögens übersteigen. Sie sind gestreut nach Nutzungsart,

Größe und Region. Das Risiko bezieht sich vor allem auf Leerstände, sich verzögernde Erstvermietungen und auslaufende Mietverträge.

WISO rät

Achten Sie also besonders darauf, wie hoch der Vermietungsgrad ist und ob für die verschiedenen Objekte des Fonds Mietverträge mit langen Restlaufzeiten bestehen. Hohe Leerstände verderben die Rendite.

Der Verkauf ist jederzeit möglich, kann allerdings auch, wie das Beispiel der Deutschen Bank Anfang 2006 gezeigt hat, bei einzelnen Fonds für eine bestimmte Zeit ausgesetzt werden. Schwierig zu beurteilen ist die Preisbildung der Anteile. Da Immobilien nicht wie Aktien an der Börse gehandelt werden, gibt es auch keine entsprechende Kursbildung. Das Gesetz schreibt daher einen Sachverständigenausschuss vor. Der bewertet mindestens einmal im Jahr sämtliche Grundstücke. Das heißt also: Anstelle eines transparenten Marktes treten Sachverständige. Sie nehmen die Objekte unter die Lupe. Wie das geschieht, dringt nicht an die Öffentlichkeit.

Der Anleger erwirbt über den Kauf eines Anteils an einem offenen Immobilienfonds ein wirtschaftliches Miteigentum an den Vermögensgegenständen des Fonds. Offene Immobilienfonds geben eine unbegrenzte Zahl von Anteilen aus. Sie können an jedem Börsentag erworben und zurückgegeben werden. Die Rückgabe an die Grundstücksinvestmentgesellschaft erfolgt zu dem am Handelstag veröffentlichten Rücknahmepreis. Der wird auf der Grundlage der im Investmentfonds enthaltenen Immobilien- und sonstigen Vermögensgegenstände ermittelt.

Bewertungen offener Immobilienfonds – etwa durch die Stiftung Warentest – zeigen, dass diese Form der Kapitalanlage zwar ein »sicherer Hafen« ist, aber auch keine Garantie für eine stetige Wertentwicklung gibt, die über der jeweiligen Inflationsrate liegt. Während der Aktienmarkt zeitweise vorpreschte und denen, die in Aktienfonds angelegt hatten, traumhafte Renditen bescherte, blieben die Immobilienfonds in solchen Zeiten zurück. Mit ihrer Wertentwicklung können sich offene Immobilienfonds bei einer längerfristigen Betrachtung dennoch sehen lassen. In den vergangenen fünf Jahren lag die jährliche Wertsteigerung bei durchschnittlich etwas über 4 Prozent. Verluste hat in über 40 Jahren noch kein einziger Fonds gemeldet.

Achtung!

Vergessen Sie die Kosten beim Kauf der Anteile nicht. Der Ausgabeaufschlag liegt meist um 5 Prozent. Die müssen erst wieder hereingeholt werden, ehe von Rendite die Rede sein kann.

Je länger die Anteile gehalten werden, desto kleiner wird der Druck der Ausgabeaufschläge auf die reale Rendite. Deshalb sollten Sie Ihr Geld schon mindestens fünf Jahre anlegen. In Zeiten niedriger Zinsen und volatiler Börsen, in denen selbst große Kapitallebensversicherungen ihre garantierten Zinsen und die Überschussbeteiligungen deutlich zurücknehmen müssen, stellen offene Immobilienfonds eine Alternative zu diesen Anlageformen dar.

WISO rät

Es ist wesentlich leichter, sich einen Überblick über das Angebot an offenen Immobilienfonds zu verschaffen, als dies etwa bei Aktien- und Rentenfonds der Fall ist, da es nur weniger als 30 gibt. Auf den Internetseiten des BVI (www.bvi.de) können Sie Einzelheiten über die Fonds nachlesen.

Geschlossene Immobilienfonds

Anders als offene werden geschlossene Immobilienfonds in der Regel für einzelne, in Ausnahmefällen auch für mehrere Grundstücke aufgelegt: Ein Einkaufszentrum, ein großes Verwaltungsgebäude, eine Produktionsanlage, ein Hotel. Es kann in Frankfurt liegen, es kann aber auch ein Wolkenkratzer in New York oder Chicago sein. Diese Fonds unterliegen keinen speziellen gesetzlichen Vorschriften und auch keiner Aufsicht.

Bei der Auflage eines geschlossenen Immobilienfonds mit begrenzter Anlagezielsetzung kann wegen der Konzentration auf ein spezielles Objekt auch das Prinzip der Risikostreuung nicht beachtet werden. Anteile an den Fonds werden so lange verkauft, bis die benötigte Summer erreicht ist. Danach werden sie geschlossen – daher der Name.

Der Beitritt zu einem solchen Fonds geschieht meist für eine bestimmte, vorher festgelegte Zeit. Geschlossene Immobilienfonds sind daher nicht verpflichtet, Anteile zurückzunehmen. Die Verkehrsfähigkeit der Anteile geschlossener Immobilienfonds ist deshalb stark eingeschränkt. Dies hat zur Folge, dass Anteile an geschlossenen Immobilienfonds nur verkauft werden können, wenn der Inhaber selber dafür einen Käufer findet. Das ist in der Regel mit großen Schwierigkeiten verbunden. Viele Fondsgesellschaften sind zwar bereit zu vermitteln, wenn sich Interessenten für Kauf oder Verkauf bei ihnen melden. Über den Preis müssen sich die Interessenten aber untereinander verständigen. Versuche, einen funktionierenden Zweitmarkt für derartige Anteile zu schaffen, sind bisher fehlgeschlagen.

Geschlossene Immobilienfonds wurden – jedenfalls bis zur Verschärfung der Steuergesetze – häufig auch unter dem Gesichtspunkt der Steuerersparnis aufgelegt. Die Zeichner erhielten steuerlich nutzbare Verlustzuweisungen, die sie verwenden konnten, um ihre Einkommensteuerschuld entsprechend zu senken. Allerdings wird die Steuerpflicht dadurch nur in die Zukunft verschoben. Bei der späteren Rückzahlung muss das Geld schließlich doch versteuert werden.

Da der Anteilserwerb aber meist zur Hälfte mit einem Kredit finanziert wurde, der Zeichner aber den vollen Betrag steuerlich geltend machen konnte, hatte er einen Liquiditätsvorteil. Außerdem konnte er hoffen, dass sein persönlicher Steuersatz zum Zeitpunkt der Rückzahlung des investierten Betrages niedriger sein würde. Eine Garantie dafür, dass diese Rechnung auch aufgeht, gab es nie: Nicht nur der Gesetzgeber ändert die steuerlichen Konditionen immer wieder, auch durch die Rechtsprechung der Finanzgerichte kann sich die Lage verändern.

Inzwischen ist der Markt dafür tot. Neue Steuersparmodelle werden in Deutschland nicht mehr angeboten, da sie durch eine Reihe von Gesetzesänderungen ihre Attraktivität verloren haben. Dadurch treten auch die Nachteile der früher aufgelegten Fonds deutlich zutage: Da sie allein auf die Verschiebung der Steuerschuld hin ausgerichtet waren, ist ihre Rendite in der Regel außerordentlich gering oder liegt bei null. Der Anleger bekommt also keinerlei Entgelt für das wirtschaftliche Risiko, das mit diesem Investment verbunden ist. Bei einer Pleite des Objekts muss er nicht nur den mit der Finanzierung verbundenen Kredit zurückzahlen, sondern auch noch die fälligen Steuern begleichen.

Anders sieht es aus, wenn Sie sich an einem geschlossenen Immobilienfonds beteiligen, der zwar keine steuerlichen Abschreibungsmöglichkeiten bietet, dafür aber eine hohe Rendite. Bei interessanten Objekten im Zentrum von New York, im Londoner Finanzdistrikt oder in der Innenstadt von Wien ist es durchaus möglich, dass für die Anleger eine jährliche Rendite von 7 Prozent erwirtschaftet wird. Aufgrund der bestehenden Doppelbesteuerungsabkommen können Anleger diese Rendite in Deutschland steuerfrei kassieren. Bei einem späteren Verkauf des Objekts, der in der Regel nach zehn bis 15 Jahren stattfindet, besteht außerdem die Aussicht auf einen zusätzlichen Gewinn.

WISO rät

Sie sollten sich nur an geschlossenen Immobilienfonds beteiligen, die auf Rendite statt auf Steuerersparnis hin konzipiert sind, wenn Sie in der Lage sind, größere Summen zu investieren (zwischen 20 000 und 50 000 Euro) und darauf auch für längere Zeit verzichten können.

Innerhalb der Laufzeit ist es meist nur schwer möglich, die Anteile vorzeitig zu verkaufen. Es ist zudem nie auszuschließen, dass durch größere Reparaturen oder Mietausfälle die ursprüngliche Kalkulation nicht aufgeht. Dann werden möglicherweise statt der erhofften 8 nur 3 oder 4 Prozent gezahlt. Falls es zum Zeitpunkt des Verkaufs am Immobilienmarkt kriselt, kann das Objekt möglicherweise nicht zum erhofften Preis verkauft werden. Dann erhalten die Anleger unter Umständen weniger als das ursprünglich eingezahlte Kapital zurück.

Anleger, die sich an Immobilien-, Schiffs- oder Medienfonds beteiligen wollen, sollten stets den ausführlichen Prospekt anfordern und diesen auch genau studieren. Sie sollten unbedingt hinterfragen, wer als Initiator hinter dem Projekt steht und wer als Vermittler der Geldanlage auftritt. Sie sollten ihr Geld nur solchen Leuten anvertrauen, die nachweisen können, dass sie derartige Projekte auch schon in der Vergangenheit mit Erfolg verwirklicht haben. In dieser Branche tummeln sich zahlreiche unseriöse Anbieter – was angesichts der Summen, um die es hier geht, auch nicht besonders verwunderlich ist. Wie verschiedene Skandale und Prozesse zeigen, haben auch schon Banken bei der Vermittlung von Schrottimmobilien eine unrühmliche Rolle gespielt.

WISO rät

Wenn Sie auch nur die geringsten Zweifel daran haben, ob es sich um ein solides Projekt handelt, lassen Sie lieber die Finger davon!

Fonds für Rohstoffe und Energie

Es gibt verschiedene Möglichkeiten, wie Anleger von dem langfristig zu erwartenden Anstieg der Rohstoffpreise profitieren können. Da nicht nur die alten Industrieländer große Mengen an Energie und Rohstoffen verbrauchen, sondern auch bevölkerungsreiche Länder wie Indien oder China die Industrialisierung dynamisch vorantreiben und eine immer größere Nachfrage nach Rohstoffen entwickeln, zeigt der Trend bei den Rohstoffpreisen eindeutig nach oben. Anleger können davon profitieren, indem sie Anteile an Investmentfonds erwerben, die sich auf Aktien von Unternehmen spezialisiert haben, die Rohstoffe fördern, transportieren und verarbeiten. Das brachte in der Vergangenheit zum Teil sehr ansehnliche Wertsteigerungen.

Doch nicht nur über Aktienfonds können Anleger an der Rohstoffhausse teilnehmen. Es gibt auch Fonds, die über Futures und Optionen an der Preisentwicklung der Rohstoffe teilnehmen. Manche erwerben sogar Rohstoffe in physischer Form. Anleger können so direkt oder indirekt nicht nur auf »Rohstoffkörbe« setzen, sondern auch auf einzelne Rohstoffe, die ihnen besonders aussichtsreich erscheinen: Gold, Rohöl oder erneuerbare Energien.

Eine besonders »heiße« Form sind Fonds, die sich auf Solarenergie spezialisieren. Hier konnten Investoren von 2003 bis 2005 jährliche Zuwachsraten von 30 bis 45 Prozent verbuchen.

WISO rät

Trotz der Chancen, die diese speziellen Branchenfonds bieten, sollten Sie nur einen kleinen Teil Ihres Geldes in so enge Märkte investieren. Bei breiter angelegten Fonds dagegen können Sie angesichts der Entwicklung der Weltwirtschaft kaum etwas falsch machen, wenn Sie längerfristig anlegen.

Wer an Fonds Geld verdient

Neben den oben vorgestellten Hauptgruppen gibt es noch zahlreiche andere Typen und Spielarten von Investmentfonds. Beispiele dafür sind Themenfonds aller Art, »Turnaround-Fonds« oder »Junk-Bond-Fonds«. In der Ausgestaltung, Spezialisierung und Bezeichnung dieser Kapitalsammelstellen sind der Fantasie offenbar kaum Grenzen gesetzt. Eine lupenreine Definition der einzelnen Fondstypen ist fast nicht möglich. Häufig überlappen sie sich.

Anleger, die sich für die eine oder andere Spielart interessieren, sollten sich immer genau über die Anlageziele dieser Fonds informieren und sich dann ein Urteil bilden, welche Zukunftschancen die jeweilige Branche hat und ob dieser Fonds ihr Typ ist. Ein Fonds kann nur dann hohe Renditen erzielen, wenn die Branche oder die Region, in die man investiert, erfolgreich ist und hohe Wachstumsraten aufweist.

Und auch das sollte jeder wissen: Die Fondsbranche muss wie jeder andere Wirtschaftszweig um Kunden werben. Das kostet sie viel Geld. Millionen Euro fließen in die Werbung. Für Fonds gelten die gleichen Spielregeln wie für Jeans, Parfum oder Autos: Marketing und Vertrieb sind hier wie dort die Zauberwörter – und die gehen ins Geld. Produktgestaltung und Kommunikation, Werbung, Public Relations und Medienarbeit werden forciert. Ob über die Hausbank oder den Versicherungsvertreter, ob über das Internet oder den Fondsshop – egal über welche Vertriebskanäle der Fondsverkauf läuft, es gibt immer nur ein Ziel: das Portemonnaie der Kunden.

Als Anleger muss man sich deshalb ausreichend informieren und lernen, die Spreu vom Weizen zu trennen. Sonst wird man überrollt vom Angebot und den Versprechungen der Investmentbranche. Übrigens gilt auch in diesem Fall die Regel: Wer Modetrends hinterherläuft, muss damit rechnen, dass er ein Produkt erwirbt, das auch schnell wieder veraltet.

WISO rät

Einen Anhaltspunkt dafür, was Sie von der Qualität eines Fondsmanagements halten sollen, bietet ein Blick auf die in der Vergangenheit erzielten Resultate.

Das ist zwar keine Garantie, aber immerhin ein wichtiger Anhaltspunkt. Und ein Fonds, der bisher schon unterdurchschnittliche Resultate erzielt hat, bietet noch weniger die Gewähr dafür, dass in Zukunft alles viel besser wird.

Beim Fondsmanagement wollen viele kassieren. Versprechungen in Hochglanzprospekten sind deshalb noch lange keine Gewinngarantie. Obwohl Fonds eine breitere Risikostreuung bieten, als dies beim Kauf einzelner Aktien möglich ist, haben auch Fondsmanager schon so manchen Flop gelandet. Überdies müssen Sie immer berücksichtigen, dass erst einmal die

Werbeaufwendungen, die Provisionen der Vertreter und die Verwaltungsgebühren bezahlt werden müssen, ehe etwas für Sie übrig bleibt. Das sollten Sie besonders beachten, wenn Sie Ihr Geld einem der so genannten Strukturvertriebe anvertrauen. Ehe Sie etwas verdienen, kassieren erst einmal viele andere in der hierarchisch aufgebauten Organisation.

WISO rät

Achten Sie darauf, dass zwischen Ihnen und Ihrem Geld möglichst wenige stehen, die die Hand aufhalten. Dann müssen Sie die Erträge auch nicht mit so vielen anderen teilen. Wenn Sie sich vorher schlau machen, können Sie Ihrer Bank auch ohne Vermittler sagen, welche Fonds oder Aktien Sie kaufen wollen.

Die besten Fonds: Wie findet man die Perlen?

Trotz spektakulärer Wertsteigerungen bei einzelnen Fonds ist die Statistik ernüchternd: Der Durchschnitt der Fonds schafft auf Dauer weniger Rendite als eine Direktanlage an der Börse, die den Index nachbildet. Ein Vergleich der durchschnittlichen Wertentwicklung deutscher Aktienfonds mit der Entwicklung des Dax zeigt deutlich, dass diese »Benchmark« nicht erreicht wird. Das gilt selbst für Aktienfonds, die den gesamten Dax oder spezielle Branchenindizes nachbilden. Die Anleger erzielen allein deshalb eine schlechtere Verzinsung, weil beim Fondskauf Kosten entstehen (Ausgabeaufschlag, Managementgebühr), die es beim direkten Aktienkauf nicht gibt. Allerdings sind auch hier Makler- und Liefergebühren, Provisionen oder Auslagenpauschalen zu zahlen. Die können aber dadurch gesenkt werden, dass sich der Anleger nach einem möglichst preiswerten Vermittler (Bank, Direktbank, Broker) umsieht.

Nur Fonds, die es schaffen, sich auf die Aktien zu konzentrieren, deren Kurse sich überdurchschnittlich entwickeln, können höhere Zuwächse erzielen. Allerdings gibt es keine Garantie dafür, dass ihnen das auch gelingt. Branchenfonds, deren Vertragsbedingungen eine Anlage der zufließenden Mittel auf bestimmte Wirtschaftsbereiche vorschreiben, können sowohl über- als auch unterdurchschnittliche Erfolge erzielen. Denn wenn die Branchen – Konsum- oder Autowerte, High-Tech oder Chemie – in eine Struktur- oder Ertragskrise geraten, zieht das auch die entsprechenden Fonds nach unten.

Zudem gilt auch für Fondsmanager: Ruhm ist vergänglich. Das zeigen zum Beispiel die spektakulären Beispiele von Fondsmanagern, die sich nach dem Frühjahr 1997 auf die Internet-Aktien gestürzt haben. Nach dem skandalträchtigen Ende des »Neuen Marktes«, des ehemaligen Börsensegmentes für die jungen, innovativen Unternehmen, war auch nicht mehr viel von den kurzfristig so überaus erfolgreichen Neue-Markt-Fonds übrig. Die Heftigkeit der Kursausschläge nach unten spüren Anleger besonders schmerzlich, die erst in der Schlussphase einer Hausse eingestiegen sind. Die enormen Kursrückschläge werden oft erst nach Jahren wieder ausgeglichen – und manchmal gar nicht. Die Nachfolger der nach dem Absturz entlassenen Investment-Stars von einst können deren Fehler oft erst nach Jahren mühsam wieder gutmachen.

Wegweiser im Fondsdschungel: Ranking und Rating

Welcher Fonds verspricht bei welcher Risikobereitschaft die höchste Rendite? Das sind Kernfragen für jede Anlegergruppe – egal ob es sich um professionelle Fondsverwalter, institutionelle Investoren wie Banken und Versicherungen, Anlageberater oder Privatanleger handelt. Die Auswahl des »richtigen« Fonds ist schon für Profis nicht einfach. Dem Privatanleger, der nicht ständig den Markt beobachten kann, fällt die Entscheidung noch schwerer.

Der Blick in die Hitlisten von gestern ist zwar hilfreich, aber Performance allein sagt zu wenig aus. Performancelisten werden mittlerweile in vielen Zeitschriften publiziert. Sie listen in der Regel Fonds mit vergleichbarem Anlageschwerpunkt auf und vergleichen sie untereinander nach dem Renditekriterium – also der erzielten Wertsteigerung – innerhalb eines gewissen Zeitraums. Dabei geht es meist um ein, drei oder fünf Jahre.

Achtung!

Nach Meinung vieler Experten sind Ranglisten, die nach der Einjahres-Performance aufgebaut sind, nur bedingt zu gebrauchen. Untersuchungen belegen nämlich, dass Fonds mit dem gleichen Anlageschwerpunkt schon nach zwei Jahren die Hitlisten rauf- und runterrutschen.

Die logische Folgerung aus dieser Erkenntnis ist: Erst, wenn ein Fonds bezogen auf die Performance im Ein-, Drei- und Fünfjahresvergleich gut abschneidet, ist das ein zuverlässiges Indiz für ein erfolgreiches Management. Kurzfristige Ranking-Listen allein reichen daher nicht, da sie nur eingeschränkt aussagefähig sind.

Die Stiftung Warentest, die seit 1999 eine große Zahl von Investmentfonds einem Dauertest unterwirft, bewertet sie nach einem System, bei dem die Rangfolge der besten Fonds sich nicht nach der absoluten, sondern der relativen Performance bemisst. Dazu dient ein Punktesystem: Es wird Monat für Monat verglichen, wie ein Fonds im Vergleich zu den anderen in der Gruppe abschneidet. Je häufiger er sie schlägt, umso mehr Punkte erhält er. Ein Fonds ist also nicht nur deshalb gut, weil die Börsenkurse steigen, sondern weil das Fondsmanagement die günstige Situation besser nutzt als die Konkurrenz. Die so erreichten Punkte fließen mit 75 Prozent in die Bewertung ein. Das gilt natürlich auch für eine überdurchschnittlich gute Performance in flauen Börsenzeiten. Die Beurteilung hängt also davon ab, welches Management mit den verschiedenen Situationen am besten fertig wird.

Neben der gewichteten Performance wird auch die Stabilität berücksichtigt, mit der die Wertentwicklung eines Fonds dem Trend folgt. Das geht mit 25 Prozent in die Gesamtbewertung ein. Anhand der Punktwerte wird dann die Rangfolge bestimmt – getrennt nach verschiedenen Typen von Aktienfonds, Rentenfonds, Mischfonds und Geldmarktfonds.

WISO rät

Sie können vor der Entscheidung für den Kauf von Investmentanteilen prüfen, welche Fonds derzeit die besten Chancen bieten. Die Hitlisten werden in der Zeitschrift *Finanztest* sowie im Internet (www.finanztest.de/fondsfinder) veröffentlicht.

Als Anleger können und sollten Sie dort regelmäßig prüfen, wie gut die Fonds gemanagt werden, die Sie im Depot haben. Erfüllen sie Ihre Erwartungen nicht, sollten Sie sie gegen die Spitzenreiter in den einzelnen Kategorien austauschen. Beachten Sie: Beim Kauf neuer Fonds werden meistens erneut Ausgabenaufschläge erhoben. Sie sind aber nicht bei allen Banken gleich hoch. Wenn Sie beim gleichen Anbieter bleiben, ist der Umtausch oft kostenlos.

Die Einstufungen und Beurteilungen einzelner Fonds werden auch von Rating-Agenturen mithilfe eines umfangreichen Fondsresearch vorgenommen, das sich allerdings nicht nur auf die erzielten Zuwächse, sondern auch auf qualitative Merkmale stützt. Sie analysieren die Fondsanbieter nach Kriterien wie Anlagepolitik, Kontinuität im Management und Wertentwicklung. Sie vergeben Gütesiegel wie Noten, Buchstaben, Medaillen oder Sterne als Resultat ihrer Untersuchungen. Das sind Signale, mit denen auch private Anleger etwas anfangen können. Neben den Rankings haben die Ratings von Fonds sich daher als wichtiger Wegweiser im Fondsdschungel etabliert.

Die Rating-Agenturen treffen gewisse Grundannahmen, ehe sie mit ihren Untersuchungen beginnen. Sie betreffen die Wünsche und Bedürfnisse der Anleger. Der typische Privatanleger sieht demnach etwa so aus:

- Er hat einen mittelfristigen Anlagehorizont von mindestens fünf Jahren.
- Er spart meist für die Altersvorsorge.
- Er ist auf der Suche nach zuverlässigen Performern unter den Fonds und nicht nach kurzfristigen Überfliegern.
- Er hat den Wunsch, Verluste weitgehend zu vermeiden.
- Er verfügt bei der Auswahl von Fonds nur begrenzt über Zeit und Kenntnisse.

Wichtige Finanzdienstleister mit einem Fonds-Rating im Angebot sind Standard & Poor's und Morningstar, die beide bereits durch ihre Bewertungen von Staats- und Unternehmensanleihen bekannt geworden sind. In Deutschland bewertet FERI Trust in- und ausländische Fonds, in der Schweiz die Reuters-Tochter Lipper. Jede dieser Agenturen geht dabei nach eigenen Methoden vor. Da sie auch nicht mit einheitlichen Bewertungskennzeichnungen arbeiten, ist es wichtig, die Art der Klassifizierung der wichtigsten Agenturen zu kennen. Dazu drei Beispiele:

Moody's

Die amerikanische Rating-Agentur vergibt Gütesiegel für Geldmarkt-, Immobilien- und Rentenfonds. Das sind »Bonitätsnoten« und »Einschätzungen des Marktrisikos«. Die Bonitätsnoten gehen von »Aaa« für »geringes Anlagerisiko« über »Aa«, »A«, »Baa« und »Ba« für »spekulatives Investment« bis zur schlechtesten Bewertung mit »B«. Die Bewertungstabelle entspricht damit der bekannten Kategorisierung bei Anleihen.

Die Einstufung des Marktrisikos schätzt die Einflüsse von Zinsänderungen und Währungsrisiken auf den Fondswert ein. Die beste Einstufung ist »MR1« und bedeutet, dass nur sehr geringe Einflüsse von Zinssteigerungen und anderen negativen Markteinflüssen auf den Fondswert einwirken dürften. Die Noten gehen weiter über »MR2«, »MR3« und »MR4« bis zu »MR5«. Das heißt im Schema von Moody's: sehr starke Wertverluste bei Zinssteigerungen und anderen negativen Markteinflüssen.

Standard & Poor's

Standard & Poor's (S&P) will den Anlegern die Kaufentscheidung erleichtern. Das Rating-Haus will europaweit Fonds einem Qualitätsrating unterziehen. Die Devise lautet: Die Performance ist wichtig, die Managementqualität aber noch wichtiger. Die Londoner Abteilung vergibt Ratings für Fonds in Großbritannien, Luxemburg und dem Steuerparadies auf Guernsey. Dazu zählen ausländische Investmentgesellschaften wie Mercury und Threadneedle, die ihre Produkte auch deutschen Kunden anbieten. Die Vorgehensweise ist zusammengefasst etwa so: S&P untersucht zunächst die längerfristige Performance eines Fonds innerhalb seiner Gruppe, also Fonds mit ähnlicher Anlagepolitik. Dies ist ein rein quantitativer Prozess, bei dem historische Wertentwicklungen gemessen werden. Bei diesem ersten Schritt bleiben etwa 20 Prozent der untersuchten Fonds übrig, die quantitativ gesehen als gut gelten können.

Im zweiten Schritt kommt dann die qualitative Bewertung. Dazu besuchen die S&P-Analysten nach eigenen Angaben jedes Jahr die Fondsmanager und Chefs der Anlagegesellschaften. Dabei werden die Schlüsselfaktoren erörtert, die zu einem Anlageerfolg führen, und Fragen gestellt wie:

- Wie erfahren ist der Manager?
- Hält er sich an die festgelegte Anlagepolitik?
- Wie erläutert er Perioden mit guter und schlechter Performance?
- Wie gut läuft das Teamwork im Fonds?

Danach entscheidet die Rating-Kommission von S&P über die endgültige Einstufung des jeweiligen Fonds. Die Ergebnisse der Interviews mit den Fondsmanagern fließen mit einem Anteil von 60 Prozent in das Ergebnis ein. Die reine Risiko- und Performancemessung hat einen Anteil von 40 Prozent. Die Notenskala der Fonds-Ratings (fr) von S&P lautet ähnlich wie bei den Anleiheeinstufungen:

- frAAA: außergewöhnlich gute Investmentmanagementfähigkeiten,
- frAA: sehr gute Investmentmanagementfähigkeiten,
- frA: gute Investmentmanagementfähigkeiten.

FERI Trust

Ziel des Fonds-Ratings der Bad Homburger Vermögensgesellschaft FERI Trust ist nach eigenen Angaben, Anlegern einen systematischen, nachvollziehbaren und verständlichen Ansatz zur Beurteilung von Fonds zu bieten. Dazu gehört, dass das Rating die Ziele und Zwänge des Fondsmanagements berücksichtigt, herausragende Fähigkeiten des Fondsmanagers oder des Managementteams erkennbar werden, der Managementstil und die Investmentziele in Einklang stehen, Fehlinvestitionen vermieden werden können und durch die Selektion von Top-Performern deutlicher Mehrwert geschaffen werden kann.

Das Fonds-Research der FERI Trust umfasst mittlerweile weit über tausend Fonds. Betrieben wird eine quantitative Analyse, bei der die Performance, die Risikokennzahlen sowie das Verhalten in Auf- und Abschwungphasen gemessen werden. Bei FERI Trust beziehen sich alle Angaben auf einen Zeitraum von fünf Jahren. Für jüngere Produkte gibt es kein Rating. Mit der Fünf-Jahres-Messmethode unterscheidet sich FERI Trust deutlich von fast allen anderen veröffentlichten Rankings, die deutlich kürzere Zeiträume für ihre Bewertung nehmen. Die Fondsanalysten legen großen Wert auf die Feststellung, dass Investmentfonds ihre wirkliche Klasse nur auf längere Sicht zeigen, dass heißt ab fünf Jahren.

Ein geprüfter Fonds befindet sich immer in einer Konkurrenzgruppe (Peer Group) von mindestens 19 weiteren Fonds. Das Rating setzt sich aus drei Indikatoren, zwei quantitativen und einem qualitativen, zusammen:

- Performance: Messung der Wertentwicklung des Fonds im Vergleich zur Konkurrenz und zum jeweiligen Index.
- Risiko: Messung des bestmöglichen Ein- und Ausstiegszeitpunkts. Dies geschieht anhand der jährlichen Kursschwankungen des Fonds, also anhand der Volatilität.
- Management: Messung der so genannten weichen Faktoren. Dazu gehören die Teamqualität, die Anzahl der Berufsjahre der Fondsmanager, die Informationspolitik, die internen Kontrollen und andere.

Am Ende des Gesamtratings aus Performance-, Risiko- und Managementindikator mit ihren entsprechenden Gewichtungen steht eine Empfehlung für den Privatanleger, die seine Kaufentscheidung erleichtern soll. In diesem Fall besteht die Notenskala nur aus fünf Buchstaben:

- A sehr gut
- B gut

- C durchschnittlich
- D unterdurchschnittlich
- E schwach

Das Rating von FERI Trust unterscheidet sich gravierend von den Ratings anderer Agenturen. Während die Konkurrenz die Ratings nur auf Auftragsbasis erteilt, veröffentlicht FERI Trust seine Ratings auszugsweise in den Finanzteilen von Tageszeitungen wie dem *Handelsblatt* und der *FAZ* sowie umfassend im *Fondsguide Deutschland* der Gesellschaft für Fondsanalyse (GFA), einem Tochterunternehmen von FERI Trust und der Wirtschaftsagentur vwd.

WISO rät

Unter den Internetadressen www.feri-trust.de oder www.gfa-fonds.de finden Sie alle von FERI geprüften Fonds geordnet nach Ländern und Regionen und den Noten A bis E. 2006 waren dort beispielsweise unter 69 deutschen Aktienfonds acht mit der Note A zu finden.

Mit Noten, Medaillen, Sternen oder Buchstaben zum Erfolg – so könnte die künftige Entwicklung der Fondsbranche überschrieben werden. Ohne gute Noten kommen keine Anleger! Wenn Fondsgesellschaften gute Bewertungen zu Werbezwecken verwenden und dabei die weniger schmeichelhaften Urteile unter den Teppich kehren, sollte der Fondssparer sich daran nicht stören. Entscheidend ist, dass die Rating-Agenturen Standards vorgeben, an denen sich die Fondsmanager messen lassen müssen. Als Anleger sind Sie nicht auf blumige Werbeaussagen angewiesen. Sie können sich am Ranking orientieren. Genauer als die Spezialisten der Agenturen kann kein privater Anleger die Fonds prüfen.

Die Beurteilung von Investmentfonds durch Gütesiegel schafft nach dem Rating von Banken, Unternehmen oder Staaten hinsichtlich ihrer Qualität als Anleiheschuldner einen neuen Markt für Rating-Agenturen. Die Konkurrenz unter den Rating-Agenturen kann dem Anleger nur recht sein. Der Check der Fonds und der Fondsmanager durch unabhängige Institute erleichtert dem privaten Anleger die Auswahl der passenden Fonds.

Schnäppchenjagd beim Fondskauf

Wenn zwei das Gleiche tun, ist es noch lange nicht dasselbe. Auf die Geldanlage bei Fonds bezogen heißt das: Wenn zwei Fonds aus Sicht der Analysten etwa gleich gute Ergebnisse vorzuweisen haben, bedeutet das noch lange nicht, dass für den Anleger nach einigen Jahren auch derselbe Ertrag herausspringt. Das hängt nämlich auch davon ab, wie sich das Management für seine Arbeit bezahlen lässt. Das beginnt bereits bei dem Aufpreis, der auf den am Tag des Kaufs festgestellten Anteilswert erhoben wird. Bei den vielfach üblichen 5 Prozent muss der Anteilswert erst einmal in dieser Höhe steigen, ehe der Käufer überhaupt in die Gewinnzone kommt.

Jeder Rabatt, den Sie aushandeln können, bringt Sie diesem Ziel näher. Bei der Hausbank stoßen Kunden mit einem solchen Wunsch aber oft auf taube Ohren. Auch bei den Fondsgesellschaften selbst ist da meist nicht viel zu erreichen. Discount-Broker und Direktbanken sind da schon weit entgegenkommender. Bei freien Vermittlern sind manche Fonds sogar ganz ohne Ausgabeaufschlag zu haben. Allerdings müssen Sie dann auch genau wissen, mit wem Sie es zu tun haben. Wenn Sie regelmäßig einen festen Betrag sparen und nach der Grundentscheidung für einen bestimmten Fonds keine weitere Beratung mehr brauchen, wird meist der Discount-Broker oder die Direktbank wegen geringerer Kosten die bessere Wahl sein.

Achtung!

Achten Sie nicht nur auf den Ausgabeaufschlag. Wichtig ist daneben auch, wie viel Ihnen für die Führung des Depots berechnet wird und welche Managementgebühren der Fonds von Ihnen verlangt.

Erst wenn alle Kosten berücksichtigt sind, können Sie eine optimale Entscheidung treffen. Glauben Sie bloß nicht, dass es sich dabei um Kleckerbeträge handelt. Auch wenn ein Unterschied von 1 oder 2 Prozent bei den Kosten auf den ersten Blick nicht so gewaltig erscheint, macht er sich bei längerfristigen Sparplänen sehr deutlich positiv oder negativ bemerkbar. Der »kleine Unterschied« bewirkt, dass nach einer gewissen Zeit einige 100 oder gar 1 000 Euro mehr oder weniger auf Ihrem Konto stehen (weiter unten mehr zu den einzelnen Kostenarten).

Die Hausbank ist in der Regel am teuersten und bei der Beratung auch nicht immer selbstlos. Die meisten Banken verkaufen zwar auch fremde

Fonds, sie bieten aber am liebsten ihre eigenen Finanzprodukte an. Über Preise verhandeln sie ungern oder gar nicht.

Der in den meisten Fällen preisgünstigste Weg zum Fonds führt über Fondsvermittler. Sie arbeiten mit speziellen Fondsbanken zusammen. Sie führen die Depots und sind für die Ausführung von Kauf- oder Verkaufsaufträgen zuständig. Bei Abwicklung der Geschäfte über Fondsbanken werden allerdings Gebühren für die Depotführung fällig. Wenn es sich dabei um Pauschalen handelt, sind bei kleineren Investitionen Direktbanken oder Discount-Broker günstiger.

Die Geschäfte mit Fondsvermittlern, Direktbanken und Discount-Brokern laufen über das Internet. Um an Ihr Ziel zu gelangen, müssen Sie nur auf die Homepage des Anbieters gehen. Die für die Einrichtung eines Depots erforderlichen Daten können Sie bei manchen Anbietern online eingeben. Sie erhalten dann die für den Vertragsschluss vorbereiteten Unterlagen mit der Post. Andere Anbieter schicken Blankoformulare, die Sie ausfüllen und unterschreiben müssen.

Aufgrund des Geldwäschegesetzes reichen Kopien des Personalausweises zur Identifizierung heute nicht mehr aus. Stattdessen wird meist das Post-Ident-Verfahren gewählt. Sie erhalten dazu mit den Formularen einen Post-Ident-Coupon. Mit dem Coupon, den unterschriebenen Unterlagen sowie Ihrem Personalausweis müssen Sie zu einer Postfiliale. Nachdem dort Ihre Identität bestätigt wurde, gehen die unterschriebenen Unterlagen direkt zum Anbieter. Danach können Sie Kauf- oder Verkaufsaufträge per Internet, Fax oder Telefon erteilen. Achten Sie darauf, ob dafür jeweils unterschiedliche Kosten berechnet werden.

Wer sich für eine Direktbank oder einen Discount-Broker entscheidet, muss wissen, dass es dort in der Regel keine individuelle Beratung gibt. Man muss bei den billigen Börsenhändlern also genau wissen, was man will.

WISO rät

Sollten Sie bei Ihren Börsengeschäften zunächst noch unsicher sein oder nicht genügend Zeit haben, um sich gründlich zu informieren, ist es besser, mit den Beratern der Bank oder Sparkasse zu sprechen.

Obwohl deren Beratungsqualität oft zu wünschen übrig lässt, wie Verbraucherschützer bemängeln und WISO bei Stichproben immer wieder feststellen musste, ist es immer noch besser, sein sauer verdientes Geld einer Bank anzuvertrauen, als es einem der vielen windigen Anlageberater zu überlassen.

Checkliste Beratungsgespräch

- ○ Werden Sie sich vor der Kontaktaufnahme mit einem Anlageberater darüber klar, welches Ziel Sie mit der Investition verfolgen: Altersvorsorge, sicherer Kapitalerhalt (mit Blick auf die Geldentwertung) plus kleine Rendite, Zwecksparen (für einen Hauskauf oder andere größere Anschaffungen), spekulative Ziele oder Rücklage für die Ausbildung von Kindern oder Enkeln.
- ○ Fixieren Sie das mit der Kapitalanlage verfolgte Ziel vor der Kontaktaufnahme mit dem Berater bereits schriftlich und besprechen Sie es mit dem Partner oder einem Vertrauten.
- ○ Führen Sie das Beratungsgespräch möglichst in Anwesenheit eines Zeugen (Partner, Angehöriger, Freund).
- ○ Machen Sie während des Gesprächs eigene Aufzeichnungen zu den Anlagezielen, den Informationen Ihres Beraters, dem Anlageobjekt und zu Risikohinweisen.
- ○ Bitten Sie den Berater nach dem Gespräch, den Inhalt des Gesprächs schriftlich zusammenzufassen und zu bestätigen (siehe dazu auch das Kapitel *Berater: Wem man vertrauen kann* auf Seite 35).

WISO rät

Wurden Sie bei der Anlageberatung über den Tisch gezogen, können Sie unter Umständen den Berater haftbar machen. Wenden Sie sich bei begründetem Verdacht an die Verbraucherzentralen, an eine der Schutzgemeinschaften für Aktionäre oder einen Fachanwalt. Adressen können Sie bei der Rechtsanwaltskammer erfragen.

Kostenpunkte, auf die Sie achten müssen

Vor der Rendite stehen die Gebühren. Fondsmanager lassen sich für ihre Dienste oft fürstlich entlohnen. Ebenso wie bei der Direktanlage an der Börse in Form von Aktien, Anleihen oder Zertifikaten über eine Bank oder

Sparkasse fallen auch beim Erwerb von Fonds Kosten und Gebühren an. Der Anleger sieht sich oft einem Katalog von »Spesen« gegenüber. Experten kritisieren bei vielen Fonds nicht nur die Höhe, sondern auch die geringe Transparenz der Kosten. Zur besseren Übersicht deshalb hier ein kleines Lexikon der Gebühren, die bei Investmentfonds anfallen (können):

Ausgabeaufschlag

Bei Aktien-, Renten- und vielen anderen Fonds werden beim Kauf meist Aufschläge zwischen 1 und 5 Prozent auf den Preis am Tag des Kaufs verlangt. Das gilt nicht nur bei der Anlage eines größeren Einmalbetrages. Der Aufschlag wird auch bei monatlicher Einzahlung erhoben.

Beispiel

Bei einer Investitionssumme von 10000 Euro gehen bei 5 Prozent Vertriebskosten 500 Euro an die Fondsgesellschaft. Nur 9500 Euro werden angelegt.

Diese Gebühr erscheint in den meisten Fällen nicht offen auf den Kontoauszügen des Anlegers. Sie steckt im Unterschied zwischen dem Ausgabepreis und den Rücknahmepreis am Tag der Abrechnung. In vielen Beratungsgesprächen wird dieser Kostenpunkt nicht allzu deutlich angesprochen. Er wird aber sofort erkennbar, wenn Sie den Kaufpreis in ein Musterdepot eintragen, das Sie im Internet anlegen, um jederzeit prüfen zu können, wo ihre Aktien und Investmentanteile gerade stehen. Die neu erworbenen Anteile stehen in der Regel erst einmal mit 5 Prozent im Minus.

Depotgebühr

Werden die Fondsanteile bei einer Bank aufbewahrt, ist mit einer Gebühr von mindestens 10 Euro pro Jahr zu rechnen. Die Höhe hängt letztlich von der Bank, Sparkasse oder Investmentgesellschaft ab, bei der Ihr Depot verwaltet wird. Dieser Kostenpunkt fällt deshalb höchst unterschiedlich aus.

Verwaltungsvergütung

Das ist die Managementgebühr für die laufenden Kosten des Fonds. Dazu gehören zum Beispiel Provisionen für den An- und Verkauf der im Fonds gehaltenen Wertpapiere. Dazu kommen sonstige Verwaltungsgebühren. Hierin enthalten sind Berichterstattungskosten und Kosten für die Fondsprospekte.

Fonds-Wechselkosten

Wer innerhalb einer Fondsgesellschaft wechseln will, also zum Beispiel sein Kapital von einem Aktienfonds in einen Rentenfonds umschichten möchte, zahlt je nach Fondsgesellschaft eine Gebühr (Switch-Gebühr).

Bei einer Anlagesumme von 10000 Euro können neben dem einmaligen Ausgabeaufschlag von 500 Euro leicht zusätzliche 200 Euro auf Sie zukommen. Diese 700 Euro muss der Fonds erst einmal erwirtschaften, ehe Sie in die Gewinnzone gelangen. Das Beispiel zeigt, wie wichtig es ist, bei der Auswahl des Fonds, dem Sie Ihr Geld anvertrauen wollen, auch auf die Gebühren zu achten. Deswegen sollte jeder Investor genau prüfen,

- welche Fonds einen reduzierten Ausgabeaufschlag haben,
- welche Rabatte eine Direktbank oder ein Broker bieten,
- ob und in welcher Höhe eine Mindestgebühr pro Kauf verlangt wird,
- wie teuer die Depotkosten sind.

Bei so genannten »No-load«-Fonds, bei denen in Deutschland die Bezeichnung »Typ 0« an den Fondsnamen angehängt wird, werden zwar keine Ausgabeaufschläge erhoben. Dafür wird aber meist eine erhöhte Verwaltungsvergütung sowie eine erfolgsbezogene Managementvergütung verlangt. Einzelheiten zur Kostenstruktur können Sie dem jeweiligen Verkaufsprospekt entnehmen.

Beim Kauf von Fondsanteilen sollte man sich immer über die Kosten informieren. Angesichts des »Tarifdschungels« sind Vergleiche zwar nicht immer leicht. Helfen kann aber eine zum Schutz von Anlegern entwickelte Kennzahl: die »Total Expense Ratio« (TER). Sie zeigt mit einer Zahl, wie viel Prozent des Fondsvermögens jedes Jahr als Kosten auf dem Konto der jeweiligen KAG landet. Dem Anleger bietet die TER die Möglichkeit, die Kosten ähnlicher Fonds mit einem Blick erfassen und vergleichen zu können. Aber Achtung: Dabei muss auch immer geprüft werden, ob der »teure« Fonds sein Geld nicht vielleicht wert ist – nämlich dann, wenn das Management für die Anleger deutlich mehr erwirtschaft als die billigere Konkurrenz.

Achtung!

Sparen bei den Gebühren erhöht die Rendite. Aber Fehler im Umgang mit dem Finanzamt wirken sich noch schlimmer aus. Deshalb sollten Sie sich unbedingt auch mit den steuerlichen Aspekten des Fondssparens auseinander setzen.

Denn für Fondssparer gilt ebenso wie für Aktionäre und Besitzer von Anleihen: Der Fiskus kassiert immer mit (mehr dazu im Kapitel *Wie man Steuervorteile richtig nutzt* auf Seite 230).

Fondsshop: Die Alternative zur Bankfiliale?

Von den Banken unabhängige Finanzdienstleister betreiben Fondsshops, die oft auch als Fondsboutiquen oder Fondscenter bezeichnet werden. Diese Fondsshops konzentrieren sich ausschließlich auf den Vertrieb von Investmentfonds. Sie bieten gewisse Vorteile im Vergleich zu freien Vermittlern. In der Regel bieten sie eine breite Palette unterschiedlicher Fonds an. Sie haben nicht nur deutsche, sondern oft auch ausländische Investmentgesellschaften im Angebot.

Fondsshops werben damit, dass bei der Beratung der Kundschaft ein hohes Niveau angestrebt wird. Viele haben sich im Bundesverband Deutscher Investmentberater (BVDI) zusammengeschlossen. Das bietet eine gewisse Garantie für Qualität. Mitglied in diesem Verband können nur Fondsberater werden, die überprüfte Kenntnisse auf diesem Feld vorweisen können. Der BVDI verlangt eine abgeschlossene Bankausbildung, ein abgeschlossenes Studium der Wirtschafts- oder Rechtswissenschaften oder eine Registrierung als Finanzdienstleistungsinstitut durch die Bundesanstalt für Finanzdienstleistungen (BaFin). Ferner muss die Beratung in gewerblich genutzten Räumen stattfinden und das Haupttätigkeitsgebiet muss die Investmentberatung sein.

Auch Fondsshops lassen sich ihre Dienstleistungen bezahlen. Die Möglichkeiten, die Preise zu drücken, sind bei einem freien Vermittler oder einem Fondsshop gering. Der Grund ist der fixe Ausgabeaufschlag, die Provision des Vermittlers. Er lebt davon. Deshalb muss ein Anleger schon hohe Anlagebeträge mitbringen, ehe ein Vermittler mit sich handeln lässt. Allerdings hat der Kunde bei der laufenden Verwaltung seiner Anlage weniger Kosten als bei einer Bank. Beim Kauf von Fondsanteilen über einen Vermittler oder beim Fondsshop fließt das Geld nämlich direkt auf ein Konto der Investmentgesellschaft. Für diese Investmentkonten verlangen die Fondsgesellschaften entweder keine oder nur eine geringe Gebühr.

WISO rät

Erkundigen Sie sich beim BVDI, ob Ihr Fondsshop-Berater dort Mitglied ist. Der Verband stellt auf Anfrage eine Mitgliederliste zur Verfügung (Adresse: Kieler Straße 357–359, 22525 Hamburg, Telefon (040) 545452, Fax (040) 545355). Fragen Sie Ihren Vermittler oder Fondsshop, ob sie Mitglied in einem Verband sind. Können sie eine solche Mitgliedschaft nicht nachweisen, ist zumindest Vorsicht angebracht!

Das Investmentkonto hat außerdem weitere Vorteile: Will der Kunde von einem Fonds zu einem anderen der gleichen Gesellschaft wechseln (switchen), fällt oftmals kein oder nur ein geringer Ausgabeaufschlag an. Außerdem kann der Anleger bei einem Investmentkonto die Ausschüttungen (Zinsen, Dividenden) zum Rücknahmepreis anlegen. Ein Ausgabeaufschlag entfällt. Das kommt der Rendite zugute.

Nur eines zählt: Ihre Ziele und Wünsche

Über den vielen Punkten, die berücksichtigt werden müssen, um als Fondssparer mit Aktien-, Renten- und anderen Fonds ein optimales Ergebnis zu erzielen, sollte man nie einige der folgenden Grundvoraussetzungen aus den Augen verlieren:

Wer erfolgreich sparen will, muss sich gründlich informieren

Ein breites Angebot an seriösen Magazinen, Zeitschriften, Zeitungen, Fernseh- und Radiosendungen und nicht zuletzt an Online-Diensten hilft dabei. Wer sich die Zeit dafür nimmt, spart sich viele unangenehme Erfahrungen.

Wer nicht alles alleine entscheiden will, kann sich beraten lassen

Beratungen gibt es vom Bankberater, im Fondsshop, von einem Strukturvertrieb (Vorsicht: Kosten) und am besten von einem (wirklich) unabhängigen Finanz- und Vermögensberater. Wer darauf verzichten will oder kann, für den kommt eine Direktbank infrage. Diese Auswahl an möglichen Adressen zeigt schon, wie wichtig der höchstmögliche Informationsstand ist. Denn keine der Adressen garantiert eine optimale Beratung. Banken empfehlen gern die eigenen Produkte. Bessere Konkurrenzfonds könnten Ihnen daher entgehen. Der »unabhängige Finanzdienstleister« wiederum ist ein ungeschützter Beruf. Zu schnell gerät der Anleger an eine inkompetente Beratung bei gleichzeitig hohen Provisionen.

Welcher Anteil des Vermögens soll in Fonds angelegt werden?

Jeder Anleger sollte seine Vermögensstruktur überdenken. Eckdaten sind: Was ist bereits vorhanden an Aktien, Renten, Bundesschatzbriefen, Bargeld oder Immobilien? Wie hoch sind die laufenden Einnahmen und Ausgaben? Erst dann lässt sich erkennen, was für das Fondssparen übrig bleibt. Dabei muss auch auf eine vernünftige Risikostreuung geachtet werden. Nie alles in einen Topf!

Wie lange können Sie auf Ihr Geld verzichten?

Niemand sollte seinen Anlagehorizont voreilig festlegen. Der Anleger muss genau einschätzen, wann er welchen Teil seines Vermögens benötigt, zum Beispiel für private Entnahmen oder Steuerzahlungen. Dieses Geld sollte immer so angelegt sein (zum Beispiel in Geldmarktfonds), dass es jederzeit und ohne größere Kursverluste flüssig gemacht werden kann.

Wie hoch ist Ihre Risikobereitschaft?

Häufig unterschätzt wird die eigene Typisierung als Anleger. Fragen Sie sich: Bin ich ein risikobereiter oder ein konservativer Anleger? Wie viel Risiko akzeptiere ich: 20, 40 oder gar 60 Prozent in Form von Aktien? Nur mit Antworten auf solche Fragen erkennen Sie sich selbst (siehe dazu das Kapitel *Selbsteinschätzung: Erkennen Sie Ihren Anlagetyp* auf Seite 47). Bleiben Sie in dem Risikobereich, in dem Sie noch gut schlafen können. Übrigens: Banken sind gesetzlich verpflichtet, den Anleger hinsichtlich seiner Selbsteinschätzung zu befragen.

Welche Renditeerwartung haben Sie?

»Gier und Angst beherrschen abwechselnd die Märkte und Anleger!« Das ist eine alte Redewendung unter Kapitalmarktexperten. Renditeerwartungen von 20 oder 50 Prozent und mehr pro Jahr sind unrealistisch. Das kann mal gelingen, aber wer das von vornherein verspricht, argumentiert nicht seriös. Die gigantischen Verluste an den Aktienmärkten vom Sommer 2000 bis März 2003 sollten eine Mahnung sein. Vertrauen Sie Ihr Geld nur Aktienfonds an, die realistische Renditen versprechen. Je höher Ihre Renditeerwartungen sind, umso höher ist in der Regel auch das Risiko.

Was ist Ihr persönlicher Anlagehorizont?

Das hängt ganz entscheidend von dem jeweiligen Alter ab. Ein 50-Jähriger hat eine andere Lebenserwartung und eine geringere Ansparzeit für den Aufbau einer ausreichenden Alterssicherung als ein Berufsanfänger. Deshalb müssen die Einzahlungen sofort viel höher sein.

Welche(n) Fonds sollen Sie schließlich auswählen?

Die Auswahl des (oder der) »richtigen« Fonds ist die letzte und schwierigste Aufgabe. Nach der Entscheidung für ein Segment (Dax-Aktienfonds, Branchen-, Dach-, Garantie-, Renten- oder Indexfonds) muss ein bestimmter Fonds aus der breiten Palette ausgesucht werden. Es müssen Vergleiche herangezogen werden. Fonds-Porträts, Rankings und Ratings helfen dabei. Sie listen die Fonds auf und vergleichen ihre Performance über verschiedene Zeiträume. Wenn die verfügbaren Summen ausreichen, sollten Sie die Beträge auf verschiedene Fondsprodukte verteilen.

Wann ist der richtige Zeitpunkt für den Einstieg?

Die Frage des günstigen Zeitpunkts für den Einstieg ist für Privatanleger, die regelmäßig einen festen Betrag einzahlen, nicht so wichtig. Hier gleichen sich Zeiten mit steigenden und sinkenden Kursen im Allgemeinen aus. Bei einem Sparer, der eine große Summe (beispielsweise aus einer Erbschaft) auf einmal einzahlt, spielt der richtige Zeitpunkt dagegen eine entscheidende Rolle. Auf dem Höhepunkt einer Hausse am Aktienmarkt sollte das möglichst nicht geschehen. Wem die Kurse schon weggelaufen sind, der sollte das Geld lieber erst einmal in Renten- und Geldmarktfonds »parken«.

Börse und Aktien im Internet

Obwohl es noch recht jung ist, gibt es inzwischen viele Lebensbereiche, aus denen das Internet kaum noch wegzudenken ist. Nicht zuletzt für den Anleger hat es heute eine große und immer noch wachsende Bedeutung. Zum einen sind Aktien von Unternehmen, die in der einen oder anderen Form im Internetbereich tätig sind, eine interessante, wenn auch manchmal sehr spekulative Anlagemöglichkeit. Zum anderen spielt das Internet inzwischen eine zentrale Rolle bei der Abwicklung von Börsengeschäften. Kaum zu überschätzen ist zudem seine Bedeutung als Informationsquelle. Nie zuvor konnten sich Kleinanleger so aktuell und bequem über wirtschaftliche Entwicklungen und vor allem über das aktuelle Geschehen an den Weltbörsen unterrichten. Doch es gibt auch Schattenseiten: Abzocker und Betrüger, die den Internetboom ebenfalls für sich nutzen. Gegen sie gilt es sich zu schützen. Dieses Kapitel zeigt, wie Sie mit den Chancen und Risiken des Internets umgehen.

Wichtige Informationen, die die Kurse bewegten, erreichten private Anleger früher nur mit großer Zeitverzögerung – nämlich erst mit der Zeitung am folgenden Tag. Erst dann konnten sie auf unerwartete Kursbewegungen reagieren. In der Zwischenzeit hatten sie vielleicht schon viel Geld verloren. Die Profis hatten dann schon längst ihr Geschäft gemacht. Inzwischen hat sich das Informationsgefälle zwischen institutionellen Investoren und Kleinanlegern dank des Internets aber deutlich verringert. Heute besteht das Problem eher darin, aus der Fülle der Daten und Nachrichten diejenigen auszuwählen, die wirklich wichtig sind.

Nützliche Informationen fließen aus den unterschiedlichsten Quellen im Internet. So kann man die Jahresabschlüsse der großen Unternehmen heute von den jeweiligen Homepages problemlos herunterladen. Viele dieser Aktiengesellschaften stellen der Öffentlichkeit darüber hinaus zusätzliche aktuelle Berichte über die Entwicklung der Branche, ihre wirtschaftliche Lage und die Entwicklung der Aktie zur Verfügung. Sie informieren über geplante Investitionen, neue Produkte und Fortschritte in der Forschung. Immer mehr Unternehmen nutzen das Internet zur direkten Kommunikation mir ihren Aktionären.

WISO rät

Viele Basisinformationen über Unternehmen, in deren Aktien Sie eventuell investieren möchten, lassen sich auch bei der Deutschen Börse abrufen (http://deutsche-boerse.com).

Die Betreiber der Börse sind zudem gesetzlich verpflichtet, die Zulassungsprospekte der Unternehmen elektronisch zur Verfügung zu stellen. Die darin enthaltenen Angaben und Mitteilungen sind zur Information der Anleger bestimmt. Die Deutsche Börse AG haftet zwar nicht dafür, dass diese Informationen vollständig oder richtig sind. Aber die Unternehmen sind selbstverständlich verpflichtet, nur wahrheitsgetreue Angaben zu machen, wenn sie sich um die Zulassung ihrer Aktien zum Handel an der Börse bewerben. Deshalb finden Anleger unter der Web-Adresse der Börse zu jeder an der Börse notierten Aktiengesellschaft umfangreiche Informationen.

Mehr oder weniger nützliche Informationen kann man über eine nahezu unbegrenzte Zahl von speziellen Börsenseiten im Netz beziehen. Wenn Sie bei einer Internetsuchmaschine die Begriffe »Börse« oder »Aktien« eingeben, können Sie mit einem Blick feststellen, wie vielseitig und umfangreich das Angebot ist. Das Resultat dürften einige Hundert Internetadressen sein – oder die Suchmaschine ist nichts wert. Zu den in Deutschland bekanntesten Homepages rund um die Börse gehört beispielsweise www.wallstreet.online.de. Man findet hier Tausende von Kursen sowie eine Vielzahl von börsenrelevanten Nachrichten und Diskussionsforen, aber auch viel Klatsch und Tratsch.

Auch alle Sparkassen und Banken und so gut wie jeder Internetprovider bieten Börseninformationen, Kurstabellen, die Anlage von Musterdepots oder mehr oder weniger realistische Börsenspiele an. Zusätzlich finden Sie bei den Sendern ZDF und ARD, in verschiedenen Wirtschaftszeitungen und Magazinen, bei Brokern, Direktbanken, Sparkassen und unabhängigen Finanzdienstleistern unterschiedlich aufbereitete und nützliche Informationen rund um Aktie und Börse.

Wenn Sie in eine der bekannten Suchmaschinen Stichworte wie KGV, Dividendenrendite oder Betafaktor eingeben, finden Sie schnell heraus, wer Ihnen zu diesen für Anleger wichtigen Indikatoren die besten Resultate anbietet. Sie können sogar erfahren, wo Sie Wertpapiere am günstigsten erwerben können. Unter www.broker-test.de finden sich detaillierte Leistungsvergleiche.

Auch die Homepages nationaler und internationaler Institutionen sind oft gute Quellen für wirtschaftliche Daten und Analysen. Dazu gehören beispielsweise die Seiten des Statistischen Bundesamts, der verschiedenen Bundesministerien, des ifo-Instituts, der Weltbank oder der Vereinten Nationen. Neben der deutschen verfügen auch alle ausländischen Börsen über eigene Homepages, auf denen sich Angaben zu den gehandelten Wertpapieren oder den Börsenregeln finden lassen.

Achtung!

Nicht alle Informationen im Internet sind seriös. Auf manchen dieser Seiten, die sich fast ausschließlich über Werbung finanzieren, kann jeder selbst ernannte Börsenguru seine Weisheiten und Empfehlungen loswerden. Nicht alle Ratschläge und Empfehlungen sind uneigennützig.

Dennoch bieten sich Anlegern im Internet viele Möglichkeiten, nützliche Informationen zu sammeln und sich außerdem in einem der zahlreichen Chatrooms mit anderen börsenbegeisterten Internetnutzern auszutauschen. Aber auch hier gilt, dass nicht jede Information aus diesem Kreis passionierter Anleger wirklich hilfreich ist. Oft werden bewusst Gerüchte gestreut, um den Kurs von Aktien in Bewegung zu bringen. Wenn andere darauf hereinfallen, verabschieden sich die Autoren mit einem hübschen Gewinn aus der Gerüchteküche. Bei den großen, im Dax notierten Unternehmen wird dies nur ausnahmsweise einmal gelingen. Bei »marktengen« Aktien kleinerer Unternehmen dagegen kann gezielte Desinformation durchaus zum gewünschten Ziel führen und für gutgläubige Anleger böse Folgen haben. Deshalb ist hier immer besondere Vorsicht angebracht. Bewusst Falschmeldungen über das Netz zu verbreiten, um die Kurse zu beeinflussen, ist zwar in den meisten Ländern strafbar. Aber das Netz bietet Ganoven viele Möglichkeiten des Versteckspiels.

Virtuelle Depots: Informieren, kontrollieren, üben

Banken, Sparkassen, Verlage und Informationsdienste, aber auch das ZDF bieten Interessenten die Möglichkeit, im Internet virtuelle Depots anzulegen. Dort können Sie Aktien, Fonds oder Zertifikate eintragen, die Sie tatsächlich besitzen, die Sie beobachten oder mit deren Hilfe Sie erst einmal ein Leben als Aktionär simulieren wollen, ehe Sie sich mit richtigem Geld an die Börse wagen. In allen diesen Fällen bietet Ihnen das Musterdepot eine hervorragende Möglichkeit, den Kursverlauf zeitnah zu verfolgen. Zwar können Sie auch täglich einen Blick auf das Depot werfen, dass Sie tatsächlich bei Ihrer Bank angelegt haben. Aber oft bieten die virtuellen Depots bei anderen Anbietern viel mehr Möglichkeiten – wie zum Beispiel alle Wertpapiere, die Sie vielleicht bei verschiedenen Banken oder Investmentgesellschaften tatsächlich im Depot haben, an einer Stelle zusammenzuführen. Zudem bieten viele virtuelle Depots auch Möglichkeiten der Aktienanalyse sowie Informationen – zum Beispiel über die täglichen Gewinne und Verluste bei den einzelnen Werten und über das Gesamtergebnis –, die Sie bei Ihrer Hausbank so nicht bekommen.

Sie können im virtuellen Bereich zusätzlich zu den Werten, die Sie tatsächlich in Ihrem Besitz haben, auch eine »Watchlist« einrichten. Das ist ein Depot, in das nur Wertpapiere kommen, die Sie beobachten wollen, um sie zu kaufen, wenn sich eine günstige Situation ergibt. Das ist vor allem dann praktisch, wenn Sie sich eine Reihe von Kandidaten für ein Investment bereits genauer angesehen haben, aber davon ausgehen, dass sie in absehbarer Zeit zu einem günstigeren Kurs zu haben sind. Besonders bei Aktien mit hoher Volatilität ist es oft sinnvoll, so lange mit dem Kauf zu warten, bis der Kurs nach unten ausgeschlagen hat. Wenn Sie die Aktien bis dahin schon einmal virtuell im Depot haben, verpassen Sie nicht so leicht den Augenblick für einen günstigen Einstieg.

Passen Sie hier vor Betrügern auf. Im Netz werden immer wieder Aktien im Direktbezug oder über angebliche Internetbörsen angeboten, die dem Anleger die Chance bieten sollen, sich zu besonders günstigen Kursen an zukunftsträchtigen Unternehmen zu beteiligen, ehe deren Aktien offiziell an der Börse gehandelt werden. Dabei handelt es sich aber meist um fragwürdige oder sogar betrügerische Angebote und um Scheinbörsen. Sie werden häufig von bereits einschlägig verurteilten Anlagebetrügern organisiert.

WISO rät

Bei derartigen Angeboten ist immer eine besonders sorgfältige Prüfung erforderlich. Lassen Sie beim geringsten Zweifel lieber die Finger davon – mag das Angebot auch noch so attraktiv erscheinen. Und denken Sie an die wichtige Faustregel: Je höher die versprochene Rendite, umso größer ist auch das Risiko.

Die Einrichtung und Nutzung eines kostenlosen virtuellen Depots bieten Ihnen auch unter dem Aspekt »Sicherheit« einen großen Vorteil. Sie können auch im Büro, im Hotel oder in einem Internetcafé einen Blick auf Ihr virtuelles Depot werfen und die Entwicklung der eingegebenen Werte verfolgen, ohne befürchten zu müssen, dass unbefugte Dritte einen größeren Schaden anrichten können. Denn selbst wenn es Ganoven gelingen sollte, Ihre Zugangsdaten abzufischen, können sie damit wenig anfangen. Sie erfahren im schlimmsten Fall, welche Aktien oder Anleihen Sie besitzen oder beobachten. An das reale Konto und das tatsächlich existierende Depot kommen sie aber nicht heran.

Safety first: Sicherheit ist noch wichtiger als niedrige Kosten

Das Internet kann aber nicht nur für Musterdepots, sondern auch für reale Börsengeschäfte genutzt werden. Wie schon erwähnt, bieten so genannte Online-Broker und viele Banken und Sparkassen ihren Kunden die Möglichkeit, Käufe und Verkäufe von Wertpapieren direkt über das Internet vorzunehmen. Die Bank, über die Sie diese Geschäfte abwickeln, muss dabei nicht einmal im Inland beheimatet sein. Wenn es dafür einen sinnvollen Grund gibt, können Sie auch bei einer Bank in Österreich, Frankreich oder den Niederlanden Kunde werden und über die Internetseite der Bank von zu Hause aus mit Wertpapieren handeln.

Notwendig dazu ist lediglich die Eröffnung eines Wertpapierdepots sowie des dazugehörigen Geldkontos beim jeweiligen Anbieter. Der Vorteil ist, dass die Gebühren bei Kauf oder Verkauf über das Internet oft deutlich unter den sonst üblichen Sätzen liegen. Außerdem können Sie auch am Abend oder in der Nacht Orders eingeben (siehe dazu auch das Kapitel *Aktien, Fonds und Anleihen: Wie und wo man kauft* auf Seite 30).

Lassen Sie sich aber auf keinen Fall von niedrigen Kosten allein überzeugen. In jedem Fall müssen hohe Sicherheitsstandards, Passwortschutz und andere Maßnahmen dafür sorgen, dass Unbefugte sich nicht bei Ihrem Konto oder Depot bedienen können oder vertrauliche Informationen über Sie abschöpfen. Bei allen seriösen Anbietern von Internet-Broking ist maximale Sicherheit eine Selbstverständlichkeit. Ein Anbieter, der Ihnen das nicht bietet, darf für Sie erst gar nicht infrage kommen – auch wenn er vielleicht mit ein paar Preisvorteilen lockt. Immer muss gelten: Safety first. Außerdem muss in einem solchen Fall davon ausgegangen werden, dass das Angebot auch aus anderen Gründen wahrscheinlich nicht seriös ist.

Sie sollten zudem immer sorgfältig überlegen, ob Sie der Weitergabe Ihrer Adresse an Dritte zustimmen wollen. Im Zusammenhang mit der Konten- und Depotführung oder einer Kreditvergabe sollten Sie das grundsätzlich nicht tun. Dass Sie andernfalls mit unerwünschten Werbebotschaften überflutet werden, ist dabei noch das geringste Übel. Doch auch davor kann man sich schützen. Mit einer neuen Aufklärungswebsite führt der Bundesverband der Verbraucherzentralen (vzbv) seinen Kampf gegen Spam fort.

WISO rät

Unter der Website www.verbraucher-gegen-spam.de können Sie sich umfassend über das Thema Spam informieren. Sie erhalten dort Anleitungen im Umgang mit Spam, Musterschreiben und rechtliche Grundlagen.

Ärgerlich, aber unvermeidlich: Eine Weitergabe Ihrer Daten an die Schufa oder eine andere Einrichtung zur Prüfung der Kreditwürdigkeit von Kunden können Sie leider kaum verhindern. Sie ist in der Regel Voraussetzung für eine Kontoeröffnung.

In puncto Sicherheit darf nie vergessen werden, dass im Internet immer die Gefahr besteht, dass Unbefugte sich Zugang zu Ihren Daten verschaffen. Cleveren Hackern und Gaunern gelingt es immer wieder, technische Sicherheitsbarrieren zu überwinden. Allerdings sind die Opfer dabei oft unfreiwillige Helfer. Trotz aller Warnungen beantworten sie dubiose Anfragen per E-Mail, teilen ihre Kontonummer mit, rücken TAN-Nummern heraus oder geben ihre Passwörter preis. Wem deshalb das Restrisiko zu hoch ist, der muss dennoch nicht ganz auf die Vorteile des Internets verzichten. Auch ohne seine Geldgeschäfte vom heimischen PC aus abzuwickeln, kann man auf viele dieser kostenlosen Serviceleistungen zurückgreifen, die Online-Broker und Direktbanken im Netz zur Verfügung stellen. Dazu gehören Musterdepots, aktuelle Kurse und Charts und viele andere, für Sparer und Aktionäre wichtige Informationen. Diese Dienstleistungen sind in der Regel sowohl für Kunden als auch für Nichtkunden frei verfügbar. Kunden wird aber in der Regel ein noch etwas besserer Service geboten.

Phishing und andere üble Tricks

Phishing ist ein Kunstwort, gebildet aus Password und Fishing. Gemeint ist der Versuch, auf betrügerische Art und Weise an Passwörter von arglosen Internetnutzern zu kommen. Zunächst werden wahllos E-Mails verschickt, ähnlich wie bei Spam-Mails (also unerbetener Werbung). Sie fordern in der Regel auf, persönliche Daten auf der Webseite einer Bank, eines Providers oder Online-Shops neu einzugeben. Häufige Begründung: Angeblich gab es einen Versuch, diese Daten zu stehlen. In der Mail gibt es einen Hyperlink, der nur vermeintlich zur Webseite des angeblichen Absenders führt. Nur ist diese Absenderadresse genau so falsch wie die Webseite, auf der man landet, wenn man diesem Link folgt. Sie ist der echten Webseite der Bank oder des Shops täuschend ähnlich nachgebaut. Optisch ist sie meist nicht vom Original zu unterscheiden. Dort soll das Opfer seine Daten hinterlassen. Bei Phishing-Attacken gegen Bankkunden sind das in der Regel die Kontonummer, die PIN und eine TAN. Gelingt den Angreifern diese Täuschung, haben sie Zugriff auf das Konto und können mit der TAN eine Transaktion durchführen. Im schlimmsten Fall kann das Konto so bis an die Grenze des Dispokredits geplündert werden.

Inzwischen haben nahezu alle Banken Sicherheitshinweise auf ihren Webseiten veröffentlicht. Vom Bundesverband Deutscher Banken gibt es einen umfassenden Sicherheitsratgeber für das Online-Banking (unter www.bdb.de zum Bestellen oder Downloaden).

Beim Bekanntwerden der letzten Attacken gelang es auch in Zusammenarbeit mit deutschen und ausländischen Providern, die gefälschten Webseiten schnell vom Netz zu nehmen oder den Zugang zu sperren. Trotz schneller Gegenmaßnahmen dürften solche Fake-Webseiten jedoch auch in Zukunft für zumindest 10 bis 24 Stunden erreichbar bleiben.

Die wichtigste Maßnahme zum Selbstschutz ist, entsprechende E-Mails zu ignorieren. Die Banken versichern, dass sie solche Mails nicht versenden. Grundsätzlich sollten alle Online-Banking-Kunden die Webseite ihrer Bank nicht über Links in Mails oder auf anderen Webseiten aufrufen. Am sichersten ist es, die Webseite über die Adressleiste des Browsers einzutragen oder aus den (selbst angelegten) Favoriten oder Bookmarks aufzurufen. Darüber gibt es weitere Sicherheitshinweise, die aber auch in die Irre führen können.

Online-Banking-Seiten sind verschlüsselt. Das wird in der Adressleiste durch das »https.//« zu Beginn der Internetadresse ausgewiesen. In der Statusleiste findet sich dann das Symbol eines Schlosses oder Schlüssels. Aber Vorsicht: Dies alleine bietet keine Sicherheit vor einer gefälschten Webseite. Die Webseite der Gauner kann selbstverständlich ebenfalls »verschlüsselt« sein: Die Webseite enthält Sicherheitsinformationen, die nichts anderes machen als zu bestätigen, dass man sich auf einer gefälschten Webseite befindet. Erst wenn man das Sicherheitszertifikat der Webseite prüft (durch Doppelklick auf das Schlüssel- oder Schlosssymbol oder über das Kontextmenü »Eigenschaften« durch einen rechten Mausklick), kann der Nutzer feststellen, ob es wirklich auf die Institution ausgestellt ist, die man erreichen möchte.

Aber auch das ist nicht immer ein sicherer Beweis: In den USA gab es bereits Angriffe, die nach einem Klick auf einen Link in der Mail tatsächlich auf die Webseite der Bank führten. Im Vordergrund öffnete sich aber ein gefälschtes Fenster, das versuchte, die brisanten Daten zu entführen. Ein Zertifikatscheck hätte hier gezeigt, dass die Webseite im Hintergrund wirklich die richtige war – das gefälschte Pop-up-Fenster wirkte unverdächtig.

Untauglich als Sicherheitsmerkmale sind die Anzeigen von Links in der Statuszeile des E-Mail-Programms oder im Browser: Sicherheitslücken beim Internet Explorer, aber auch bei seinen Konkurrenten Netscape, Firefox oder Opera ermöglichen es den Gaunern, die wahre Identität einer gefälschten Webseite zu verbergen.

Das PIN/TAN-System, so die Aussage des Bundesamtes für Sicherheit in der Informationstechnik (www.bsi.de), kann bei richtiger Benutzung als grundsätzlich sicher eingestuft werden. Daher versuchen die Phisher auch nicht das System selbst anzugreifen, sondern mit gefälschten E-Mails Nutzer des Systems zur Herausgabe ihrer Zugangsdaten zu überlisten. Also können Online-Banking-Kunden weiterhin auf das System mit PINs und TANs vertrauen, die von immer mehr Instituten durch so genannte iTANs ersetzt werden. Statt einer beliebigen TAN sind nunmehr speziell zugewiesene (indizierte) TANs zu verwenden.

Es gibt derzeit zwei Sicherheitsstandards beim Online-Banking. Das ältere und bisher immer noch gängigste System ist die so genannte SSL-Verschlüsselung (»Secure Sockets Layer«). Über eine Verbindung zwischen

Kunden-PC und Bankrechner werden Daten auf einem sicheren Kanal hin und her geschickt. Dafür benötigt man PIN und TAN.

Zwar schon seit einigen Jahren auf dem Markt, aber immer noch nicht flächendeckend im Angebot ist der HBCI-Standard. Er bietet die höchste Sicherheitsstufe. Denn die Daten werden nicht nur auf einem gesicherten Weg durchs Internet geschickt, sondern alle einzeln verschlüsselt. Zusätzlich muss der Kunde eine digitale Unterschrift leisten. Technisch geschieht das zum Beispiel durch ein Lesegerät und eine Chipkarte. Auf ihr befindet sich der Verschlüsselungscode, der durch eine PIN geschützt ist. Die umständliche Eingabe einer TAN, die bei jedem Auftrag zusätzlich eingegeben werden muss, entfällt. Das Zusatzgerät, das an den Computer angeschlossen werden muss, gibt es schon ab 10 Euro. Bei manchen Banken bekommt man es auch gratis. Der HBCI-Standard wird bereits von etwa hundert Banken angeboten.

Auch beim Online-Brokerage gibt es noch Lücken. Der selbstständige Wertpapierhandel im Internet mithilfe von HBCI wird noch nicht von allen Banken angeboten. Auch bei der Technik hapert es immer wieder: Es gibt Systemausfälle, fehlerhaften Logikabgleich bei der Ordereingabe, zeitversetzte Buchungen und so weiter. Zum Teil wurden deshalb auch Gerichte bemüht. Dabei wird zunehmend klar, dass die Banken das Sicherheitsrisiko beim Online-Brokerage nicht gänzlich auf ihre Kunden abwälzen können: Auch die Banken haben eine Sorgfaltspflicht, die es als Anleger jedoch immer wieder einzuklagen gilt.

Wie man Steuervorteile richtig nutzt

Sparer wollen Erträge sehen, Vermögen bilden und für das Alter vorsorgen. Wäre es anders, könnten sie das Geld gleich komplett für Reisen, schicke Klamotten und trendige Restaurants ausgeben. Geldanlage ist keine Liebhaberei wie das Sammeln von Briefmarken oder Bierdeckeln. Doch wo Geld verdient wird, sitzt immer ein ungebetener Gast mit am Tisch: der Fiskus. Egal, ob Sie neu ins Börsengeschäft einsteigen oder schon ein »alter Hase« sind, ob Sie Aktien, Anleihen oder Zertifikate kaufen, ob Sie bei der Geldanlage an Ihre Alterssicherung oder an den »schnellen Euro« denken, ob Sie mehr an Kursgewinnen oder eher an stetigen Erträgen in Form von Zinsen und Dividenden interessiert sind – das Finanzamt interessiert sich auch dafür. Ihr Anlageerfolg, die tatsächliche Rendite, hängt daher nicht zuletzt davon ab, ob Sie Ihre Transaktionen (auch) unter steuerlichen Gesichtspunkten optimieren. Wie Sie das machen, lesen Sie in diesem Kapitel.

Der Erfolg des Sparens, der schrittweise Aufbau einer ausreichenden Altersversorgung oder eines gewissen Vermögens hängen von der Rentabilität der Geldanlagen ab, von Zinserträgen, Dividenden und Kursgewinnen. Das Tempo der Wertsteigerung wird aber stark dadurch verlangsamt, dass Zinseinnahmen steuerpflichtig sind, bei Dividenden Kapitalertragsteuer gezahlt werden muss und bei Kursgewinnen Spekulationsteuer fällig wird. Die Höhe der Steuerabzüge ist allerdings variabel. Wie viel der Fiskus tatsächlich kassiert, hängt von den Umständen ab – und die können Sie oftmals beeinflussen.

Die steuerliche Optimierung der Geldanlage wird nicht nur durch das komplizierte deutsche Steuerrecht erschwert. Auch die kaum noch überschaubare Flut von Anordnungen und Erlassen des Finanzministeriums und

Entscheidungen der Gerichte trägt dazu bei, dass der Steuerdschungel immer weiter wuchert. Die Steuergesetze werden immer strenger, die Schlupflöcher enger, das Kontrollsystem schärfer und die Strafen für erwischte Steuersünder härter. Schummeln lohnt also nicht.

Eine steueroptimierte Geldanlage ist leider auch deshalb schwierig, weil es in der deutschen Steuergesetzgebung keine Stetigkeit und Verlässlichkeit gibt. Fast jedes Jahr wird an den Steuergesetzen herumgebastelt. Was gestern noch als gerecht, sozial oder modern galt, wird morgen schon wieder geändert. Um unerwünschte Folgen bestimmter gesetzlicher Regelungen abzumildern, um Arbeitnehmern oder Unternehmern Anreize für bestimmte Verhaltensweisen zu geben, um wechselnden Gerechtigkeitsvorstellungen näher zu kommen oder schlicht um die Kassen des Fiskus zu füllen, wird ständig an den Gesetzen und Vorschriften herumgebastelt.

Doch wer bei seinen Kauf- und Verkaufsentscheidungen die steuerlichen Aspekte im Auge behält, kann dadurch viel Geld sparen. Außerdem sollten Sie das Finanzamt nicht nur an den Gewinnen beteiligen. Sie können ihm auch einen Teil eventueller Verluste aufbrummen.

Es ist zunächst einmal sehr wichtig, dass Sie schon vom Jahresbeginn an mit der steuerlichen Optimierung beginnen. Denn wenn Sie erst dann an die steuerliche Gestaltung Ihrer Anlageentscheidungen denken, wenn Sie die Steuererklärung machen, ist es oft schon zu spät. Die steuerlich relevanten Fakten sind durch Käufe und Verkäufe, bei Freistellungsaufträgen oder Werbungskosten längst geschaffen worden. Was da versäumt wurde, lässt sich nicht mehr ändern.

WISO rät

Beschäftigen Sie sich mit den steuerlichen Aspekten der Geldanlage schon zu Jahresbeginn oder noch früher, um nichts zu verschenken.

Es ist zwar lästig, aber wenn Sie dem Fiskus nichts schenken wollen, müssen Sie sich mit Spekulationsfristen, Dividenden- und Zinsbesteuerung, Freigrenzen, Verlustvorträgen, Halbeinkünfteverfahren und anderen sperrigen Begriffen aus dem Steuerrecht beschäftigen. Sonst könnte es sein, dass der Fiskus mehr Spaß an Ihren Anlageerfolgen hat als Sie selber. Das gilt insbesondere für die Beachtung der Spekulationsfrist (früher sechs Monate, jetzt noch ein Jahr, bald vielleicht abgeschafft) – und zwar nicht nur, wenn Ihre

Wertpapiere in der Gewinnzone sind. Das ist genauso wichtig, wenn die Kurse unter den Einstandspreisen liegen.

Den im Jahr 2001 realisierten Verlusten kam dabei eine besondere Bedeutung zu. Spekulationsgewinne und -verluste in den Jahren 2001 bis 2005 sollten Sie unter steuerlichen Gesichtspunkten aufmerksam betrachten. Denn »alte« Verluste könnten sich dann doch noch als Gewinne entpuppen – steuerlich gesehen. Die im Juli 2000 beschlossene Steuerreform hat nämlich viele Änderungen bei der fiskalischen Behandlung von Kursgewinnen und sonstigen Wertpapiererträgen gebracht. Ehe die Gesetzesänderungen in Kraft traten, konnte die künftige Steuerlast durch geschicktes Vorgehen gesenkt werden (siehe unten das Kapitel *Verluste können manchmal Freude machen*). Einige Anleger, die das nicht wussten, könnten dennoch Glück gehabt haben, weil sie zum richtigen Zeitpunkt Verluste realisierten. Vielleicht gehören Sie dazu?

Private Veräußerungsgewinne sind grundsätzlich steuerfrei – beispielsweise wenn sie beim Verkauf von Gebrauchtwagen, von Bildern oder Schmuck aus Familienbesitz erzielt werden. Das gilt grundsätzlich auch für den Verkauf von Grundstücken und Wertpapieren – bisher jedenfalls noch. Doch es gibt Ausnahmen. Die betreffen Wertpapiersparer und Immobilienbesitzer. Es geht dabei um Spekulationsgewinne beim Verkauf von Wertpapieren und Grundstücken. Dann werden nämlich oft doch Steuern fällig, und zwar bei Folgendem:

- Veräußerung von Grundstücken und grundstücksgleichen Rechten, wenn der Zeitraum zwischen An- und Verkauf weniger als zehn Jahre (bis 1999 zwei Jahre) beträgt. Eine Ausnahme ist eine selbst genutzte Wohnung. Sie kann bei einem Umzug ohne Beachtung der Spekulationsfrist veräußert werden.
- Veräußerung von Wertpapieren und anderen Wirtschaftsgütern, wenn der Zeitraum zwischen An- und Verkauf weniger als ein Jahr (bis 1999 sechs Monate) beträgt.
- Veräußerungsgeschäfte, bei denen die Veräußerung der Wirtschaftsgüter früher erfolgt als der Erwerb dieser Güter (Verkäufe auf Termin).

Nur wenn eine dieser drei Voraussetzungen erfüllt ist, gilt ein Gewinn als Spekulationsgewinn, der zusammen mit dem übrigen Einkommen versteuert werden muss. Eine Privatperson, die eine selbst genutzte Wohnung oder eine Briefmarkensammlung mit Gewinn verkauft, erzielt lediglich einen Veräußerungsgewinn, aber keinen Spekulationsgewinn. Darauf müssen keine Steuern gezahlt werden, da Gewinne im privaten Sektor grundsätzlich steuerfrei sind (Stand Mitte 2006).

Das Finanzamt: Big Brother is watching you

Vor der Beschäftigung mit steuersparenden Strategien sollte jedem Anleger ein Punkt ganz klar sein: Die Kenntnis und Beachtung steuerlicher Möglichkeiten, Rechte und Pflichten sollte im eigenen Interesse sehr ernst genommen werden. Lange Zeit haben viele, die sich als Sparer und »Kleinanleger« betrachten, es einfach »vergessen«, das Finanzamt über ihre Einnahmen aus Zinsen, Dividenden oder Spekulationsgewinnen zu informieren. Dass es einem Anleger schwer fällt, einen mit Glück oder Geschick erzielten Kursgewinn mit dem Finanzamt zu teilen, ist natürlich zu verstehen.

Viele Aktiensparer sind in der Vergangenheit auch davon ausgegangen, dass das Finanzamt besseres zu tun habe, als bei einem Otto Normalverdiener nach Spekulationsgewinnen zu fahnden. Der Aufwand lohne den Ertrag nicht. Außerdem betätigten sich nur wenige Kleinaktionäre als »Trader«, die ständig kaufen und verkaufen, um auch aus kleinen Kursveränderungen einen großen Gewinn zu machen. Wenn dann doch mal Gewinne innerhalb der steuerlich relevanten Spekulationsfrist erzielt wurden, hielten sich viele an das Motto: »Der Kavalier genießt und schweigt.«

Verschärfte Kontrollmaßnahmen

Inzwischen hat sich aber vieles geändert. Auch das Finanzamt weiß, dass es heute in Deutschland weit mehr Aktionäre und Besitzer von Fondsanteilen gibt als noch vor zehn oder 20 Jahren. Es weiß auch, dass viel mehr Geld als früher in Aktien und anderen Wertpapieren steckt, da immer mehr Menschen privat für ihr Alter vorsorgen. Zinseinnahmen aus Sparanlagen oder Bundesanleihen – auf die die Steuereintreiber schon seit langem ein scharfes Auge werfen – haben selbst bei Durchschnittsverdienern inzwischen oft nicht nur eine beachtliche Höhe. Sie sind in vielen Fällen zudem nicht mehr die einzige Quelle für »Einnahmen aus Kapitalvermögen«. Dazu kommen auch Dividenden oder die Ausschüttungen der Investmentfonds.

Außerdem sorgt die auf ein Jahr verlängerte Spekulationsfrist dafür, dass Anleger viel häufiger als früher steuerpflichtige Gewinne erzielen, weil sie in Zeiten stark schwankender Kurse nicht immer warten wollen, bis zwischen Kauf und Verkauf eines Wertpapiers mindestens ein Jahr verstrichen ist. Denn bis dahin kann der ursprüngliche Kursgewinn schon wieder ebenso dahin geschmolzen sein wie der Schnee vom letzten Jahr. So ging es beispielsweise denjenigen, die das Glück hatten, beim Börsengang von Infineon einige der damals heiß begehrten Aktien zu erwischen. Wer die hohen Kursgewinne in den ersten Wochen nicht möglichst schnell realisierte, sondern bis zum Ablauf der Spekulationsfrist warten wollte, stand plötzlich vor einem bösen Verlust. Da ist es nur ein schwacher Trost, dass auch das Finanzamt leer ausgeht.

WISO rät

Der Fiskus nutzt alle Möglichkeiten, Ihre Einkommensquellen zu erforschen und sich seinen Anteil zu holen. Nutzen Sie Ihrerseits alle legalen Mittel, um Steuern zu sparen.

Weil die Politiker und Finanzbehörden wissen, dass immer mehr Steuerzahler neben ihren anderen Einkünften auch Spekulationsgewinne verbuchen, und weil die Kassen des Staates immer leer sind, achtet das Finanzamt inzwischen viel stärker als früher auf die Kapitaleinkünfte. Da kann der Staat heute auch beim »kleinen Mann« etwas holen.

Hinzu kommt, dass der Fiskus auch weit mehr Möglichkeiten hat als früher, nicht deklarierte Zinseinnahmen, Dividenden und Kursgewinne aufzuspüren. Das deutsche Bankgeheimnis ist schon lange kein Geheimnis mehr, sondern durchlöchert wie ein Sieb. Die Auskunftspflicht der Banken gegenüber dem Finanzamt ist immer weiter ausgedehnt worden. Der Fiskus kann beim geringsten Verdacht Sammelauskunftsersuchen stellen, bei denen alle Daten zu melden sind, die von steuerlichem Interesse sein können.

Seit 2005 müssen die Banken überdies ihren Kunden generell eine Erträgnisbescheinigung ausstellen, deren Vorlage das Finanzamt verlangen kann. Hinzu kommt eine Auflistung von Wertpapiergeschäften. Da bleibt dann kein Cent Gewinn oder Zinsertrag mehr verborgen. Wer bisher glaubte, er könne Konten vor dem Finanzamt verstecken, hat sich ebenfalls getäuscht. Unter dem Vorwand, Geldwäscher, Sozialbetrüger und Terroristen aufspüren zu müssen, strickt der Staat ein immer engmaschigeres Kontrollnetz. Die vermehrte Schnüffelei wird vor allem durch das »Gesetz zur Förderung der Steuerehrlichkeit« legitimiert. Selbst ohne Verdacht auf Steuerhinterziehung oder Sozialmissbrauch können die Behörden – zum Beispiel die Arbeitsagenturen oder Sozialämter – abfragen, wo der Betroffene ein Konto hat und wer auf das Konto als Bevollmächtigter zugreifen darf. Allein dadurch lassen sich Ungereimtheiten aufdecken. Denn hat jemand viele Konten, gibt aber im Antragsverfahren an, keine Guthaben zu haben, kann der Sachbearbeiter der Behörde nachforschen. Er darf überprüfen, ob sein Misstrauen berechtigt war oder nicht.

Ursprünglich wollte man mit der schleichenden Aufweichung des Bankgeheimnisses Terroristen auf die Spur kommen. Doch bisher wurden damit vor allem Steuerpflichtige erwischt, die den einen oder anderen Euro »vergessen« hatten. Auch wenn die bisherigen Gesetze den Behörden nur die Möglichkeit geben, mit verdeckten Methoden bei Banken, Sparkassen, Brokern oder Investmentgesellschaften nach nicht deklarierten Konten der Bürger zu fahnden, so ist es nur eine Frage der Zeit, bis sie auch direkt in jedes Konto Einblick nehmen können.

Überdies wird die früher in Deutschland übliche anonyme Inhaberaktie immer mehr durch Namensaktien verdrängt (siehe das Kapitel *Die Aktie: Ein Begriff und viele Varianten* auf Seite 87). Diese Papiere werden bei den Unternehmen auf den Namen des jeweiligen Käufers in ein »Aktienbuch« eingetragen, aus dem längst eine Datenbank geworden ist. Wenn das Finanzamt in diese Aktionärsverzeichnisse Einblick nimmt und die Daten automatisch auswertet, lässt sich leicht nachvollziehen, wer welche Aktien besitzt, wann sie gekauft und verkauft wurden und ob dabei Gewinne oder Verluste entstanden sind.

Doch damit nicht genug: Die Banken sind auch verpflichtet worden, Kapitalerträge ihrer Kunden im Rahmen der Freistellungsregelung an das Bundesamt für Finanzmarktaufsicht (BaFin) zu melden. In diesem Zusammenhang geht es auch um eine Aufteilung zwischen Zinsen und Dividenden. Aus entsprechend hohen Dividendeneinnahmen kann der Fiskus den Schluss ziehen, dass bei einem Steuerpflichtigen mit hoher Wahrscheinlichkeit auch Spekulationsgewinne angefallen sind. Daraus wiederum könnte das Finanzamt den Wunsch ableiten, die ordnungsgemäße Deklarierung dieser Gewinne zu überprüfen. Mogeln wird daher immer schwerer und Vergesslichkeit immer gefährlicher.

Ende der Steueroasen?

Auch jenseits der deutschen Grenzen sind kleine und große Steuerflüchtlinge vor dem Zugriff des Fiskus nicht mehr sicher: Die EU-Länder haben bereits im Jahr 2000 im Grundsatz beschlossen, Europa mit einem flächendeckenden Kontrollnetz zu überziehen, um Zins- und Dividendeneinnahmen auch dann möglichst lückenlos zu erfassen, wenn Konten im Ausland unterhalten werden. Deutschland und weitere elf EU-Länder geben Informationen über Kapitalerträge von EU-Ausländern automatisch an deren Heimatländer weiter.

Österreich, Luxemburg und Belgien behalten zwar vorerst ihr Bankgeheimnis, erheben dafür aber auf Kapitalerträge von EU-Ausländern eine Quellensteuer, die zu 75 Prozent an das Heimatland des Anlegers überwiesen wird. Sie steigt 2007 von zunächst 15 auf 20 Prozent. Ab 2010 beträgt sie dann 35 Prozent. Selbst nicht der EU angehörende Länder wie die Schweiz oder Liechtenstein konnten sich dem Druck, ihre Grenzen für Steuerflüchtlinge zu schließen, auf Dauer nicht entziehen.

Aber auch ohne die gewünschten Auskünfte aus dem Ausland weiß sich der Fiskus oft zu helfen. Die Steuerprüfer nehmen bei Banken, Sparkassen und Brokern nicht nur deren Buchführung unter die Lupe. Sie durchstöbern immer öfter auch die Kundenkarteien. Anschließend werden Kontrollmitteilungen an die Wohnsitzfinanzämter der Betroffenen geschickt. Die können dann prüfen, ob die Bankkunden ihre Dividenden und Spekulationsgewinne deklariert haben.

WISO rät

Sie sollten nicht erst noch rasch zum ehrlichen Steuerzahler mutieren, wenn alle gesetzlichen Möglichkeiten zur Erfassung von Kapitaleinkünften erst einmal umgesetzt sind – dann ist es oft zu spät.

Wer plötzlich deutlich höhere Dividendeneinnahmen, Zinsen und Spekulationsgewinne meldet als in vielen Jahren zuvor, muss dem Finanzamt schon eine Erbschaft oder einen Lottogewinn nachweisen, um den plötzlichen Reichtum plausibel zu erklären. Abgesehen von allen Fragen rund um Moral und Steuerehrlichkeit empfiehlt es sich daher auch mit Blick auf die sonst drohenden Strafen, die steuerlichen Pflichten ernst zu nehmen. Umgekehrt haben Sie aber auch das Recht, Ihre steuerliche Belastung im Rahmen des Erlaubten so gering wie möglich zu halten. Dazu im folgenden Kapitel einige Steuertricks.

Ehrlich, aber nicht dumm: Legale Steuertricks

Die Steuerreform des Jahres 2000, deren letzte Stufe erst 2005 erreicht wurde, bot und bietet Wertpapiersparern eine ganze Reihe (von zum Teil einmaligen) Möglichkeiten, ihre Steuerlast legal zu senken. Nutzen können Sie diese Chance aber nur, wenn Sie die Spielregeln kennen und wichtige Termine beachten.

Halbeinkünfteverfahren

Weil die Körperschaftsteuer auf 25 Prozent gesenkt wurde, dürfen seit 2001 die von den Unternehmen gezahlten Steuern auf den Gewinn nicht mehr mit der Einkommensteuer der Anteilseigner (Aktionäre) verrechnet werden. Die bis dahin mögliche Anrechnung der gezahlten Körperschaftsteuer auf die Einkommensteuer des Aktionärs konnte letztmalig für das Geschäftsjahr 2000 angewendet werden. Um eine Doppelbesteuerung des Gewinns zu vermeiden, wurde als Ausgleich dafür das »Halbeinkünfteverfahren« eingeführt. Das bedeutet, dass nur noch die Hälfte der gezahlten Dividende vom Aktionär versteuert werden muss. Der jeweilige Empfänger der Dividende zahlt darauf den seinem Gesamteinkommen entsprechenden Steuersatz.

Beispiel

Wenn ein Unternehmen 4 Euro je Aktie ausschüttet, muss der Empfänger davon nur 2 Euro zusammen mit seinen sonstigen Einkünften versteuern. Wer aufgrund seines Einkommens den Spitzensteuersatz von 42 Prozent zahlt, muss 84 Cent abführen. Wer weniger verdient und daher nur mit dem Eingangssteuersatz von 15 Prozent belastet wird, muss von seiner Dividende nur 30 Cent an das Finanzamt überweisen.

Solange die Kapitalerträge den Sparerfreibetrag von 1 370 Euro (Verheiratete: 2 740 Euro; Stand: 2006) nicht übersteigen, müssen allerdings in beiden Fällen gar keine Steuern gezahlt werden – sofern Sie nicht vergessen haben, Ihrer Bank einen entsprechenden Freistellungsauftrag zu geben.

Achtung!

Für Besitzer von Investmentanteilen gelten zum Teil abweichende Bestimmungen. Bitte beachten Sie deshalb weiter unten unbedingt auch die entsprechenden Hinweise zum Fondssparen.

Das Halbeinkünfteverfahren gilt nur für Dividenden, nicht für Zinseinnahmen. Deshalb sollten Sie die Aufteilung Ihrer Anlagen auf festverzinsliche Papiere und Dividendenwerte überprüfen. Da Sie für Zins- und Dividendeneinnahmen bis 1 370 Euro keine Einkommensteuer zahlen müssen, bedeutet dies, dass Sie als Lediger Zinseinnahmen nur bis zu dieser Höhe steuerfrei kassieren dürfen.

Bei Dividenden ist es wegen des Halbeinkünfteverfahrens die doppelte Summe. Dividendenzahlungen belasten den Freibetrag also immer nur mit der Hälfte des jeweiligen Zahlungsbetrags, Zinsen voll. Ist der Freibetrag ausgeschöpft, muss die Bank für jeden weiteren Euro, den Sie als Zins oder Dividende erhalten, die Zinsabschlagsteuer abziehen. Die entsprechenden Beträge werden in der Abrechnung aufgeführt, die Sie von Ihrem Kreditinstitut erhalten, und auf die gesamte Einkommensteuerschuld angerechnet.

Erstmals seit dem Jahr 2006 müssen die Kreditinstitute rückwirkend eine Jahreszinsbescheinigung nach § 24c EstG kostenfrei an ihre Kunden verschicken. Darin müssen Kapitalerträge und Erträge aus Veräußerungsgeschäften aus Finanzanlagen des Privatvermögens bescheinigt werden. Jede andere vom Kunden gewünschte zusätzliche Bescheinigung darf allerdings entgeltpflichtig sein.

WISO rät

Wegen der geringeren Steuerbelastung kann es für Sie interessant sein, statt festverzinslicher Anleihen gezielt Aktien mit hoher Dividendenrendite zu erwerben. In Zeiten niedriger Zinsen können Sie damit unter dem Strich oft eine doppelt so hohe Netto-Rendite erwirtschaften.

So brachten Bundesanleihen Anfang 2006 je nach Laufzeit nur Renditen zwischen 2,8 und 3,4 Prozent, europäische Telekom-Werte dagegen ebenso wie das italienische Versorgungsunternehmen ENEL Dividendenrenditen von über 6 Prozent. Allein der steuerfreie Anteil war in diesen Fällen höher als der Ertrag solider Anleihen.

Halbeinkünfteverfahren bei Spekulationsgewinnen

Seit 2001 werden nicht nur Dividenden, sondern auch Spekulationsgewinne vor der Besteuerung halbiert. Das gilt allerdings nur für Aktien! Dadurch wird der Effekt der längeren Spekulationsfrist gemildert. In bewegten Börsenzeiten ist es vielfach nicht möglich, eine Gewinnmitnahme so lange hinaus zu schieben, bis das volle Jahr abgelaufen ist. Das Halbeinkünfteverfahren gilt allerdings auch für realisierte Verluste. Auch sie dürfen nur noch zur Hälfte gegen Gewinne aus vergleichbaren Geschäften verrechnet werden.

Weil das Halbeinkünfteverfahren eingeführt wurde, um eine Doppelbesteuerung von Unternehmensgewinnen zu vermeiden, gilt es nur in diesem Bereich. Nicht unter das Halbeinkünfteverfahren fallen deshalb regelmäßige Einkünfte oder Spekulationsgewinne bei:

- festverzinslichen Wertpapieren,
- Finanzinnovationen,
- Wandelanleihen,
- Gewinnobligationen,
- Genussscheinen als Gläubigerpapier (das nicht mit einem Recht auf Liquidationserlös ausgestattet ist),
- stillen Beteiligungen,
- partiarischen Darlehen,
- Zinsen aus nichtbegünstigten Lebensversicherungen,
- Options- und Termingeschäften.

Spekulationsfrist

Der Zeitraum, in dem Gewinne aus dem Verkauf von Wertpapieren versteuert werden müssen, beträgt exakt ein Jahr. Wer nicht mindestens zwölf Monate und einen Tag wartet, um ein Papier mit Kursgewinn wieder zu verkaufen, muss den Gewinn voll versteuern. Dabei wird der von der Höhe des persönlichen Gesamteinkommens abhängige Steuersatz angewendet. Selbst wenn der Verkauf nur einen Tag zu früh erfolgt, kennt das Finanzamt keine Gnade. Wenn ein Verkauf noch so lange verzögert werden kann, bis die Frist abgelaufen ist, gehört der gesamte Gewinn allein Ihnen. Diese Überlegungen sind aber nur dann sinnvoll, wenn bei dem jeweiligen Wertpapier keine größeren Kursrückgänge zu befürchten sind, die den positiven steuerlichen Aspekt überkompensieren.

Achtung!

> Passen Sie auf, dass in der Zwischenzeit die Kurse nicht stark fallen. Ein Gewinn, den Sie mit dem Finanzamt teilen, ist immer noch besser als ein hoher Verlust, auf dem Sie alleine sitzen bleiben.

Es macht wenig Sinn, aus reiner »Steuerphobie« Verluste zu riskieren, die höher sind als die zu zahlende Steuer. Wer im Jahr 2000 nur aus steuerlichen Gründen mit einem Verkauf zu lange gewartet hatte, musste Kursverluste hinnehmen, die den steuerlichen Gewinn bei weitem übertrafen. Aber auch aus Verlusten können Sie – rein steuerlich gesehen – oft noch einen Gewinn machen. Mehr dazu weiter unten.

Den Zeitpunkt eines Verkaufs genau zu prüfen, lohnt sich unter steuerlichen Aspekten aber auch in anderen Fällen. Als die Einkommensteuer zwischen 2001 und 2005 schrittweise gesenkt wurde, konnte es sich in den letzten Monaten eines Jahres lohnen, geplante Verkäufe in das folgende Jahr zu verschieben. Denn auch wenn das Ende der Spekulationsfrist noch zu weit entfernt war, konnte wenigstens der dann geltende geringere Steuersatz von Vorteil sein. Solche Überlegungen sind auch jetzt noch sinnvoll, wenn Sie wissen, dass Sie im nächsten Steuerjahr ein deutlich geringeres Gesamteinkommen haben werden – zum Beispiel, weil Sie in Rente gehen.

Immobilien

Für vermietete Immobilien liegt die Spekulationsfrist seit 1999 bei zehn Jahren. Innerhalb dieser Frist sind Gewinne aus Immobilienverkäufen steuerpflichtig. Als Gewinn gilt bei nach dem 31. Juni 1995 gekauften Immobilien aber nicht nur die Differenz zwischen Kauf- und Verkaufspreis, sondern auch die vorgenommenen Abschreibungen. Werbungskosten (Notar, Grundbuch oder Makler) können jedoch abgesetzt werden.

Werbungskosten

Durch die Steuerreform wurde das bis Ende 2000 geltende Volleinkünfteverfahren auch bei den Werbungskosten durch das neue Halbeinkünfteverfahren ersetzt. Anleger können seither nur noch die Hälfte der anlagebezogenen Werbungskosten absetzen. Das sind zum Beispiel Fahrtkosten zur Hauptversammlung eines Unternehmens, an dem sie als Aktionär beteiligt sind, oder Schuldzinsen, wenn Wertpapiere auf Kredit gekauft wurden.

Freigrenze

Spekulationsgewinne von weniger als 512 Euro im Jahr sind auch dann steuerfrei, wenn sie innerhalb von zwölf Monaten nach Erwerb des Wertpapiers erzielt werden. Da das Halbeinkünfteverfahren angewendet wird, bedeutet dies: Seit 2002 hat sich der tatsächliche Betrag auf 1 024 Euro verdoppelt, der pro Person ohne Beteiligung des Finanzamtes jährlich vereinnahmt werden darf. Für Ehepaare, die gemeinsam zur Einkommensteuer veranlagt werden, gilt der doppelte Betrag. Solange die gemeinsamen Spekulationsgewinne unter 2 048 Euro liegen, greift die Spekulationsteuer nicht.

Achtung!

Da es sich um eine Freigrenze und nicht um einen Freibetrag handelt, wird sofort bei Erreichen (oder Überschreiten) dieser Summe die volle Steuer fällig. Sie müssen also darauf achten, dass die steuerfreien Spekulationsgewinne um mindestens 1 Cent unter den jeweils für Sie geltenden Beträgen liegen.

Wenn Sie Aktien verkaufen wollen, aber die Gefahr besteht, dass diese Grenze überschritten wird, können Sie vorerst auch nur einen Teil abgeben. Die restlichen Papiere können dann im nächsten Jahr verkauft werden, denn dann kann die Freigrenze erneut in Anspruch genommen werden.

Verluste können manchmal Freude machen

Auch rote Zahlen können Gewinn bringen – aber nur, wenn Sie im Rahmen der Spekulationsfrist geschickt disponiert haben. Sollte ein Aktiengeschäft nicht so gelaufen sein, wie Sie beim Kauf erwartet haben, können Sie überlegen, ob es nicht sinnvoll sein kann, die entsprechenden Wertpapiere kurz vor Ablauf der Spekulationsfrist noch rasch zu verkaufen. Dann lässt sich dieser Verlust nutzen, um ihn gegen Gewinne aufzurechnen, die ebenfalls während der Spekulationsfrist erzielt wurden. Trennen Sie sich dagegen auch nur einen Tag nach Ablauf der Frist von den »Luschen«, bleiben Sie auf dem vollen Verlust sitzen und müssen den mit einer anderen Aktie innerhalb der Zwölf-Monats-Frist erzielten Gewinn mit dem Finanzamt teilen. Da es Ihnen niemand verbieten kann, den Verlustbringer später wieder zurückzukaufen – vielleicht sogar zu einem niedrigeren Kurs –, kann es durchaus sein, dass Ihre ursprüngliche Gewinnerwartung doch noch aufgeht.

Der Verlustausgleich ist bei Spekulationsgeschäften seit 1999 erlaubt – allerdings nur im Zusammenhang mit anderen »privaten Veräußerungsgeschäften«. Verluste dürfen ein Jahr zurück- und unbegrenzt vorgetragen werden. Festgestellte Verluste trägt das Finanzamt automatisch ins Vorjahr zurück. Das führt zur Änderung des alten Steuerbescheids. Sie können den Verlustrücktrag aber auch begrenzen und in der Anlage VA dann genauer definieren. Verluste, die Sie nicht zurücktragen lassen, werden vom Finanzamt in einem Extrasteuerbescheid festgestellt. Später können Sie vorgetragen und in einem anderen Jahr genutzt werden.

Beispiel

Sie haben 100 X-Aktien kurz vor Ablauf der Spekulationsfrist mit einem Verlust von 1 200 Euro verkauft. Mit anderen Aktien haben Sie im Laufe des Jahres steuerpflichtige Kursgewinne in Höhe von 3 300 Euro erzielt. Nach Abzug des Spekulationsverlustes vom 1 200 Euro bleiben 2 100 Euro Gewinn. Nach dem Halbeinkünfteverfahren müssen davon 1 050 Euro versteuert werden. Bei einem angenommenen persönlichen Steuersatz von 30 Prozent zahlen Sie 315 Euro an das Finanzamt. Hätten Sie die Verlustbringer erst nach Ablauf der Spekulationsfrist verkauft, müssten Sie die Hälfte des Gewinns von 3 300 Euro (also 1 650 Euro) als Spekulationsgewinn versteuern. Das Finanzamt würde dann 495 Euro kassieren.

Selbst wenn Sie einmal das gesamte Börsenjahr durch den Verkauf Ihrer »Kellerkinder« mit Verlust abschließen, kann sich das lohnen. Verluste können nämlich auf das folgende Jahr übertragen werden. Sie können dann gegenüber dem Finanzamt mit Kursgewinnen verrechnet werden, die vor Ablauf von zwölf Monaten realisiert werden. Wiederum gilt, dass Sie niemand daran hindern kann, die mit Verlust abgestoßenen Aktien nach einer mehr oder weniger langen Zeit wieder zurückzukaufen.

Beispiel

Sie haben 100 X-Aktien für 23 Euro gekauft. Die Aktie fällt, und Sie steigen deshalb nach drei Monaten bei 19 Euro aus. Das macht einen Verlust von 400 Euro. Anrechenbar sind davon nach dem Halbeinkünfteverfahren 200 Euro. Nachdem die Aktie schließlich bis auf 9 Euro gefallen ist, glauben Sie an einen Turnaround und kaufen erneut 100 Stück. Tatsächlich steigt die X-Aktie innerhalb des nächsten halben Jahres auf 15 Euro. Wenn Sie nun erneut verkaufen, machen Sie einen

Gewinn von 600 Euro. Die Hälfte müssen Sie versteuern – aber nur abzüglich früherer Verluste. Nur die verbleibenden 100 Euro müssen Sie zusammen mit Ihrem sonstigen Einkommen versteuern.

WISO rät

Überprüfen Sie regelmäßig, ob für bestimmte Papiere die Spekulationsfristen ablaufen. Warten Sie bei Kursgewinnen mit einem Verkauf, wenn Sie die Chance sehen, damit ohne größere Einbußen über die Spekulationsfrist hinauszukommen. Bei Aktien dagegen, deren aktueller Wert unter den Kaufkurs gerutscht ist, sollten Sie über einen Verkauf vor Ablauf der Spekulationsfrist nachdenken, wenn Sie die Möglichkeit sehen, damit in diesem oder in den folgenden Jahren Spekulationsgewinne steuerlich zu neutralisieren.

Es bringt natürlich auf die Dauer nichts, wenn Sie ständig Verluste und Gewinne gegeneinander aufrechnen, damit das Finanzamt leer ausgeht. Aber es kann Ihnen auch niemand verübeln, wenn Sie das Finanzamt an Verlusten beteiligen, die entgegen Ihren Erwartungen entstanden sind. Der Fiskus hält schließlich auch die Hand auf, wenn Ihre Spekulation aufgegangen ist. Beachten müssen Sie, dass bei jedem Kauf und Verkauf die üblichen Spesen anfallen. Diese dürfen Sie bei Aktien seit 2002, spiegelbildlich zur Besteuerung von Dividenden und Kursgewinnen, nur noch zur Hälfte als Werbungskosten steuerlich geltend gemacht werden. (Das lohnt sich nur, wenn der Betrag über der Werbungskostenpauschale liegt.)

Gewinne und Verluste können nicht nur im gleichen Jahr miteinander verrechnet werden: Sie können auch vor- oder zurückgetragen werden. Das war früher nicht möglich. Da hieß es: neues Jahr, neues Spiel.

WISO rät

Denken Sie als Anleger bei Ihren Wertpapierdispositionen immer auch an die langfristigen steuerlichen Ergebnisse. Wenn Sie sich nicht von Wertpapieren trennen wollen, solange dabei nicht min destens der frühere Einsatz wieder herauszuholen ist, vergeben Sie die Chance, aus dem Verlust zumindest steuerlich einen Gewinn zu machen.

Die »wertvollen« Verluste

Manche Verluste sind wertvoller als andere. Wer noch Verluste aus den Jahren 2000 und 2001 »besitzt«, als es an den Börsen steil bergab ging, kann damit unter Umständen regelrecht wuchern. Denn Verluste aus der Zeit vor Einführung des Halbeinkünfteverfahrens (also bis Ende des Jahres 2001) können zu 100 Prozent geltend gemacht werden. Dagegen sind Gewinne (ebenso wie Verluste), die nach dem 1. Januar des Jahres 2002 innerhalb der Spekulationsfrist erzielt wurden, nur noch zur Hälfte steuerpflichtig. Das bedeutet, dass während der Übergangszeit alte und neue Gewinne oder Verluste ein unterschiedliches Gewicht hatten und dass mit den bis zum 31.12.2001 innerhalb der Spekulationsfrist realisierten Verlusten ab 2002 doppelt so hohe Gewinne steuerlich »neutralisiert« werden können. Denn seit Einführung des Halbeinkünfteverfahrens können Spekulationsverluste aus dem Vorjahr ins nächste Jahr übertragen und mit Gewinnen verrechnet werden.

Beispiel

Ein Anleger hat im Jahr 2001 innerhalb der Spekulationsfrist einen Verlust von 300 Euro gemacht. Den kann er zwar nicht gegen Einnahmen aus anderen Quellen aufrechnen, aber als Spekulationsverlust auf das folgende Jahr vortragen. Wenn er im Jahr 2002 Aktien mit einem Gewinn von 600 Euro verkauft, werden ihm davon nach dem Halbeinkünfteverfahren nur 300 Euro als steuerpflichtiger Gewinn angerechnet. Den kann er gegen den im Jahr 2001 erlittenen Verlust von 300 Euro aufrechnen. Das steuerliche Ergebnis: null. Das Finanzamt geht leer aus.

Für die meisten Anleger, die keine offene Rechnung mehr mit dem Finanzamt aus früheren Zeiten haben, ist das zwar »Schnee von gestern«. Aber es gibt möglicherweise immer noch Aktionäre, die bisher nicht bemerkt haben, dass sie noch Verluste besitzen.

Achtung!

Voraussetzung für die Anrechnung früherer Verluste ist natürlich, dass Sie Ihre Spekulationsgeschäfte gegenüber dem Finanzamt deklariert haben. Wer das früher vergessen haben sollte, kann nachträglich keine Verluste mehr geltend machen.

Es wirkt auch nicht sehr überzeugend, wenn Spekulationsgeschäfte erstmals in der Steuererklärung erscheinen, wenn Verluste zu melden sind. Das Finanzamt könnte auf die Idee kommen, etwas genauer nachzusehen, ob nicht auch schon in den Jahren zuvor Börsengeschäfte gemacht wurden und der Steuerpflichtige dabei Gewinne eingestrichen hat, von denen der Fiskus nichts erfahren hat. Wer das versucht, muss damit rechnen, dass das Finanzamt ihm unangenehme Fragen stellt.

Nichtveranlagungs-Bescheinigung

Aktionäre, die nicht zur Einkommensteuer veranlagt werden, können vom Finanzamt eine »Nichtveranlagungs-Bescheinigung« erhalten. Bei Vorlage dieser so genannten »NV-Bescheinigung« oder bei Erteilung eines Freistellungsauftrags zahlen die Kreditinstitute die volle Dividende aus – also ohne Anrechnung nach dem Halbeinkünfteverfahren. Das ist vor allem für Rentner oder für minderjährige Kinder interessant, die von ihren Eltern Vermögen übertragen bekommen haben und über kein eigenes Einkommen verfügen.

Tipps für die Steuererklärung

Bei Kursgewinnen oder -verlusten gelten für Anleihen die gleichen Fristen wie bei Aktien. Allerdings wird dabei ebenso wie bei den Zinsen nicht das Halbeinkünfteverfahren angewandt. Das bedeutet, dass die Beträge voll versteuert werden müssen. Allerdings nur, wenn bei Spekulationsgewinnen der Freibetrag überschritten wird und wenn die Zinseinnahmen den Sparerfreibetrag überschreiten. Dann muss dies in die Anlage KAP zur Steuererklärung eingetragen werden. Dabei sind verschiedene Dinge zu beachten:

Zinserträge

Erträge aus Tagegeldern, Anleihen, Investmentfonds und anderen Kapitalanlagen sind steuerpflichtig, sofern sie den Sparerfreibetrag von 1370 Euro (für Ledige) überschreiten. Zinsen und Dividenden müssen Sie zunächst brutto, also inklusive abgezogener, anzurechnender oder vergüteter Steuern eintragen.

Des Weiteren müssen Sie alle Zinserträge eintragen, die Sie im Rahmen Ihres Freistellungsauftrags erzielt haben, für die also kein Steuerabzug vorgenommen wurde, da in diesem Fall die Zinsen brutto ausgezahlt werden. Wurde von Zinserträgen bereits eine Kapitalertrag- oder eine Zinsabschlagsteuer abgezogen, geben Sie das ebenfalls an, damit eine Anrechnung auf Ihre Einkommensteuer vorgenommen werden kann.

Auslandserträge

Kapitalerträge aus ausländischen Quellen (entscheidend ist der Sitz der Gesellschaft) müssen separat ermittelt werden. Es werden auch hier wieder die Bruttobeträge mit Steuern, die freigestellten Einnahmen und die anrechenbaren Zinsabschlagsteuern eingetragen.

Achtung!

> Die Quellensteuer ist zwar anrechenbar, wird aber nicht eingetragen. Dafür müssen Sie die Anlage AUS ausfüllen.

Das Halbeinkünfteverfahren gilt wiederum nur bei Aktien und nicht bei Anleihen. Es gilt auch nur, wenn Sie die Auslandsaktie selbst halten oder wenn inländische Fonds ausländische Dividenden ausschütten. Bei ausländischen Fonds gilt das Halbeinkünfteverfahren dagegen nicht.

Solidaritätszuschlag

Auf Kapitalertrag- oder Zinsabschlagsteuer gezahlte Solidaritätszuschläge werden Ihnen auf die Einkommensteuer angerechnet. Die Beträge können Sie den Steuerbescheinigungen der Banken und Fonds entnehmen. Sie müssen nur die Gesamtsumme selbst ermitteln und in das Formular eintragen.

Werbungskosten

Das Halbeinkünfteverfahren macht die Sache kompliziert. Ein Eintrag lohnt sich ohnehin nur, wenn die Ausgaben die Pauschale von 51 Euro (für Ledige) übersteigen. Die Werbungskosten der Kapitalerträge können Sie übrigens, sofern keine eindeutige Zuordnung möglich ist, den Erträgen entsprechend prozentual aufteilen.

Achtung!

> Tragen Sie trotzdem immer die vollen Beträge ein. Das Finanzamt nimmt die Halbierung selbst vor. Wenn Sie selber vorher schon halbieren, gibt es Probleme.

Seit 2000 dürfen Werbungskosten, die in wirtschaftlichem Zusammenhang mit Einnahmen stehen, die noch zur Hälfte von der Einkommensteuer befreit sind (§ 3 Nr. 40 EStG) bei der Ermittlung der Einkünfte nur zur Hälfte abgezogen werden – unabhängig davon, in welchem Veranlagungszeitraum die Einnahmen anfallen. Es gilt also auch hier das Prinzip des Halbeinkünfteverfahrens – aber auch nur, wenn die Werbungskosten nicht im Zusammenhang mit Anleihen und anderen Anlageformen stehen. Denn für diese Anlageformen hat das Halbeinkünfteverfahren keine Gültigkeit.

Das hat dazu geführt, dass selbst Finanz- und Steuerexperten die aktuellen steuerrechtlichen Regelungen kaum noch verstehen. Es gibt nunmehr vom Grundsatz her vier Arten von Werbungskosten:

- Werbungskosten, die den Kapitalerträgen direkt zugeordnet werden und zur Hälfte abziehbar sind.
- Werbungskosten, die direkt zugeordnet werden und in voller Höhe abzugsfähig sind.
- Werbungskosten, die nur anteilig zugeordnet werden und zur Hälfte abziehbar sind.
- Werbungskosten, die anteilig zugeordnet werden und in voller Höhe abziehbar sind.

Diese unterschiedliche Behandlung von Werbungskosten ist zum Beispiel bei den Depotgebühren zu beachten, wenn der Steuerpflichtige in seinem Wertpapierdepot sowohl festverzinsliche Wertpapiere als auch Aktien hat. Das Gleiche gilt unter anderem auch bei den Beratungskosten, den Kosten für Fachliteratur oder den Aufwendungen für den Besuch von Anlegerseminaren oder Hauptversammlungen.

Zu den Werbungskosten gehören vor allem folgende Posten, die Sie abziehen können, ehe sich das Finanzamt an Zinseinnahmen und Gewinnen beteiligt:

- Depot- und Kontoführungsgebühren;
- Fahrt- und Übernachtungskosten sowie Verpflegungsmehraufwand anlässlich des Besuchs von Hauptversammlungen;
- Fahrtkosten zur Bank oder Buchhandlung (Kauf von Fachliteratur);
- Schuldzinsen beim finanzierten Aktienkauf;
- Telefonkosten und Aufwendungen für Kopien.

Ohne Belege oder genaue Aufzeichnungen (bei den Fahrtkosten) läuft nichts. Bewahren Sie diese Unterlagen auf und reichen Sie sie bei Ihrer Erklärung zur Einkommensteuer mit ein.

Für die Aufteilung von Werbungskosten bei Einkünften aus Kapitalvermögen, die teilweise dem Halbeinkünfteverfahren unterliegen (§ 3c Abs. 2 EStG) gibt es besondere Regeln. Entsprechend der bisherigen Rechtsgrundsätze bei der Ermittlung dieser Einkünfte ist unter Kapitalvermögen jede einzelne Kapitalanlage zu verstehen. Werbungskosten, die durch die einzelne Kapitalanlage veranlasst sind, sind auch der jeweiligen Kapitalanlage zuzuordnen. Die Grundsätze für die Prüfung der Überschusserzielungsabsicht bleiben hiervon unberührt.

Werbungskosten, die sich nicht unmittelbar zuordnen lassen (zum Beispiel Depotgebühren, Kosten der Erträgnisaufstellung, Beratungsgebühren, Entgelte für Vermögensverwaltungsdienstleistungen), sind auf die Gruppe der Kapitalanlagen, deren Kapitalerträge dem Halbeinkünfteverfahren unterliegen, und auf die Gruppe der übrigen Kapitalanlagen aufzuteilen. Die Zuordnung zu diesen zwei Gruppen ist unabhängig davon vorzunehmen, ob außerdem nicht zu besteuernde Erträge erzielt werden. Bei der Abgrenzung der Kapitalanlagegruppe, die zu Halbeinkünften führt, ist für den Übergangszeitraum festzustellen, ob zum Stichtag der Gebührenberechnung Erlöse aus der Veräußerung der jeweiligen Wertpapiere dem Halbeinkünfteverfahren unterliegen (§ 52 Abs. 4a Nr.2 EStG).

Ist eine einwandfreie Zurechnung der Werbungskosten nicht möglich, kann eine sachgerechte Aufteilung auch durch Schätzung erfolgen. Als Maßstab ist grundsätzlich der Kurswert zum Abrechnungsstichtag zugrunde zu legen. Bei der Zuordnung von Anteilen an Investmentfonds, zu deren Fondsvermögen Kapitalanlagen gehören, die dem Halbeinkünfteverfahren unterliegen, müssen die gehaltenen Anteile zum jeweiligen Stichtag entsprechend der Zusammensetzung des jeweiligen Fondsvermögens in die zwei Gruppen von Kapitalanlagearten aufgeteilt werden. Ist dem Steuerpflichtigen die Zusammensetzung des Fondsvermögens nicht bekannt, erfolgt die Aufteilung auf die zwei Gruppen nach dem Verhältnis der voll zu besteuernden Erträge zu den Erträgen, die dem Halbeinkünfteverfahren unterliegen. Das kann zu sehr komplexen Berechnungen führen, an deren Ende vielleicht nur eine geringe Steuerersparnis steht.

WISO rät

Sie sollten diesen Weg nur dann gehen, wenn dabei deutlich höhere Ersparnisse zu erwarten sind als mit dem Pauschbetrag. Er beträgt bei den Werbungskosten 51 Euro für Ledige und 102 Euro für Verheiratete.

Wenn Sie allerdings belegen können, dass Ihnen Kosten wie die unten aufgeführten entstanden sind, können Sie wesentlich höhere Beträge geltend machen. Als Werbungskosten in Betracht können im Zusammenhang mit dem Aktien- und Investmentsparen kommen:

- Bücher- und Aktenschränke,
- Computer mit spezieller Börsen- und Fondssoftware,
- Fachliteratur,
- Seminarbesuche,
- Reisen zu Hauptversammlungen,
- Beiträge zu Vereinen, die durch ihre Aktivitäten den Mitgliedern möglichst hohe Erträge aus Kapitalvermögen verschaffen möchten.

Zu dem letzten Punkt zählt zum Beispiel der Mitgliedsbeitrag zur Deutschen Schutzvereinigung für Wertpapierbesitz (DSW), deren Zeitschrift *Wertpapier* zu den Klassikern unter den Finanzzeitschriften gehört.

Freistellungsauftrag

Damit der Zinsabschlag, den das Kreditinstitut sofort an das Finanzamt abführt, nicht von den gesamten Kapitaleinkünften einbehalten wird, sollte unbedingt ein Freistellungsauftrag gestellt werden. Generell werden nur Bagatellzinsen (Erträge bis 10 Euro im Jahr) nicht besteuert.

Mit einem Freistellungsauftrag sind Ihre Zinsen bis zur maximalen Höhe des jeweils geltenden Sparerfreibetrags (1 370 Euro, Stand 2006) vom Zinsabschlag befreit. Wenn Sie Depots bei verschiedenen Banken, Fondsgesellschaften oder Brokern haben, reicht ein Freistellungsauftrag nur dann aus, wenn bei einem davon Zinserträge eingehen, mit denen der Sparerfreibetrag ausgeschöpft wird. Andernfalls müssen Sie bei jedem Institut einen Freistellungsauftrag abgeben.

Achtung!

Die Gesamtsumme aller Freistellungsaufträge darf die vom Gesetzgeber vorgeschriebene Freibetragsgrenze nicht überschreiten. Sie müssen also genau überlegen, wie Sie den Gesamtbetrag auf einzelne Institute oder Anlageformen aufteilen.

Am Ende des Jahres teilt das Kreditinstitut dem Finanzamt mit, wie hoch die Zinserträge tatsächlich waren. Das ist im Einkommensteuergesetz (§ 45d EStG) geregelt. Werden die Freibeträge dennoch überschritten, gilt dies als Versuch der Steuerhinterziehung und der Auftraggeber macht sich strafbar. Die Finanzämter haben das Recht, beim Verdacht der Steuerhinterziehung die bei den Kreditinstituten eingereichten Freistellungsaufträge mit den tatsächlich gemeldeten Zinserträgen abzugleichen.

Außerdem erlauben die Datenschützer dem Bundesamt für Finanzen (Bafin), Daten aus den Freistellungsaufträgen zu speichern, die dem Kreditinstitut erteilt wurden, um von der Zahlung des Zinsabschlags befreit zu werden. Das Bundesamt darf auch anderen Behörden die Daten übermitteln, um bei Empfängern von Sozialleistungen Einkommen oder Vermögen zu überprüfen. Umgekehrt dürfen die Sozialleistungsträger Daten an das Bundesamt für Finanzen übermitteln, die dort automatisiert mit den Daten aus den Freistellungsaufträgen abgeglichen werden. Grundlage ist, wie schon an anderer Stelle erwähnt, das Gesetz zur Förderung der Steuerehrlichkeit.

WISO rät

Wenn es um eine steuerlich optimierte Geldanlage geht und Sie eine eigene Altersvorsorge aufbauen oder aus anderen Gründen Vermögen bilden, sollten Sie immer die steuerlichen Fragen im Auge behalten. Lassen Sie sich beraten, wenn Sie sich Ihrer Sache nicht ganz sicher sind. Angesichts der Unübersichtlichkeit unserer Steuergesetzgebung könnten Sie sonst leicht Fehler machen, die den Erfolg Ihrer Geldanlage infrage stellen. Das Honorar für den Steuerberater ist daher in der Regel ein gutes Investment.

Steuerliche Aspekte des Fondssparens

Das Gesetz über Kapitalanlagegesellschaften (KAGG) enthält eigene steuerliche Regelungen für Fonds. Grundsätzlich gibt es drei Einkommens- oder Ertragsarten bei Fonds, die der Anleger im Inland versteuern muss: Zinsen, Dividenden und Veräußerungsgewinne. Die Steuerpflicht ist unabhängig davon, ob die Erträge vereinnahmt oder thesauriert (im Fonds verbleiben) werden. Sie müssen beim privaten Anleger entsprechend dem persönlichen Einkommensteuersatz als »Einkünfte aus Kapitalvermögen« versteuert werden. Bei den folgenden Ausführungen zur Besteuerung von Fondserträgen werden zunächst nur die Regeln für in Deutschland zum Vertrieb zugelassene Fonds erläutert. Für Erträge, die bei einem Investment im Ausland anfallen, kommen die dort jeweils geltenden Gesetze zur Anwendung (mehr dazu weiter unten). Doppelbesteuerungsabkommen mit den jeweiligen Ländern führen aber dazu, dass diese Steuer teilweise zurückerstattet wird.

Die folgenden steuerlichen Hinweise entsprechen teilweise den für Anleihen und Aktien geltenden steuerlichen Regeln, weichen aber in wichtigen Punkten auch davon ab. Deshalb bleibt es Anlegern, die sowohl Aktien und Anleihen als auch Fondsanteile besitzen, leider nicht erspart, sich in beiden Bereichen kundig zu machen. Außerdem sollten sie immer beachten, dass das Steuerrecht in Deutschland ständig verändert wird und dabei – allen Versprechungen der Politik zum Trotz – immer komplizierter. Mit Änderungen muss also ständig gerechnet werden, im doppelten Sinne des Wortes. Außerdem gilt auch und gerade im Steuerrecht: »Unkenntnis schützt vor Strafe nicht.«

Steuertipps beim Fondssparen

Ausgeschüttete Gewinne

Ausgeschüttete Gewinne sowie thesaurierte gezahlte Zinsen und Dividenden der jeweiligen Fonds unterliegen der Kapitalertragsteuer oder der Zinsabschlagsteuer (ZASt). Die ZASt beträgt 30 Prozent. Sie betrifft Zinsen aus Rentenpapieren, Termingeschäften, Anlagen in Geldmarktfonds oder Festgeld. In diesen Fällen zahlt die Kapitalanlagegesellschaft 30 Prozent Zinsabschlagsteuer bei ausschüttenden und bei thesaurierenden Fonds, jeweils zuzüglich des Solidaritätszuschlags. Nur wer seine thesaurierenden Fonds selbst im Haus oder Bankschließfach verwahrt, muss 35 Prozent ZASt zahlen.

Bei Dividenden aus Aktienbesitz, die ein Fonds ausschüttet, muss dieser am Ende des Geschäftsjahres 25 Prozent Kapitalertragsteuer zuzüglich Solidaritätszuschlag abführen. Bei thesaurierenden Fonds erhält der Anleger hierüber eine Steuerbescheinigung, denn in allen Fällen handelt es sich um eine Steuervorauszahlung des Privatanlegers, die auf die endgültige Einkommensteuerschuld angerechnet werden kann. Die Depotbank weist mit den Zinserträgen des Anlegers auch diese Steuer aus. Steuerinländer erhalten beim Bezug von Dividenden eine Steuergutschrift über die abgezogene Körperschaftsteuer. Bei der Einkommensteuererklärung ist dieses Steuerguthaben dann anzugeben.

Sparerfreibeträge und Werbungskostenpauschalen

Beachten Sie die gesetzlich festgeschriebenen Sparerfreibeträge und Werbungskostenpauschalen für Ledige und Verheiratete. Jedem Anleger steht ein Sparerfreibetrag zu. Seit Januar 2004 beträgt er bei Ledigen 1 370 Euro, bei Verheirateten das Doppelte. Dazu kommt der Werbungskostenpauschbetrag von gegenwärtig 51 oder 102 Euro für Ledige oder Verheiratete.

Der Anleger kann auch bei seiner Depotbank schon vor der Ausschüttung einen Freistellungsauftrag für die jeweiligen Freibeträge einreichen. Dann wird bis zur jeweils geltenden Freigrenze keine Kapitalertragsteuer auf Zinserträge einbehalten. Auch bei Vorlage einer Nichtveranlagungs-Bescheinigung (NV) für Anleger, die aufgrund entsprechend geringer Einkünfte nicht zur Einkommensteuer veranlagt werden, wird keine Zinsabschlagsteuer erhoben. Wird die NV dem depotführenden Institut rechtzeitig vor Ausschüttung vorgelegt, behält dieses bei der Ausschüttung keine Zinsabschlagsteuer ein. Die NV stellt das jeweilige Finanzamt am Wohnsitz aus.

Achtung!

Der Ausgabeaufschlag, der beim Kauf der meisten Fonds fällig wird, zählt nicht zu den Werbungskosten.

Private Veräußerungsgewinne

Private Veräußerungsgewinne beim Verkauf von Fondsanteilen werden innerhalb der gesetzlich vorgeschriebenen Spekulationsfrist ähnlich wie bei Aktien versteuert. Sie müssen in der KSO angegeben werden. Genau genommen werden die »Spekulationsgeschäfte« in den Zeilen 48 bis 50 behandelt: In Zeile 48 steht der Verkaufspreis der Fondsanteile, in Zeile 49 der Anschaffungspreis und in Zeile 50 der Gewinn. Bei Fonds gilt ebenso wie bei Anleihen und Aktien: Die Spekulationsfrist dauert zwölf Monate. Danach sind Veräußerungsgewinne steuerfrei. Spekulationsgewinne unterhalb von 512 Euro pro Kalenderjahr bleiben unabhängig von irgendwelchen Fristen in jedem Fall steuerfrei.

Achtung!

Bei Steuerhinterziehung drohen saftige Strafen. Steuersünder, die ihre Spekulationsgewinne verschweigen und erwischt werden, müssen nachzahlen. Außerdem wird ein Hinterziehungszins von 6 Prozent pro Jahr fällig.

Die Verjährungsfrist für Steuerhinterziehung beträgt zehn Jahre. Die Steuerfahnder haben also genügend Zeit, den Sündern auf die Schliche zu kommen – und ihre Methoden werden immer raffinierter. In der Vergangenheit haben viele Steuerzahler Spekulationsgewinne nicht deklariert. Dadurch entgeht ihnen aber auch die Möglichkeit, die zum Teil hohen Verluste aus vorangegangenen Jahren mit Gewinnen, die jetzt gemacht werden, zu verrechnen.

Verluste aus Veräußerungsgeschäften

Verluste aus Veräußerungsgeschäften können bei Fondsanteilen wie bei Aktien mit Veräußerungsgewinnen des vorigen Jahres oder künftiger Jahre verrechnet werden, um die Steuern zu reduzieren (siehe weiter oben).

Zwischengewinne

Zwischengewinne, die ein Fonds während des Verlaufs eines Geschäftsjahres durch Kursgewinne bei Veräußerung von Aktien macht, bleiben fondsintern steuerfrei.

Solidaritätszuschlag

Der Solidaritätszuschlag wird auf die Ertragszahlungen von Fonds erhoben und ist bei der Einkommensteuer anrechenbar. Sofern ein Freistellungsauftrag oder eine Nichtveranlagungs-Bescheinigung (NV) vorliegt, wird kein Solidaritätszuschlag einbehalten.

Erbschaftsteuer

Bei einem Nachlass, zu dem auch Fondsbeteiligungen gehören, greift die Erbschaftsteuer. Ihre Höhe ist abhängig von der Höhe des zu versteuernden Nachlasses. Angesetzt wird der Fondsanteil mit dem Rücknahmepreis. Es gelten dabei gesetzlich festgelegte Freibeträge für Ehegatten (307 000 Euro), Kinder und Stiefkinder (205 000 Euro) und Enkel (5 200 Euro).

In- und ausländische Dividenden

Nach dem Gesetz zur Besteuerung von Investmentfonds bleiben in- und ausländische Dividenden eines Fonds sowohl bei Ausschüttung als auch bei der Thesaurierung bei der Fondsgesellschaft steuerfrei. Für die in Privatvermögen gehaltenen Fondsanteile gilt, dass ausländische Dividendenerträge bei Ausschüttung oder Thesaurierung nach dem Halbeinkünfteverfahren nur zur Hälfte steuerpflichtig sind. Werbungskosten, die in wirtschaftlichem Zusammenhang mit Dividenden stehen, sind demzufolge bei Aktienfonds ebenfalls nur zur Hälfte abziehbar.

Fondsanleger müssen nach dem Investmentsteuergesetz von 2004 keine Steuern mehr auf Zwischengewinne für in- und ausländische Investmentfonds zahlen, wenn sie ihre Fonds nach der einjährigen Spekulationsfrist für private Veräußerungsgeschäfte verkaufen. Für ausgeschüttete oder thesaurierte Zinserträge gilt also: Sie werden nicht (wie bei Anleihen und ihren Stückzinsen) nach der Zeit der Besitzdauer erfasst, sondern ausschließlich bei demjenigen, der zum Zeitpunkt der Ausschüttung oder steuerpflichtigen Thesaurierung Inhaber der Fondsanteile ist.

Durch das Investmentsteuergesetz, das Anfang 2004 in Kraft trat, wurde die ehemals starke Benachteiligung ausländischer gegenüber inländischen Investmentfonds aufgehoben. Ihre Dividenden unterliegen seither auch dem Halbeinkünfteverfahren. Auch die frühere Strafbesteuerung nicht zugelassener Fonds nach dem Auslands-Investmentgesetz gibt es nicht mehr.

Änderungen in der Steuerpolitik

Obwohl die Politiker ständig dazu auffordern, eine private Alterssicherung aufzubauen, wurden die Bedingungen für Sparer in den vergangenen Jahren immer weiter verschlechtert. Die Große Koalition will die Anleger zur Kasse bitten. So steht es zumindest im Koalitionsvertrag. Sie will den Sparerfreibetrag nochmals halbieren und die Spekulationsfrist abschaffen. Das könnte schon 2007 wirksam werden. Dass die meisten Anleger darunter leiden werden, steht schon fest. Wie sehr sie leiden müssen, hängt von den Einzelheiten ab.

Die Senkung des Sparerfreibetrags trifft vor allem Kleinanleger. Sie müssen Zinseinkünfte, die über 750 Euro jährlich liegen, in Zukunft nach dem persönlichen Steuersatz versteuern. Anleger, die in Wertpapiere investiert haben, bei denen die Zinszahlung auf einen Schlag zum Ende der Laufzeit ausbezahlt wird, sind von dem niedrigeren Sparerfreibetrag besonders betroffen. Festzuhalten bleibt: Der Sparerfreibetrag hat seinen Sinn verloren, wenn man bedenkt, dass die steuerfreie Summe früher einmal bei rund 3 000 Euro lag. Man kann es auch anders ausdrücken: Die Politik hat diejenigen, die sparen und vorsorgen, um nicht später der Allgemeinheit zur Last zu fallen, betrogen.

Den bis Mitte 2006 bekannt gewordenen Plänen zufolge könnte ab 2008 eine pauschale Steuer von 20 Prozent auf alle realisierten Kursgewinne von Aktien erhoben werden. Bislang sind diese Gewinne nach einem Jahr Haltefrist steuerfrei. Noch ist nicht bekannt, ob bereits bestehende Aktiendepots davon betroffen sind. Wird der Bestandsschutz aufgehoben, dürfte es im Vorfeld zu einer großen Verkaufswelle kommen. Für Aktien gilt derzeit noch das in diesem Buch beschriebene Halbeinkünfteverfahren, nach dem Spekulationsgewinne nur zur Hälfte steuerpflichtig sind.

Auch Gewinne aus Immobiliengeschäften sollen künftig pauschal mit 20 Prozent besteuert werden. Diese Erträge sind bislang nach zehn Jahren steuerfrei. Wer die Immobilie vorher verkauft, muss den Gewinn mit dem persönlichen Steuersatz versteuern. Auch hier gilt: Ob das Gesetz rückwirkend gilt und auch Immobilien betrifft, die bereits erworben wurden oder bei denen die Spekulationsfrist abgelaufen ist, lässt sich noch nicht sagen. Ob Anleger künftig mit der pauschalen Besteuerung besser fahren, hängt von dem zu versteuernden Gesamteinkommen ab. Bezieher höherer Einkommen könnten von einer solchen Regelung profitieren, da sie bisher bis zu 42 Prozent Einkommensteuer von ihren Kursgewinnen abgeben müssen.

WISO rät

Achten Sie deshalb immer auf die steuerlichen Änderungen, um rechtzeitig umdisponieren und reagieren zu können.

Register